冯苓植◉著

大话元王朝 上

【读史随笔】

三分野史，七分正史，十分历史。
全景展现大元王朝历史画面。比学术写史更简单，比草根写史更耐看。

内蒙古出版集团
远方出版社

图书在版编目(CIP)数据

大话元王朝. 上 / 冯苓植著. – 呼和浩特 : 远方出版社, 2010.4
ISBN 978-7-80723-499-9

Ⅰ. ①大… Ⅱ. ①冯… Ⅲ. ①中国 – 古代史 – 元代 – 通俗读物
Ⅳ. ①K247.09

中国版本图书馆CIP数据核字(2010)第049334号

大话元王朝 【读史随笔】（上）

著　　者	冯苓植
史学顾问	赵文嫱
蒙俗顾问	托　雅　巴拉吉
责任编辑	张　宇　敖登格日乐
图片编辑	晓　乔　韩　芳
出版发行	内蒙古出版集团　远方出版社
社　　址	呼和浩特市乌兰察布东路666号
	（电话 0471-4919981　邮编 010010 ）
经　　销	新华书店
印　　刷	北京尚唐印刷包装有限公司
开　　本	720×1000　　1/16
印　　张	30
字　　数	350千字
版　　次	2010年7月第1版
印　　次	2010年7月第1次印刷
书　　号	ISBN 978-7-80723-499-9
定　　价	58.00元(上、下)

序 大元王朝历史的艺术言说

◎ 包明德（蒙古族）

冯苓植先生是我所尊重的一位当代著名作家，是我长久的文学诤友。

他在文学创作中颇具神思悟性，成果丰硕，但他在生活中却很低调淡泊。有人曾通知他参加内蒙古自治区“杰出人士”的评选，并告诉他说奖金是二十万元，而他却不解地回答：“我上午一碗面，下午一个馒头，要二十万元干嘛呀？”据我所知，他还遇诬不辩、与世无争，总想避开矛盾是非，实在不行了便过起云游山川或深入草原的“游牧生活”，走一个地方写一篇文章，“以文养游”，以至于文友们常常不知他的行踪。苏叔阳曾说他的动物小说是“杰克·伦敦式的”，林炎也曾称他的动物小说为“形象化的哲理，哲理化的形象”。其实，这些评价都是很精当的，但他平素所展示的是大智若愚、大隐于市的姿态，绝少听到他议及自己的作品。即使有，也大多是反思性的叹惋。

他退休后停止游牧了，搬出了作家宿舍楼，住进一处偏远的六楼顶层，每天只下来一次散散步，交往戏耍的范围也只限于小孩儿和宠物犬。他退得比较彻底，多年来几乎再未踏进机关的大门。他不愿给别人添一点儿麻烦，好似在内蒙古作家群里蒸发了。直到有一天，我接到远方出版社社长陈莎莎同志打来的电话和随后寄来的书稿，我才知道这位老兄已改行扎入了历史的故纸堆中，而这叠厚厚的书稿，则正是他退休后多年来读史留下的随笔和札记。

翻阅着这部书稿，我被深深感动了，竟然夜不能寐，仿佛又被他那梦幻似的笔触带回到了七百多年前那金戈铁马的草原往事之中。详实的史料，精辟的考证，独到的见解，客观的叙述，无不体现着这位老作家学识渊博、功力深厚、求真务实、探索不止的种种特点。须知，在长期的文学创作中，冯兄的小说便是以不趋时、不媚俗、不追求时尚而深受同行敬重的。当然，这部分退休“隐居”后的读史随笔和札记就更突显他的一贯文风和品格了。或许是因为已经在内蒙古工作和生活超越半个世纪了，茫茫的大草原已和他结下难解的情缘。故在退休后的蜗居生活中，他远离喧闹一直在钻研和破译着这段历史。不求闻达，只恐对不住在内蒙古生活这大半辈子。后来多亏陈莎莎同志看到了他这批雪鳞鸿爪的读史随笔和札记，并发现他的这种求索或许也正是广大读者所急需了解的。比如：成吉思汗身后蒙古民族的走向？第一位入继华夏大统的蒙古族帝王又是如何治理天下的？尤其值得提到的是，这个由马背民族所缔造的大元王朝，又曾对我们这个多民族组成的伟大祖国作出过何等历史性的贡献？而这一切又恰恰在冯兄的读史随笔和札记中均有所展现。随之，在出版社的动员和支持下，又历经两年的努力，这部大作终于完成了。

《大话元王朝》对我国各民族间互动交融的历史进行了艺术的言说。

大元王朝的缔造者当属成吉思汗的嫡孙忽必烈，故冯兄的笔触大多都集中在这位中国历史上一统华夏的少数民族第一帝身上。通过他那充满传奇而又命运多舛的经历，不仅回顾了成吉思汗之后历任大汗的功过得失，而且也展现了他如何继承伟大祖父“海纳百川、与时俱进”的宏伟气魄。是他第一个在草原上“纳儒习儒”，主动去汲取农耕文明相对先进的治国理念；是他率先使用各民族的能臣名将，合力结束了自残唐以来的藩镇割据战乱局面从而实现了祖国山河的大一统；是他建年号“中统”以示马背民族入继中华大统，成功地将一个游牧汗国转型为建都北京的大元王朝；是他广施雄才大略平云南、抚西藏，自秦、汉、晋、隋、唐、宋以来，首先奠定了我国各民族共有的疆域版图……故《大话元王朝》也可视之为大话忽必烈。通过他颇为复杂的一生，追溯我国各民族互动交融的源与流。因为，忽必烈的历史地位是值得彰显的，而大元王朝对华夏历史的贡献更值得大书特书。难怪当代元史专家李治安先生对忽必烈就有过很高的评价，称他为“少数民族君主统一和治理南北的第一人”与“多民族统一国家发展的推动者”。法国著名的蒙古史学者格鲁塞也这样评价他说：“在中国，他企图成为十九个王朝(原文如此)的忠实延续者。其他的任何一位天子都没有像他那样严肃地扮演着自己的角色。他恢复的行政机构治愈了(中国)一个世纪之久的战争创伤。”再看书中所提及的察必皇后，也绝非是一个文学中的杜撰形象。有大量的史料可为佐证，她的确是辅佐忽必烈“入继中华大统”的杰出蒙古族女政治家。中外多种史籍都有她“光彩照人，聪慧绝顶”的相关记述。《后妃传》中更称她“受命于天，佐夫终成帝业”。而她的孙子元成宗铁穆耳更进而在对她的追谥册文中详述道：“曩事潜龙之邸，及乘虎变之秋，鄂渚班师，洞识时机之会；上都践祚，居多辅佐之谋。”他们都是草原汗国传统思维的改革派和创新者，已不满足于半原始的扩张攻掠方式。即在为臣下时，便于王府之内广纳儒生士人。他们大胆地汲取以儒家思想为基础的汉法汉典，为缔造大元王朝预先做好了思想准备和人才储备。故《大话元王朝》这样的书名绝非是可以借此“信口开河”，反而是为了更真实地再现历史。

但对这段历史却鲜为人知，仍似一部未被打开的史书，未被探掘的宝藏。就连长期生活在内蒙古草原的人们，除熟知成吉思汗以外也对大元王朝不甚了然。究其缘由，或许有三：其一，大元王朝存在历史相对短暂，取而代之的大明王朝却绵延了近三百年。除内修的《元史》相对客观外，无论是官方或民间大多是对前朝的诋毁和贬损；其二，民族性、民族文化、民族语言的差异，导致了蒙汉史籍的混乱，仅以人名为例就有不同版本的译称，既混乱又难记，甚至还有意进行污名化，所以大元王朝的风云人物便大多被尘封于历史之中了；其三，那便是之后长期的以汉文化为本位的思想在作祟，就连清末的一些革命者也难免俗地提出过“驱逐鞑虏”这样的歧视性口号。只有在新中国成立后，毛泽东同志才适时而超拔地提出“国家的统一，民族的团结，是我们事业胜利的根本保证”的历史性论断。他将成吉思汗与秦皇、汉武、唐宗、宋祖并列，将其称为“一代天骄”。尤其是在改革开放之后，使这段尘封的历史重新展现变为可能。成吉思汗的“武功”在影视屏幕上频频得到展现，现也有人已在为其孙忽必烈的“文治”进行艺术表现了。这是建设统一国家与和谐社会、加强民族团结、构建强盛中华文化的时代需要。

但冯兄却一再自谦没有那么“度量弘远”，他的所作所为只不过是在了却多年来的一桩夙愿：身为内蒙古人，当知蒙元史！但我们纵观他这些读史随笔和札记，方知冯兄在退休后仍在“自讨苦吃”啊！须知，要弄通梳理这段历史，所涉及古今中外史料之浩繁，涉及蒙汉各民族历史人物之众多，涉及地理、宗教、建制、风俗等诸多门类学问之庞杂，非潜心研读诸史是难以下笔自如的。这就揭示出冯兄“躲进小楼成一统”似乎销声匿迹的真相，原来他潜心苦研已快成为元史专家了。在旁观者看来，他原本可以再稍加努力，便可将这些随笔和札记进而汇总为一部具有学术价值的史学著作，但他却始终声称《大话元王朝》顶多不过是一部“通俗史话”。他在电话中坦诚地告诉我说，一方面是因为他的“功力”不够，另一方面是他所追求的也正是通俗易懂。

虽然我也深知冯兄所追求的“通俗易懂”之良苦用心，但在通读全篇后我仍为冯兄那种严谨的治学精神所折服了。绝少主观的臆断，竟做到了每个历史人物均有籍可查，每个历史事件均有史可考。甚至就连书中引用的一些重要话语，均严格地注明了出处。更难能可贵的还在于，在这部“通俗史话”中他仍延续了他那“不趋时、不媚俗”的一贯文风，绝少见为迎合时尚去拔高某个历史人物。而是严格地忠实于历史，客观地进行叙述。比如对待忽必烈，他就没有简单地将他写成一个别具雄才大略的“少数民族第一帝”，而是严格依据史实将他放置于二元文化激烈的矛盾冲突之中，真实地展现了他复杂而又矛盾的心路历程。不仅记录了他对中华民族诸多的杰出贡献，而且也绝不回避他的失误、反复，甚至倒退。没有简单地直奔主题，而是强调了经过磨砺后的交融。这或许正是中国民族问题最鲜明的特色：各民族的大团结是久经历史考验的。

功不可没的大元王朝，是值得后人书写、认知、铭记、传承和借鉴的。

总之，中国蒙古族精神文化的演进发展，鲜明地体现着兼容开放的视野，渗透着我国其他民族文化的因子，特别是受汉民族影响最深。远古的神话、祭词、祝词、赞词、英雄史诗与民间故事，都蕴含着突厥、匈奴和鲜卑等北方少数民族文化的影响。忽必烈的尊儒重儒，上可以追溯到父兄时期，下则流传到现当代。尹湛纳希是近代蒙汉文化交流融通的杰出代表。“一种意义只有当它与另外的意义相遇或相接触的时候，才显示其深度，它们加入了一种对话，这就超越了这些特殊意义和特定文化的封闭性与单一性”(米·巴赫金)。尹湛纳希当年也开明通达地慨叹黄教室闷下的精神文化缺失，毫不褊狭地推崇引介汉民族诸子百家的文化成果。

中华民族是由五十六个民族构成的，中华文化是多元一体的文化。精神文化的联系与互动，是中华民族增强民族凝聚力、国家团结统一的重要纽带与标识。美国的莫里斯·罗沙比撰写了《忽必烈和他的世界帝国》，2008年在我国翻译出版。正如李治安先生所说，“与一般微观论著相比，罗沙比能够把忽必烈放在‘蒙古世界帝国’和多元文化秩序等广阔视野内，娴熟地展开宏观思考与探讨”。如果说该著作是“西方人视野下的忽必烈大汗”，那么《大话元王朝》则是中国汉族同胞眼中的忽必烈大帝和他的帝国。一个是西方学者的论著，一个是中国作家的写史，二者可谓是相映成趣。这样的类比，我只是想再从一个侧面强调说明冯兄的这部大作充溢着非同寻常的文化意义和时代意义，着实可喜可贺。

感谢冯兄推出这样的力作，并把这篇读后感权作为序吧。

2010年3月于北京龙泽苑

（作者为全国政协委员、中国社科院研究员，我国著名的文学评论家）

目录

目录

开 篇

【内容提要】放心！此开篇非同彼开篇，绝不啰嗦先讲一通大道理。我们将换一个角度说起，首先讲述一个类似神话的遥远传说。若不然，不仅《大话元王朝》将无从说起，而且就连马背民族之“与时俱进”与“海纳百川”的胸怀也难得以展现。祖父的“武功”，孙儿的“文治”，世界征服史上还从未有过如此成功的转型。为此，在七百多年前的这一天，茫茫无垠的大草原似乎也在一片静穆中悄然等待着。神话般的传说眼看就要变成现实，一个即将继承和发扬成吉思汗伟业的婴儿就要诞生了——

【元代历史将从此掀开】

1215年阴历八月。

按常理一进入这个季节，地处漠北的蒙古高原当应为“萧瑟秋风今又是”。早该随着阵阵寒风的袭来，满目尽剩一片凄黄。但有中外各种相关史籍可考，这一年似乎有些特别。寒风仿佛怕惊扰了什么，茫茫的草原也好像在挣扎着迟迟不肯枯萎。远远望去，天地间仍是一片无边无垠的葱茏翠绿。这一天，更令人称奇的事情发生了：飞翔的鸟群突然停落在草叶上再不鸣叫了，天上的白鹤也突然敛翅落在湿地上一动不动了，膘肥体壮的牛马驼羊也骤然停止了吃草抬首张望了。目标都很一致，似只顾盯视着克鲁伦河畔那座富丽的毡帏。一个个既紧张不安而又激动兴奋，仿佛都在翘首以待那伟大时刻的到来。唯有一只雄鹰似不甘寂寞了（也有史称：是受天命），竟悄然盘旋飞落于蒙古包旁的马厩上就近探视。

然而，毡帏内却仍只传出一个母亲痛苦的呻吟……

鸟群、畜群、那只飞落马厩的雄鹰，以至整个茫茫的大草原，却似在焦躁的守候中都悄然凝固了，仿佛在风和日丽中化成了一座座永恒的雕塑。太漫长了，太难熬了！但就在此时，蓦地却只见富丽的毡帏顶上飞挂起一道彩虹。无雨的彩虹，深秋的彩虹，这在漠北旷野里可算难得一现的奇迹。而几乎与此同时，便听得从那慌乱的毡帏里传出了一声婴儿洪亮的初啼……顿时，茫茫的大草原便似从凝固中复活了，在万顷绿波荡漾中蒸腾起一片吉祥喜庆的气息。鸟群开始围绕着毡帏飞舞欢鸣，白鹤开始冲向天际张开双翼又搭起了一座洁白的天帐，牛马驼羊也纷纷欢叫着向那座富丽的毡帏顶礼膜拜。只有那只落在马厩上的雄鹰一飞冲天地离开了，它似乎果真是受天命要去传告这激动人心的喜讯。

毡帏内，那初生的婴儿还在洪亮地啼哭着……

婴儿的皮肤天生是黑黝黑黝的，体魄十分强壮。他那初啼的声音也洪亮得格外惊人，仿佛就是要用这种特殊的方式向全世界宣示：“我来了！我来了！！我来了！！！”但婴儿的初啼毕竟传播范围有限，远在碧野深处的那座巍峨金帐里还是从鹰翅的舞动间得知了这个喜讯。那只受天命而来的雄鹰到底是怎样盘旋起舞表达的，相关《蒙古秘史》均无详载。但有一点却是肯定的，金帐至高无上的主宰者闻此喜讯却激动不已。当即拍案而起，决定亲自去探望一下自己这个刚刚降生的小孙孙。

这位祖父，就是史称元太祖的一代天骄成吉思汗……

遍查《元史》和《蒙古秘史》，能受此殊荣的嫡孙辈似也只有这个黑黝黑黝的初生婴儿。圣驾的亲自光临当然会引起草原极大的轰动，但那黑黝黑黝的婴儿竟然能在众人慌乱中“破啼为笑”。随后在祖父揽入怀抱时，更“握其一指吮之”，致使成吉思汗大为高兴，竟风趣地对众人说：“我们的孩子都是火红色的，这个孩子却生得黑黝黝的，真像他的舅舅克烈部人！”似乎特别有缘，这个初生的婴儿竟在众人的议论声中，依偎在祖父的怀中安然地睡着了。但还在吸吮着祖父的手指，似其中有吸吮不尽的智慧，有吸吮不尽的胆略。这更使成吉思汗十分激动，从此在众多的嫡孙辈中唯有对这个小孙孙“情有独钟”。十年后他更进而对这位带着神话色彩诞生的黑黝婴儿，发出过这样令人

成吉思汗

忽必烈

惊叹的预言："彼将有一日据吾之宝座，使汝辈将来获见一种命运，灿烂有如我在生之时……"必须指出：相关诞生的神话传说未必真实可信，但成吉思汗的预言却被以后的历史的确加以证实了——

这个黑黝黝的婴儿，就是未来大元王朝的缔造者：忽必烈！

大元王朝，一个在华夏历史上颇值得大书特书的封建王朝。而那黑黝的婴儿在成年后，也果不负伟大祖父晚年"兼容并蓄、笼络八极"之遗策，在历经常人难以忍受的种种磨难之后，最终成功地完成了由"征服者"到"治国者"的转型。不可否认，作为大元王朝开国之君的忽必烈，面对数百倍于己的汉族和其他民族是曾采取过民族高压政策，基于为永葆马背民族的彪悍和骁勇也曾"穷兵黩武"过。但我们似乎却更应看到，这位"入继中华大统"的马背民族帝王作为一个"治国者"的杰出贡献：比如：以"攻心为上"使云南"同于方夏"，使西藏永归祖国的版图。尤应提到的是，在围绕"重农桑"等等"文治"诸多方面更是颇多建树：比如元曲、元历法、元建筑、元水利、元驿站、元青花瓷、元海上丝绸之路等等。史称"世祖能大一统天下者，用真儒也！"似更证实了忽必烈那"欲求大治"与"海纳百川"的胸怀。确实，他从青年起即纳儒习儒，广学历朝历代治国的先进理念，最终成为少数民族一统华夏之帝王第一人。称帝后，不但年号取名"中统"（取自古籍所云："中华开统！"），而且在依汉制组建中枢内阁时，“任贤取能”不分民族起用了大批儒臣。其中不但多有汉族，同时尚有契丹族、畏兀儿族、回族、来自西域的色目人，以至阿拉伯圣裔等等。若论蒙古族入阁者，仅仅才为三分之一左右，而汉儒竟占一半还多。从中不难看出，忽必烈当时是多么想当好这个“中国之主”，力图在七百多年前就开创“你中有我，我中有你”的这种局面。

但这一切竟被一场“趁火打劫”的叛乱差点毁掉了……

蒙古民族天性荡坦率真，最妒恨的就是背信弃义。一位汉世侯乘人之危的谋反作乱，几乎就造成了疑汉忌儒的历史大倒退。而草原母地野心勃勃的诸王也在趁机起兵谋篡，一代权奸更就势架空了多民族的中枢内阁。此时的忽必烈显然因内外交困也陷入迷惘，那严酷的民族高压政策就产生在此期间。眼见得通途骤然化为险道，就连他那“鼎新革故，务一万方”的雄心壮志似乎也就要化为泡影……这时多亏有各民族的儒臣良将合力相挺，不断向他提及他那“受天命而生”的神话传说，不断向他提及圣祖成吉思汗对他未来那辉煌的预言。而忽必烈也果不愧曾把伟大祖父的拇指当作过人初乳，痛定思过之后更进而展现他那超凡的雄才大略，最终实现了跨江一统天下的弘誓大愿，成为少数民族帝王入主华夏“勤于文治”之开先河者。就连取元而代之的明王朝在主撰《元史》时，似也不得不这样赞叹他——

世祖度量弘广，知人善任使，信用儒术，用能以夏变夷，立经陈纪，所以为一代之制，规模宏远矣！

明初著名学者叶子奇在他所著的《草木子》一书中，更进而对他评说道——

元朝自世祖混一之后，天下治平者六七十年，轻刑薄赋，兵革罕用，生者有养，死者有葬，行旅万里，宿泊如家，诚所谓盛世矣！

而在明末修订的《新元史》中，更称赞他一统天下之后，“纪纲法度，灿然明备，致治之隆，庶几贞观！”听听！竟把忽必烈的文治比作“贞观之治”了。如果说上述种种似有吹捧之嫌，那么我们再听听外国学者是怎么评价的。为求客观，首先听听马可·波罗是怎么说的——

告诉你们治理全鞑靼人各王中的最大的王……这最大的王就是大可汗，他的名字叫忽必烈……在臣民、土地、钱财各方面来说，在现世或是以前，自从我们的始祖亚当直到现今，大可汗是一个最有势力的人了……他是现在活的，也是从来没有的，一位大皇帝……忽必烈承嗣着成吉思汗直系皇统，因为全鞑靼人的君主必须属于那个宗系……他得到这个君位是用着他自己的豪气、勇敢和智慧……在他为君主之先，他差不多参加了每次战争。他是一位勇敢的兵士和优良的领袖……大可汗，是一个最智慧，在各方面看起来，都是一个有天才的人，他是各民族和全国的最好君主。他是一个最贤明的人，鞑靼民族从来所未有的。

当然，在诸多中外史籍中，对忽必烈的评价也不乏贬损之词，诸如“好大喜功，穷兵黩武”等等。时诬时赞，褒贬不一。在我看来，直到1939年，法国学者格鲁塞在其重要著述《草原帝国》中，才率先提出了个全新的命题，将对忽必烈的评价提升到一个更高的境界。其文云——

忽必烈推行一种二元政策……从蒙古人的观点来看，他在原则上（如果不是在现实中）始终如一地维护了成吉思汗帝国精神上的统一。作为至高无上的汗，即成吉思汗和蒙哥统治的继承人，他坚持不断地要求成吉思汗各大封地的服从……在中国，他企图成为十九个王朝(原文)的忠实延续者。其他的任何一位天子都没有像他那样严肃地扮演着自己的角色。他恢复的行政机构治愈了一个世纪之久的战争创伤。宋朝灭亡以后，他不仅保留了宋朝的机构和全部行政官员，而且还尽一切努力得到了当时任职官员们的个人的效忠。在征服土地以后，他也完成了对人们头脑的征服，他想获得的最伟大的名声也许不是“他是世界上第一位征服全中国的人”，而是“第一位治理中国的人”！

但令人深感奇怪的是：这段波澜壮阔的历史，这位叱咤风云的人物，除古今中外相关的蒙古史专家学者外，一般老百姓竟知之甚少。就连长期生活在内蒙古的普通民众，大多也只知道“忽必烈”这个名字，却不知他对中华民族有何贡献。而大元王朝本来就是传承华夏文明的重要一环，忽必烈也本来就是一位比秦皇汉武唐宗宋祖毫不逊色的治国明君，但这段历史却被讳莫如深地变成了一段空白。六百多年来一直如此，似有什么东西作祟有意淡化之。君不见！中国有三百多地方戏曲剧种，有数千个有关“帝王将相、才子佳人”的历史剧目。要知道，在民间一代代就是靠这种手段传承历史知识的。但总观数千

个历史剧目，其中竟没有一个涉及忽必烈和他麾下谋臣儒将的。难道是缺少曲折动人的故事和性格鲜明的人物吗？否！且不说情节的起伏跌宕，能人的各具风采，就单论美艳绝伦的察必皇后“佐夫终成帝业”之事迹，一连唱他三天大戏也肯定会让人意犹未尽。

那到底是什么使这段历史成为了空白呢？

说白了看，首要的原因便是元王朝的奠基人成吉思汗太伟大了，太光芒四射了！史称他“用兵如神，灭国四十”，遂产生了一种“灯下黑”的历史效应。人们似乎只看到了他的震撼世界的征服“武功”，却淡忘了他的嫡孙忽必烈一统华夏出色的“文治”。总之，随着时光的流逝，“灯下黑”的历史效应也越来越强烈了。最终导致就连马背民族大多也只知成吉思汗所开创的地跨欧亚的庞大汗国，而对大元王朝之“文治”竟不甚了然。

汉白玉帝王像

其次，还有一个更重要的原因必须指出：那就是以汉文化为本位的思想在从中作祟。毕竟，这是中国历史上第一个由少数民族入主华夏建立的大一统王朝，对于以汉文化为主体的（汉族）地区来说似乎总有一种惘然若失的感觉。虽然是忽必烈结束了近三百年的割据战乱局面并广施仁政，但后代史官却因“异族”二字大多还是采取了“敬而远之”的态度。既然留下了一段空白，那必然会有种种民间传说来填补了。况且元王朝也确实施行过分等级的民族高压政策，最终也因这种民族矛盾而使忽必烈对于华夏历史的杰出贡献几乎被抹杀了。

元都城城垣遗址

最后，似仍有必要提出另一个重要的原因，那就是民族间的种种差异：比如语言的不同、生活习惯的不同、民俗民风的不同、祖规祖制的不同等等。这些本来是由于农耕文化与游牧文化的差异而造成的，却在后世唯崇孔孟之道的史家笔下变成了“不可理喻”。举例来说，依草原古俗“父死，子可纳父妾；兄亡，弟可娶兄嫂”，就曾被不问情由乱批为“大逆不道”，“有悖人伦”。再加上马背民族从没有文字到历经三次文字的变迁，早已造成了译音和译意的种种混乱现象。而叙述这段历史，又往往离不开一些汉字音记的专用名词，比如“斡耳朵”（后妃宫帐）、“兀鲁思”等等。故就连较为客观的《元史》也令人难以卒读，或许这也是忽必烈的“文治”多被遗忘的原因之一吧！

与时俱进，似乎应该重新审视历史的这一页了……

须知，我们伟大的祖国就是一个多民族和谐相处的大家庭，各民族对华夏历史的奉献必须首应得到充分肯定。而且有人已经开始这样了，比如当代著名的元史专家李治安先生就曾将忽必烈评价为“中国历史上少数民族君主统一和治理南北的第一人”，“多民族统一国家发展的（伟大）推动者”。的确如此！他不仅比清·康熙早数百年就基本奠定了祖国的疆域，而且亲手推动了大元王朝主动入继中华大统。尤其值得称道的是，这位蒙古帝王汉语虽说得不如康熙乾隆那样顺溜，但若论应用孔孟之道大搞文治，忽必烈却当应为后二者的先师。比如围困南宋国都临安（今浙江杭州）时，他竟一改祖风只围不打大搞起了“文攻”。再比如终其一生竟未搞过什么文字狱，听任艺人们唱着“元曲”含沙射影却不屑一顾。

多了，多了，有关他多角度的有趣故事多了——

你相信吗？七百多年前他就倒走过长征路。从六盘山开始，金沙水拍、大渡桥横、雪山、草地等等样样不缺；

你相信吗？七百多年前他就高乘象舆去讨逆或游猎，在勇骑大象这一点上绝对称得上是“千古一帝”；

你相信吗？在七百多年前他还把比自己小二十多岁的雪域圣僧八思巴认作帝师，不但自己从此皈依了藏传佛教而且也使西藏从此皈依了伟大的祖国！

像这样引人入胜的故事太多了，还需要再一一列举吗？

如果你感兴趣的话，就请打开这部有关忽必烈和大元王朝的“通俗史话”集吧！照亮“灯下黑”，爷爷的故事只作为铺垫，主要讲的是孙儿众多的“文治”故事。

拂去历史的尘埃，扫去文化的偏见！

这就追根溯源先从头说起……

第一辑

【本辑提要】似乎有了神话传说般的“开篇”，便可以一览无余地尽观大元王朝的风云变幻了。其实不然。须知，大元王朝虽是我国历史上第一个由少数民族入继华夏大统建立的封建王朝，但它的前期却仍处于游牧文化时期并保留着鲜明的民族特性。如果不了解这一切，《大话元王朝》就会变得处处需加注释而难以卒读。故在“开篇”之后尚需用一些篇幅以解密古代的游牧文化，以助读者提前消除由于民族间的差异所造成的文化隔阂。而了解古代蒙古民族的最佳途径，莫过于从他们的衣、食、住、行入手。况且其中势必也会穿插一些古代蒙古族历史故事作为铺垫，使你更了解大元王朝由游牧文化向农耕文明的转型是如何的艰辛和曲折。当然，前提必须是既要有史可考，又要新鲜、生动、有趣——

【吃：从“乍马宴”到“一统全席”】

说到吃，这可算挑了一道难题……

要知道，入继中华大统的元帝国疆域面积可太大了，其所辖之地明显地超越了秦、汉、晋、隋、唐、宋等汉族皇帝所建的统一王朝。《元史·地理志》云：“若元，则起朔漠，并西域、平西夏、灭女真、臣高丽、定南诏、遂下江南，而天下为一。故其地北逾阴山，西极流沙，东尽辽左，南越海表。”面积太大了，似就连清·康熙也只能自愧弗如。

地广人多，必然众口难调……

就拿中原地区来论，就有“南甜、北咸、东辣、西酸”之说。故如何深研大元王朝的饮食文化，的的确确是令人难以“聚焦”。好在后代的美食家均以历朝历代的宫廷御宴为研究对象，竟以皇帝老儿餐桌上摆的佳肴美食为此朝饮食文化之代表。如流传至今的“满汉全席”，即清廷之代表性杰作。既要把主体民族摆在前头，也并不否认与其他民族饮食文化的交融。好！那我们即以此为例，追溯一下大元王朝的宫廷饮宴到底有哪些特殊的地方。

“吃”来话长，必须从根上说起……

蒙古民族，又称马背民族。世代逐水草而居，一直在茫茫的大草原上过着游牧生活。吃、喝、住、行，甚至燃料，无不仰仗于畜牧业，故一谈到饮食文化就很难离开肉与奶。早期绝少接触粮食，但却吃出了自己独特的风味儿。比如架起牛粪火去煮手把肉，大多只煮到七八成熟，而且绝少加盐和佐料，最好是捞出来还带着血丝儿就吃。还称只有这样吃着才香，嚼着才有味，咽在肚子里才强身健体好消化。当然，大多时候肉往往是很难短时间吃完的。为此，牧人们也经常把多余的肉割制成条晾成肉干。晾成后也不再泡煮了，生着嚼也吃得津津有味。再者，在古代，牧人们似乎就会砌一种天然的“风干仓”，储存肉食的效果一点也不比现代的电冰箱差。至于说到奶，那更被马背民族视之为圣洁之物，勤劳的妇女用灵巧的双手可将其分别制作为奶油、奶皮、奶酪、酸奶、奶茶、奶酒等等，其中尤以马奶酒最受推崇。当然，似也需一些绿色植物做调剂？而好在茫茫的大草原上也绝不乏沙葱、草籽、野韭菜，可作调味品的“高格德”花等等。这也说明，早期的蒙古民族是以肉食乳品为主食，但也绝不乏遍尝百草的精神。只不过因为“居无定所、世代游牧”，没条件在这方面更下工夫罢了。故一些史书便难免对游牧民族的饮食文化有所偏见，视其为落后，称其为野。其实不然，依现代营养学的观点看来，这种少用盐及不煮制过熟的种种作法，是颇符合现代科学的饮食理念的。难怪在那样严酷的自然环境中，古代的蒙古健儿个个体魄是如此健壮强悍，崛起之快又是如此令人目不暇接。

其间，成吉思汗更不愧“一代天骄”……

在这里也必须指出，在蒙古民族反抗辽金两朝的残酷统治中，饮食文化的被挤压似乎也是重要原因之一。须知，尤其在金代对北方少数民族的镇压更加暴虐。不仅年年逼之进贡金银珠宝，而且岁岁均迫之献上男奴女婢。不然就三年一剿、五年一伐，致使分散的各部族无力应付，竟然受其挑唆互相掠夺厮杀。比如成吉思汗的先祖俺巴亥就是被塔塔儿人掳去，献于金主而钉死于木驴之上示众的。而对茶、盐、糜谷等物资也严格加以封锁和禁运，致使宋初早已

乍马宴（清）

形成的茶马古道、盐马古道、粮马古道，均难得越过辽金地区再达漠北的茫茫草原。同时，尚必须指出，经过多少代农耕文明与游牧文明的交融与互补，此时马背民族的饮食文化已离不开正宗的食盐、急需的砖茶以及必备的炒米等。民以食为天，断绝等于毁人生计。而辽金两代压榨之残酷，由此也可见一斑。这时多亏有了“一代天骄”之应运而生。成吉思汗之能量犹如骤然引爆的核裂变，短短二三十年间便引得全人类“当惊世界殊”。不仅统一了内乱无休止的无数蒙古族部落，而且引领马上健儿冲出朔漠、冲向辽金曾统治的中原，进而又西进马踏欧亚，创建了震撼世界的“也客蒙古兀鲁思”（“也客”，蒙语大也。“兀鲁思”，蒙语国也。合在一起即大蒙古国），中原也将其称之为“大朝”。当然，随之便有了别具草原形制的宫廷，也有了别具民族风格的宫廷饮宴。

至此，蒙元饮食文化之代表作总算有迹可寻了……

事实也确如此，马背民族的饮食随着马蹄声声也在与时俱进。到成吉思汗叱咤风云时，他那四大“斡耳朵”已出现了“烤全羊”。据说，烤制手法由西域传入，但又绝对无损于蒙古民族以肉食为主的饮食文化。将羊毛刮剃得一根不剩之后，连皮带头蹄尾整体烤制，非厨艺高手难以完成。烤制毕，尚需将全羊跪伏造型于大盘之中。油光闪闪，香味四溢，上再饰以红线和绸带，似已达到了中国传统饮食文化那色、香、味、形等最佳境界之要求。但礼仪却颇为繁琐，先割哪后取哪绝对错乱不得，哪个部位该献于谁更是大有讲究，故一般牧人之家绝对难以为之。

更进一步，是该轮到说“乍马宴”了……

到了成吉思汗晚年，广袤的游牧帝国已达到了一个极盛的时期。虽然他仍坚持住在流动的毡包宫帏里，但大半个世界的财富、珍宝和被俘人才还是源源不断地向草原母地送来。要接受万方来朝，当然饮食文化也必须展现“也客蒙古兀鲁思”的辉煌无比。仅仅靠“烤全羊”待客已显得太小家子气了，随之而代的便是足以展现庞大汗国宏伟气魄的“乍马宴”。绝少中原汉地那种多少碟子多少碗的婆婆妈妈，而一经展现却绝对可让你目瞪口呆馋涎欲滴。但也必须指出，“乍马宴”并不说明也该轮到马倒霉了，竟也会变成背上主人的口中餐。要知道蒙古民族爱马是举世闻名的，残瘸者除外，自古以来就将自己的坐骑视为朋友甚至是亲人。据考证，之所以称之为“乍马宴”，乃说明此宴一经摆出便足以使草原众多马背英雄闻“香”策马而来。万马嘶鸣，马蹄欢动，颇为壮观，故名“乍马宴”。

那到底是怎样的珍馔佳肴呢？

肯定又会使你大出意料，绝没有后世“满汉全席”上那么多零碎和啰嗦。诸如相声《报菜名》中的什么“蒸羊羔、蒸鹿尾儿、烧花鸭、烧仔鹅……”通通免去，展现在你眼前仍唯有一个精雕银饰的木盘，只不过要比盛“烤全羊”的更豪华更巨大罢了。里面再跪伏一只全羊似乎已显得过于渺小了，为突显草原帝国的疆域辽阔，盘中竟跪伏着一峰熟制的骆驼。但如果你仅为这道“菜”之大就惊呼不已，那你显然对马背民族如草原般辽阔的胸怀就欠缺了解了。须知，蒙古人向来不会作“金玉其表、败絮其内”之事，难道仅啃个大骆驼就能象征着“也客蒙古兀鲁思”的如日中天吗？原来，大只是外表，内在还有更丰富的内涵。骆驼腹内尚填充着一头牛犊，牛犊腹内尚填充着一只全羊，全羊腹内尚填充着一只天鹅，天鹅腹内尚填充着一只野鸭，野鸭腹内尚填充着一只鹌鹑，鹌鹑肚里尚填充着一只野雀，野雀腹内尚填充着一颗金蛋……当然，正史和野史中对相关填充物或顺序也有不同说法，但仅从此说已足可一窥“乍马宴”的全貌了。但“吃”的礼仪却颇为复杂讲究，稍有不慎就很可能造成厚此薄彼的混乱。故主持人非大智慧者不可。近日上海所出的长篇历史小说《忽必烈大帝与察必皇后》中，就曾写到忽必烈登基时为诸王权贵摆功所设的“乍马宴”。他所选中的分赐者竟是自己那美丽绝伦、智慧超凡的大皇后察必，现将有关文字引录于后以见一斑——

察必似还是在忽必烈身边表现得唯唯诺诺的，除了目露忠诚之外绝不轻易开口。但忽必烈却越喝兴头越高，竟带着浓浓的醉意下令察必“代朕赐食”，即把层层美味佳肴分赐于诸王勋贵。这

乍马宴

不仅对受赐者是一种极大的荣誉，而且依照草原古俗怎么分赐也是一种极大的学问。绝不能让人有厚此薄彼之感，而且尚需使人人均感到对自己的看重与尊宠。就像每个蒙古族的贤惠媳妇必须会熬奶茶似的，一位大哈敦（大皇后）的“分赐”往往还能看出她的政治智慧。而且过程颇为复杂，每个部分代表什么意义均颇有讲究。先削哪里？先取哪块肉？先赐于谁后赐于谁？都不能有丝毫差错。而察必似第一次扮演大哈敦这个角色，绝对是没有在“乍马宴”上这种“分赐”佳肴经验的。对于她来说，这很可能是地位改变后遇到的第一道难题。或许，这可看作是忽必烈喝高了的一时冲动？但察必却颇为恭顺地接受了这个任务，在诸王勋贵注视下仍表现得那么不急不躁。神态高贵，举止优雅，竟安然地首先拿出了大哈敦剔肉的精致御用蒙古刀（“乍马宴”上的主要餐具），然后双手捧着，依照祖制严格排列的顺序，逐一走向这些圣祖子孙或元老勋贵面前，破天荒地没有去“分”，而是诚心诚意地请他们自由去“取”。似乎是有悖于“赐”，但也可看作是一种善意的回报和无言的答谢。更何况，她那充满魅力的微笑，对每一个人都突

烤全羊

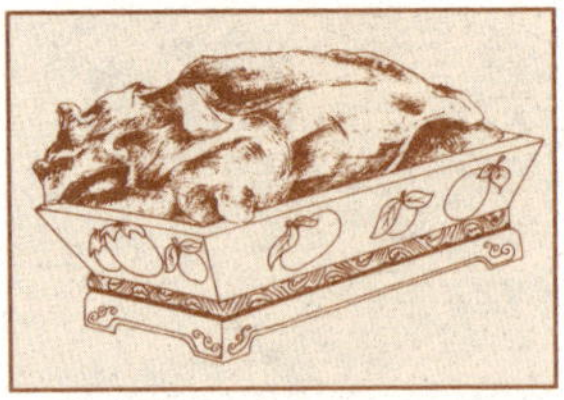

烤羊背

元代大铁锅

显着尊重。她那闪动着真情的双眸，对每一个人都溢满了信任。尤其她用自己精美的蒙古刀让大家去“各取所需”，更使得每个人感到了强烈的心灵震撼。以致“分赐”这个过程变相完成之后，灯火辉煌的宫廷之内又掀起一阵又一阵的欢呼。不但未发生厚此薄彼或你尊我卑的情况，而且诸王贵戚似乎也都找准自己的“位置”了。一种超凡的凝聚力，更为忽必烈扎实了基础……

至于是分别烧烤煮制，还是套在一起总体烹调完成，那很可能早已随着调味提香等诸多厨艺绝技失传了。要知道，从成吉思汗起即设有专司御用膳食的世袭官职：博儿赤。博儿赤由最亲信的贵族将领担任。为突显忠诚，这种唯有大汗能独享的“乍马宴”之炮制秘笈当然会深藏不露了。为之，随着后来忽必烈在中原称帝及西域饮食文化的流入，“乍马宴”反而因其“大”竟渐渐将绝艺失传了。记得改革开放之后，在内蒙古的鄂尔多斯也曾试图恢复这种顶级的民族盛宴，但也只见穿饰古典盛装的演员们在场中表演，而众多的观众却只能“目睹”而无法“大饱口福”。至于说到青城一些高级饭店现在又出现了“乍马宴”，我很怀疑这是否属原汁原味古典版的，但马背民族的饮食文化并未因此而失去鲜明特色，在入继中华大统缔造大元王朝之后，反而有了更具鲜明特色的发挥。

终于该轮到说大元王朝的顶级宫廷御宴了……

“一统全席”，这个名字是有感而起的，但绝非杜撰。因为就在蒙元饮食文化达到巅峰之时，也正是偏安于江南腐朽的南宋小朝廷败亡之日。1276年，元世祖忽必烈派名帅伯颜终于统兵跨江拿下了南宋国都临安，迫使“垂帘听政”的老太后谢道清携四岁的小皇帝赵㬎只能出城请降。至此结束了当时近三百年的封建割据和战乱局面，从而诞生了历史上第一个由少数民族一统大江南北的中央政权——此即为定都于大都（今北京）的大元王朝。老太后谢道清和小皇帝赵㬎率皇室当然会被押北上，亲往元大都跪伏请降称臣纳贡。而忽必烈毕竟已于长江以北经营汉地达二十多年，也自然会豁达大度地设最高规格而又别具特色的盛宴来款待这些来降的“尊贵客人”。

故而所谓“一统全席”之名即由此而来……

而宴席的宏大场面却绝非杜撰，有时人绘声绘色的诗文为证。汪元量，南宋亡国后的落魄文人，著有《增订湖山类稿》多卷（也可能为后人收集整理）。其中《湖州歌九十八首》，就对这次“盛宴款待”有着颇为详尽的记述。似已将当时蒙元饮食文化巅峰状态展露无遗，为此现特将全诗引用于后——

皇帝初开第一筵，天颜问劳思绵绵。
大元皇后同茶饭，宴罢归来月满天。
第二筵开入九重，君王把酒劝三宫。
驼峰割罢行酥酪，又进雕盘嫩韭葱。
第三筵开在蓬莱，丞相行杯不放杯。
割马烧羊熬解粥，三宫宴罢谢恩过。
第四排筵在广寒，葡萄酒酽色如丹。
并刀细割天鸡肉，宴罢归来月满鞍。
第五华筵正大宫，辘轳引酒吸长虹。
金盘堆起胡羊肉，乐指三千响碧空。
第六筵开在禁庭，蒸麋烧鹿荐杯行。
三宫满饮天颜喜，月下笙歌入旧城。
第七筵排极整齐，三宫游处软舆提。
杏浆新沃烧熊肉，更进鹌鹑野雉鸡。
第八筵开在北亭，三宫丰筵已恩荣。
诸行百戏但呈艺，乐局伶宫叫点名。
第九筵开尽帝妃，三宫端坐受金卮。
须臾殿上都酣醉，拍手高歌舞雁儿。
第十琼筵敞禁庭，两厢丞相把壶瓶。

君王自劝三宫酒，更送天香近玉屏。

全诗录毕，咱们从中先来看看这场元宫御宴的“菜谱”，以便了解蒙元极盛时期饮食文化“代表作”的诸多特点。听听：“驼峰割罢行酥酪”、“割马烧羊熬解粥”、“并刀细割天鸡肉”、“金盘堆起胡羊肉”、“蒸麋烧鹿荐杯行”、“杏浆新沃烧熊肉”、“更进鹌鹑野雉鸡”种种。当然，因有的难以入诗，这些绝非是“一统全席”的全部，但从中却已可看出仅肉类就动用了诸如熊、鹿、麋、驼、马、羊、天鸡（天鹅）、鹌鹑、野雉等等，真可谓“天上飞的、地上跑的”应有尽有。唯不见“水中游的”，这很可能与其时大元宫廷已皈依喇嘛教有关，早期的藏传佛教是忌食“扎木斯”（鱼）的。而素食仿佛也只有“又进雕盘嫩韭葱”，另加“割马烧羊熬解粥”中那点米谷而已。至于说到“一统全席”上的酒，那倒有点让人大感意外了。似乎绝不仅仅是疏忽，诗中竟没有提到蒙古民族引以为傲的马奶酒，或宜于豪饮的老白干。反而提到的是“葡萄酒酽色如丹”，并且是“辘轳引酒吸长虹”。气魄是够大的，只是茫茫大草原是从来不种植葡萄的。似乎有些“野的够野、洋的过洋”？但这或许正是元世祖忽必烈“别有用心”的安排：一方面是要展现祖先从狩猎到游牧生活吃得是如何尽情和豪放，一方面是又要展现地跨欧亚尚有西方进贡来的美酒与佳酿。而面对前来请降的南宋君臣，要的就是让他们在“一统全席”威慑下败亡得更加

黑釉“内府”铭瓷罐

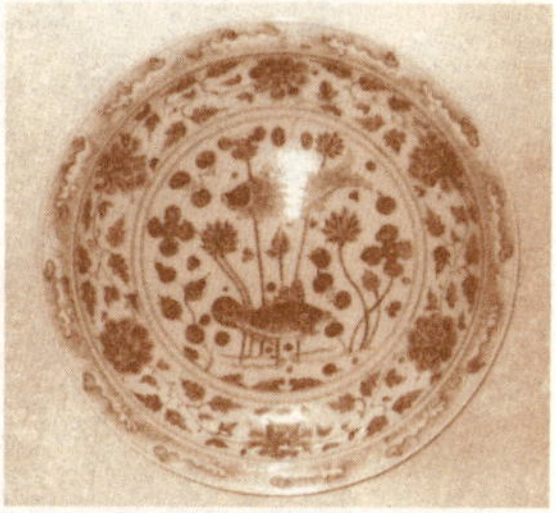

元青花

银餐具

“心悦诚服”。典型的另类民族自豪感，就连饮食文化上也绝不愿输分毫。

然而，似乎还绝不仅仅于此……

要知道，蒙古民族的胸怀如草原般辽阔，从来就是“与时俱进、海纳百川”的。即拿上述一道道大菜来说，为照顾老太后和小皇帝之口，肯定已经过中原汉家名厨之手。若不然，进入明代后“驼峰”、“熊掌”等怎能渐渐进入内地的各大菜系中了呢？但更应重视的是，至元世祖忽必烈时期已绝不仅仅是闷着头只顾大吃大喝了。既然称之为“饮食文化”，当然要杂糅百家使“客人”吃得更加尽兴。随之，便如汪元量诗中所说，这场国宴上出现了诸如“乐指三千响碧空”，“月下笙歌入旧城”，“诸行百戏但呈艺，乐局伶官叫点名”，“须臾殿上都酣醉，拍手高歌舞雁儿”等种种欢腾的景象。这才叫真正的吃出“文化”来了：眼睛看着，耳朵听着，鼻子闻着，嘴巴品着，高兴过头了，还能像贾作光那样来段“雁舞”……请想想！“乐指三千”该是多么大的乐队啊？而“乐局伶宫叫点名”更说明了早在七百多年前，大元宫廷的国宴上

蒙古汗王夜宴图

早已可以指着歌星点歌了。盛况空前，足可以和尼克松七百年后访华的国宴相媲美。不对！好像后世的乐队只奏了一首美国的乐曲《美丽的阿美利加》，热闹远逊于大元王朝。

当然，元世祖忽必烈也自有他的用意……

史称他“度量弘广”，而事实也证明他颇具“远见卓识”。忽必烈在江北经营“一统天下”二十多年中，不仅已汲取儒法一改早期的原始攻掠方式，而且同时还汲取了前朝金灭北宋时残酷手段得不偿失的教训。多种史书均有记载，金兵在攻破汴梁俘获徽钦二宗时确实手段残忍。当时宫女多缠足被用牛车押运北献时，在凛冽的寒风中难免捂着冻伤的小脚哀号。而金兵竟举刀“俱断其足”，致使这些少女血流一路弃尸一路。尤对徽钦二帝更无一丝“文化”可言，竟分别置之于阴冷潮湿的枯井之中囚禁。每日仅垂之于“猪狗之食以饲之”，徽宗死后更“燃其悬尸取其膏，以作灯油用”。故反使南宋军民更加“同仇敌忾”，致使金之一代终未完成一统江山的霸业。而忽必烈这场不惜血本的盛宴款待，果然使南宋的老太后和小皇帝“感激涕零”。不仅连连下诏命江南各地“缴械投降”，而且就连闻名天下的皇族大书法家赵孟頫也深受影响“北上仕元”了。但如果仅把这一切看成“政治操作”也有点失之偏颇，似也和忽必烈那种大度、宽厚、包容的个性有一定关系。绝没有枯井和断足，有的只是继续展示“饮食文化”的魅力。对南宋老太后和小皇帝随后的待遇，也有汪元量的诗为证——

每月支粮万石钧，日支羊肉六千斤。
御厨请给蒲桃酒，别赐天鹅与野麋。
三宫寝室异香飘，貂鼠毡簾锦绣标。
花毯褥裀三万件，织金凤被八千条。
雪里天家赐炕羊，两壶九醖紫霞觞。
三宫夜给千条烛，更赐高丽黑玉香。
…………

只可惜！来降的太后、幼君、皇室贵胄、文武百官，俱都只适应临安那种吴侬软语式的宫廷生活习惯，就连胃口似乎也只适应精致甜润的江浙菜系。故一连十几日豪放热情的“一统全席”，竟把南宋君臣们大都吃得跑肚拉稀，有位小太后更因此大病一场。由此可见文化交融也是件颇难的事儿，即使在吃喝上也不例外。忽必烈的好心也有副作用，史称还有个无耻文人——南宋状元兼末代宰相留梦炎，却在大嚼大啖之后上火怎么也拉不下屎来。

再大的热闹总会过去的，从未有过千年不散的筵席……

但马背民族的饮食习惯却基本保留了下来，而且还仍然保留着草原文化的鲜明特点。至今无论是居住在都市还是生活在牧区的蒙古族同胞，依然是那么爱吃煮到八成熟的手把肉，爱喝必不可少的鲜牛奶、浓奶茶以及待客的马奶酒，爱尝诸如酥油、奶酪、奶糖、奶皮子、奶豆腐等等衍生的奶制品。而且，内蒙古自治区的首府呼和浩特市改革开放后很快便被誉为“乳都”，这难道和草原饮食文化的源远流长没有关系吗？

熬制奶茶

饮具

来吧！别具民族风情的美味佳肴正在等着您！

草原就是您的家……

【喝：奶茶飘香与酒歌高亢】

古人说：茶可“清心”，酒可“忘忧”……

但这一提不要紧，马上就又得涉及到茶文化与酒文化！而这两者似乎又和“饮食文化”既有关联性又可自成一家，如若说到马背民族而不分别提及这两样，似很难揭开古代草原的神秘面纱。

咱们先说茶……

茶文化在我国各民族间真可谓“异彩纷呈”，比如蒙古族的奶茶、土家族的擂茶、藏族的酥油茶等等。而说到以汉民族为主体的农耕地区，士大夫们喝茶就更加讲究。为突显潇洒飘逸，竟改“喝”为“品”了。故有了《红楼梦》中“一盅为品，三盅则为牛饮也”之说。茶在汉族地区雅俗共进，逐渐发展成为“茶道”。甚至还进而推出了一位“茶圣”陆羽，因他写出了一部颇具权威性的有关茶叶之专著《茶经》。

草原上的茶文化没有那么复杂，却自成一系……

一切皆缘于游牧生活的需要，不理会“潇洒飘逸”而推崇自己的民俗民风。至于茶叶是何时传入茫茫草原的，史无详载，说法颇多。有人说这很可能是昭君出塞带来的，也有人称这更可能是逐鹿中原掠归的。但更可信的考证似乎是这一种：即早在古代我国西部那条举世闻名的“丝绸之路”开辟的同时，东部有一条“茶马古道”也在形成着。没有运输丝绸那样轰轰烈烈，而茶已悄然无声地开始进入到莽莽苍苍的大草原了。这很可能纯属一种官商勾结为钱财的暗厢操作。须知，中原的达官贵胄和文人雅士品茶唯追求极品，如首茬嫩芽和顶极毛尖等，余下的次茶才供平民百姓饮用。而更多剩下的却为粗叶和茶梗，但茶商们却仍将其发酵压制成“砖茶”。理由很简单，因为他们早发现漠北草原对这种茶制“板儿砖”特别欢迎，“废物利用”竟照样能引来滚滚财源。

似有些歧视，却正中马背民族的下怀……

也难怪！漠北草原属高寒地区，自然环境特别严酷。而且世代以乳肉食品为主，用现代话来说显然是缺少各种维生素。多亏了这种“歪打正着”，砖茶的流入似正好弥补了这种不足。起初他们很可能仅仅发现酽酽的浓茶有可消食、可提神、可御寒、可解乏、可发汗等种种功效，随之再加入适量的乳汁后竟变得更加醇香可口。颇具民族特点！使茶散发出浓郁的草原风味，使奶平添了更加丰富的内涵。长城内外茶文化“合二为一”，马背民族最终独创了别具一格的“奶茶”。流传有几千年了？已很难详考。但有一点是可以确信无疑的，从此“奶茶”便成了蒙古民族饮食文化的“主打品牌”。别看“烤全羊”、“乍马宴”、“一统全席”上均未提到它，但散筵后上至皇帝国戚下至平民百姓首先找的就是它。时至今日，蒙古同胞们仍然是一日可无食，绝不可没奶茶。究其原因，据一些牧人朋友对我说：“一天不喝就大脑子疼，提不起精神……”故即使在“文革”时期的混乱岁月里，也有解放军严守着盛满砖茶的仓库。呼和浩特的就在火车站附近，基层草原更守护颇严，大意不得，稍有疏忽就会出大乱子的。这段史实，详见于商业厅相关档案。

既然一日难离，那必然会发挥成一“门”艺术……

没错儿！虽然没有像内地那些文人雅士那样吃饱了只顾讲“潇洒飘逸”：又是尊“茶圣”，又是崇《茶经》，又是论“茶道”，又是讲“品茗”，临完还要一比“茶风度”……马背民族天生豪放坦荡，绝没这么多的啰里啰嗦，也绝不会在精致的茶具或名泉之水上下工夫。照样铁锅熬茶，大碗豪饮，甚至就连茶壶也不屑一顾。既然只认准了奶和茶是“绝佳组合”，那他们也会高傲地把自己的“奶茶文化”别具一格地推向极至。据史载，早在成吉思汗时期就有专门为他熬制奶茶的后妃，而从此这门绝技的传承似乎便只落到女人身上了。其间熬制奶茶的学问大了去了，如火候、成色、调配的比例、搅动的适度、恰当的口感等等，也绝非是三言两语或一朝一夕可学会的。外来的草原旅游者喝奶茶总会觉得是一个味儿，但行家却能喝出千差万别。不仅能喝出这个女人的手艺高低，甚至还能喝出这个女人的个性及贤惠与否。为此，蒙古包中待嫁的姑娘，稍懂事后早早就跟着母亲学习熬制奶茶了。这似乎也成了作母亲的一块心病。她们深知女儿如若过不了这一关，那将来很难成为一个受公婆欢迎和丈夫喜爱的好媳妇。因而至今在别具草原风情的蒙古族婚礼上，仍保留着这样一个古老的遗俗：即新娘子在婚宴上尚需亲自动手熬制一锅奶茶，与新郎一起捧献于公婆及众宾客面前请他们品尝。这可是个令送亲人提心吊胆的过程，只有当公婆和众宾客面露笑容时方能长长松口气。随之，另一个更重要的婚礼仪式也就要开始了，即眼含热泪的婆婆要把自己掌管大半生的熬奶茶勺子交给儿媳妇了。这不但是象征着无条件地接纳了新人，而且象征着一种别具民族特色的传承关系。婆婆将放心地退居二线，新媳妇完全可以放手去当家作主。多么富有民族特色的人情味儿啊！长勺子作为亲情的传承物，足可见茶文化在马背民族生活中的重要地位。为此，“奶茶飘香”竟成了祥和草原的象征。

当然，更应提到的是马背民族的酒文化……

一提到辽阔的草原，人们或许马上会联想到那劝酒的酒歌。热情、高亢，但却常常使外来旅游者“闻酒色变”。很显然这是被外界种种传说吓怕了，对蒙古民族的酒文化欠缺应有的理解。其实，这只是一种豪放的待客方式，只要你能回报以热情和尊重，喝多喝少甚至不喝都没有关系。除此之外，你似乎尚需了解草原是因何和酒结缘的？往事悠悠！你应当知道：马背民族绝非是天生嗜酒的，而是严酷的自然环境和特有的游牧方式所造就的。要知道，古代的漠北草原比现在还要冷，而且严寒的季节特别漫长。再加上数百年前放牧畜群的草原同时也是野兽出没的地方，即使在滴水成冰的日子里也似须经常在野外守候在畜群旁。而任你再吃苦耐劳，仿佛也需要借助外力激活你的

扬奶

兑奶

热血，增添你的热量，以应对严冬诸如暴风雪的侵袭。况且除了野兽外不定期有外敌，似也需借助外力激发勇气来捍卫自己的草原部落。这个外力便是酒，从古到今一直在重塑着草原强悍的灵魂。有史可考，就在成吉思汗崛起时，马上健儿们往往可凭着几条肉干和一革囊酒往来奔袭上千里。遇到暴风雪，他们大多会挖个雪洞钻进去就可和衣而眠。完全凭的是一革囊酒，不但可以使他们耐得住彻骨的严寒，而且第二天更可出其不意地突现在敌人的面前。

皮制酒壶

但酒和茶不一样，绝不是泊来品……

据史载，大约两千多年前或者更古远，我们北方的少数民族就已学会酿酒了。但不是果酒、葡萄酒或是粮食酒，与他们的游牧生活有关，“就地取材”最早出现的当是奶酒。如前所述，其中最珍贵的应数马奶酒。至于白酒（粮食酒）是何时进入漠北草原的，大多数史家的意见竟较为统一：大约在秦汉前后，乃农耕文明和游牧文明交融与互补的必然结果。或通过战争，或通过和亲，中原的茶与酒已早与草原文化融为一体了。即拿酒来说，自从粮食酒传入草原后便逐渐超过了奶酒的用量。虽然说出于民族自豪感，他们仍把马奶酒放在至尊的地位，但在实际豪饮中已感受到白酒更烈、更猛、更刺激、更容易激发全身的热血沸腾。而其中还有一个更重要的原因，即奶酒数量毕竟有限，而从中原涌入的大量白酒却可充分满足他们的尽情豪饮。

青花梨形执壶

青花高足杯

这或许正是历代统治者有意促成之……

比如辽金两朝，他们对背后的蒙古民族就是如此。为防止“后院起火”，除了不断地挑起草原部落间的纷争，还要定期进行征讨和物资禁运。有史可查，他们对酒却总是满足供应的，意在使草原部族间永远神志不清内斗不止。我国史学大家翦伯赞先生于1959年访问呼伦贝尔大草原时就曾慨然言道：“这里曾是北方少数民族的演兵场，一经演练成熟便冲向前台逐鹿中原，演出了一幕幕波澜壮阔的历史剧。北魏的鲜卑、辽之契丹、金之女真、元之蒙古、清之满族，莫不如此……”这似乎是一种“宿命”。很显然，辽金两朝的最高统治者似乎也意识到了这一点，随之便想用武力和酒防患于未然。但“机关算尽，反误了卿卿性命”。酒文化仍继续在蒙古草原上发扬光大，金王朝却难逃历史的宿命最终还是被马背民族灭亡了。

酒，从此似乎和草原文化更密不可分了……

但有其利必有其弊。随着地跨欧亚大陆的“也客蒙古兀鲁思”之崛起，在频频举杯的欢庆声中，狂饮似成了一时之风。而最令牧人不解的是，在一代天骄成吉思汗功成辞世之后，由他钦定的继承人本来干得颇为出色，但后来却突然急转直下变成了一位“嗜酒之徒”。竟放任自己的老婆乃马真皇后（原名：脱里哥娜，史称“六皇后”）擅权乱政，几乎将接班以来的种种努力尽皆“前功尽弃”。很显然，这是指成吉思汗嫡三子、草原帝国的第二代最高统治

加工奶酒场景

者窝阔台大汗而言。的确，一开始他果不愧伟大父亲的杰出儿子，继续留用前朝重臣契丹大儒耶律楚材，改税律、设站赤、禁屠城、报世仇、灭后金，组织封王长子第二次西征、大败日尔曼与波兰联军于多瑙河畔，并且在草原上前无古人地建起了宫殿巍峨的汗国都城，以及有条件地保留了中原的农耕文明……只不该，正在就要续写辉煌的巅峰时刻，他的幼弟拖雷竟“代”其神秘地死去了。此类“杯弓蛇影”的事件本来在中外古今的皇室中早已屡见不鲜，但或许是因为天性淳厚恐惧回忆，他却开始沉溺于狂饮之中了。再加上乃马真皇后为了擅权也从旁大助酒兴，竟利用色目商人奥都剌合蛮引进了西方的果酒、葡萄酒，以及欧亚各地应有尽有的各类名酒佳酿。更何况！还有一位被俘的呼罗珊美少女法提玛专司伴酒，致使又把草原帝国的酒文化“海纳百川”、“色彩缤纷”地推向了一个新高潮。

为了忘却，似也只能为“酒文化”作出牺牲了……

绝非杜撰，上述均有史为证。同时期的波斯史学家拉施德就曾在《史集》中这样记述说：“合罕（指窝阔台）很喜欢喝酒，经常喝得酩酊大醉，并且在这方面无所节制。这使得他身体日益虚弱，无论近臣们和好心肠的人们如何阻拦他，都未能成功。相反的，他喝得更多了。”《元史·耶律楚材传》中也有类似的记述，这位契丹大儒就曾专门捧着被酒腐蚀的盛酒铁槽进谏道：“铁器尚如此，何况五脏乎？”而其间就连觊觎汗位的乃马真皇后，随后成为宠臣的奥都剌合蛮，以及呼罗珊的美少女法提玛，也均非野史人物。诸如《元史》、《史集》、《世界征服者史》等中外史籍中，均详细记载了他们是如何“狼狈为奸”、如何别有用心地掀起了这场“酒海孽澜”。酒不醉人人自醉，最终使曾大有作为的窝阔台大汗还是在醉梦中“驾崩”了。

这很可能是当时淹死在酒海中地位最高的统治者……

历史从来是为尊者讳的，但从字里行间却仍可隐约看清这场酒文化所酿成的宫廷悲剧。显然大多数臣民尚对窝阔台大汗充满了惋惜和同情，而那几个狼狈为奸的始作俑者后来也均下场很惨。详情后面将有相关随笔叙述，在这里只能告诉你马背民族并未因此废酒。

绝不可能！因为酒早和游牧生活密不可分……

漫长的冬季，严酷的自然环境，分散的蒙古包，孤独的寂寞长夜，还需应对种种突发事件，似也只有酒才能给他们注入热血和勇气……除了严惩令大汗纵酒的恶人、彻底将那些从西方引来的怪酒摒弃外，渐渐地，一套相关的酒文化的礼仪还是逐步形成了，蒙古包里开始回荡起高亢的酒歌。主人用哈达托着银碗向你敬酒，那是充分展现他们对你发自内心的热诚欢迎和祝福。随后点酒向上而弹，那是敬天；点酒向下弹洒，那是敬地；点酒抹向额际，那是敬祖先。天地人都敬过了，自己随之才带头一饮而尽，难道你能不深受这种诚挚的感染吗？总之，马背民族的酒文化充分反映了他们的性格特点：真诚、坦荡、好客，还有豪放的热情！

婉转的敬酒歌，独特的酒文化！

你也来一杯吧！

【穿：马背民族服饰实用而又绚丽多彩】

在北方民间常流传着这样一句话：人生一世，吃穿二字！是有些消极，但确也反映了“温饱”乃生存的起码要求。而且将“温”放在前头，足可见“穿”的重要性了。

北方少数民族在这方面均有非凡的表现……

民谚又说：靠山吃山，靠水吃水！其实这不仅仅在说吃，而且就连穿也涵盖进去了。比如世代居住于黑龙江畔的渔猎民族赫哲人，早在古代就琢磨出用

元代服饰

鱼皮制作衣服。不但可保暖，而且做工精美，把姑娘们打扮得挺漂亮的。再如生活在大兴安岭里的狩猎民族鄂伦春和鄂温克人，更早就学会了用野兽的皮毛来御寒遮雨。不但毛裘制衣可度严冬，而且柔革为装也可把小伙子们打扮得更英武。总之，古代北方各少数民族由于各自的生产方式不同，服饰文化也颇为异彩纷呈。难怪成吉思汗在一统漠野各部族后对他们并不歧视，将赫哲人称为“鱼皮韃靼”，将鄂伦春和鄂温克人称为“山林韃靼”。韃靼，有人读之为韃子，乃蒙古人之又一称谓。仅在服饰上加以区别，实质上已将他们视作同类。

当然，从狩猎文化向游牧文化过渡也算一种进步……

但归根结底，马背民族的“穿”还是很难脱离自己那特有的游牧生产方式的。与吃、喝、住、行、烧（燃干牛粪）一个样，穿也是主要依靠畜产品得来的。只不过因为游牧文化毕竟比渔猎文化更进了一步，就地取材的范围也更广了。比如说皮裘，就又可分出羔皮、老羊皮、高级的滩羊皮等等。再比如制革，也已可制成衣革、靴革、铠革、盔革以及坚硬的盾革等等。况且尚有大量的羊毛羊绒，牛毛驼绒，甚至马鬃马尾等等可以广泛利用，妇女们更甚至能把吃剩的骨头、废弃的犄角，经雕刻染色加工制成装饰品等等美化自己。据《中

佩饰

国北方少数民族服饰文化史》记述，早在七百多年前蒙古民族在服饰文化上就有了飞跃的进步。不仅彻底告别了“冬天毛朝里，夏天毛朝外”的原始装束，而且在绒织毛编等缝制装饰的诸多方面均突显民族的审美情趣。前面曾多次说过蒙古民族是海纳百川的，随着一次次崛起的征战当然也会有更多的绸缎布帛和珊瑚珠宝流入草原。绝对的“润物细无声”，却在悄然地改变和丰富着马背民族的服饰文化。

罟罟冠

元代服饰

佩饰

但却不能忘了他们那强烈的民族自豪感……

绸缎饰物可以引用外来的，那也只是为说明自己的高贵绝不逊色于其他民族。而样式和格调却必须是传统的，让人一看就得明白自己仍是蒙古祖先的子孙。比如说流传至今的蒙古袍子，宽松、阔大，似乎从来就不讲什么造型。但如果你认为这是不懂得审美，那肯定是大错特错了。须知，尚有一条长长的绸腰带所发挥的特殊作用：男人一经扎好，似乎立刻就突显出他的体态是如何强悍健壮。而女性的扎腰就更加讲究，既要扎出苗条的腰身而又要扎出自己的婀娜多姿。一条长绸腰带尽可代替裁剪的功夫，其间学问大了去了。但不管怎样，说到底这一切还是由牧野的特殊游牧生活方式所决定的。居无定所，男人常骑在马背上伴随女人赶着勒勒车逐水草而迁徙。一切从简，讲究的就是一物多用。对于女人来说，紧扎的蒙古袍子襟怀常常就是婴儿的襁褓，或是自己私密珍宝的隐藏处。对于男人来说，纵马天下那襟怀里可放的物件儿就更多了。况且，白天穿在身上是衣服，夜晚又铺又盖是被褥。难怪少男少女偏偏要唱着“十五的月亮”去敖包相会，男人宽大的蒙古袍子足可以把少女紧紧裹在怀里共度良宵了。

特有的生产方式决定了一个民族特有的服饰文化……

纵观蒙元一代，即使在宫廷内当着大汗或皇帝的面，文武百官的穿着也没那么多繁文缛节。重舒适、轻炫耀。有史可考，就连成吉思汗和忽必烈大帝着装也很随便。胸前尚未出现龙的张牙舞爪，颜色也不讲究什么深黄呀明黄的。似乎一直穿着传统的蒙古袍子，有时甚至连腰带也不扎，好像一切只图个方便和自在。而女人们就不一样了，不仅天性爱美而且也在不断追求着美。尤其在发饰上颇为讲究，常为“高髻”费尽心思。崛起前似只能用经过雕饰的骨和角作支架盘绕而美发，崛起后有了更多的珊瑚和珠宝，当然更会在“高髻”上大作文章了。日久天长居然成了一种工艺水平极高且又别具民族风格的顶戴头饰，史有记载，名为：“罟罟。”在女人们的头上开始显现等级，后妃、贵妇、平民百姓的“罟罟”的含金量大有不同，当然从珠光宝气上更可看出贵贱高低之分了。

蒙古靴

头饰

头饰

下面便是一个有关“罟罟”的传奇故事……

原来，在古代，蒙古大军的奉命远征往往是要带妻儿子女的，在后卫部队中就有一个家属组成的“奥鲁”营。这或许和自古居无定所的游牧生活有关，他们把战争也看成了一次“大游牧”，随时准备着在新征服的土地上驻守并重新开始放牧生活。但这和蒙古族的服饰文化有什么关系吗？有！首先表现在“奥鲁”营中。每当遇到敌人偷袭和包抄的时候，后卫部队总会奋力搏杀保护自己部族的女人和孩子们。而这时的妇女们也表现得格外大无畏，一个个从容盛装并在头上戴好耀眼的“罟罟”，合力组成一圈人墙并把孩子们紧紧围在中间。鲜艳的服饰，珠光宝气高耸的顶戴，上头尚插有珍奇鸟类的羽毛，摇晃间不仅令来袭的敌人眼花缭乱大惑不解疑为奇阵，而且也更激发起自己勇士奋勇保卫的必胜决心。即使偶有几个敌人冲到近前，那令他们更不解的意外事情还是发生了。女人们背后隐没的那些小小的男子汉们，也会以母亲的身躯为掩体射出一支又一支的冷箭，把那极少敢于来犯之敌一个个射杀了。只可悲这些来敌眼晕目旋得至死也不知是怎么死的，还以为这些女人身上艳丽的盛装和顶上耀眼的“罟罟”是施了魔法。由此可见，蒙古族女人的爱美，更多的还是体现在热爱自己的民族上。但还有一个女人对民族服饰的改进已似乎绝不仅仅是为了美，好像还在关系着战争的进程。

佩饰

这就是历史上杰出的蒙古族女政治家察必皇后……

前面说过，由于成吉思汗的出现，13世纪蒙古民族的突然崛起是如此迅猛，以至在多方面均准备得不够充分。比如，在当时尚只有语言没有文字，还多亏了“一代天骄”用畏兀儿（维吾尔）符号草创了马背民族第一份拼音文字。再比如，就连与生命相关的战袍与战盔也存在着诸多缺陷，常常令骁勇的骑士们也因此受伤或受困。由于马踏欧亚攻掠战争的频繁，这些问题直到第二任和第三任大汗时期尚未来得及彻底解决。直到蒙哥大汗即位之后，才有一位杰出的女性开始思考解决这个问题了。她就是忽必烈的妻子——来自“美女草原”弘吉拉部落的察必。有关她的传奇故事后面还有专文叙述，现在先只讲讲她对战斗服饰的创新与改进。似乎皆源于忽必烈在一次狩猎中眼睛被日光灼伤，内里的战袍也因扭扯被撕裂。忽必烈当时并未在意，她却看在眼中牢记于心中了。全是因为爱。须知当时的忽必烈即将奉命远征大理。南天骄阳似火，长途奔袭汗湿甲胄，让他和勇士们忍受这一切她能不心疼吗？随之，她几经研试便开始在革盔前缝钉上一个帽檐，后来更发展为缝钉上一圈帽檐。无论革盔铜盔均是这样，既美观又遮阳。作为一种时髦，很快就在千万铁骑中推广开了。随后，为解决古式蒙古战袍的种种缺陷，她又开始创制一种甲胄内衣。史称其“前有下身，但无衣襟。后身是前身的一倍，却无衣领和衣袖。缀以两襟，起名曰‘比甲’”。据说，这种“比甲”一经出现，便引得草原各部族“争先仿效，终传于军旅”。但因已无实物流传至今，仅靠上述文字记载已很难考证它的形制。而国外学者却对此颇为重视，有的专著竟肯定地说，“比甲”即后世广为流传的“马甲”之由来。而四周带檐的头盔，即今日仍在使用的现代钢盔之原始雏形。

女人啊！总是引领着服饰文化的潮流。当然，马背民族也不例外。

但她们绝不仅仅是为了美，还在为民族的崛起服务！

总之，蒙古民族服饰文化的特征就是实用！

而又美不胜收……

【住：从居无定所到宫廷巍峨】

翦伯赞先生将呼伦贝尔大草原称之为“北方少数民族的演兵场”，“中国历史的大后台”，确系大师级的历史性感慨。三十多年前，当我到此进入隐没于山林中的嘎仙洞时，似受这种感慨的影响更觉得历史是如此令人神往。嘎

蒙古包内景

仙洞，古代鲜卑民族穴居的山洞。晦暗幽深，神秘莫测，悄无声息，空旷死寂。却谁能料想到，古代竟会从这人迹罕至的山洞里冲杀出一支北方的少数民族的骁勇们，冲向中原，攻克六朝古都洛阳，建立了名震一时的北魏王朝。但更可能使你大感诧异的还在于，这些曾穴居于野岭山洞的鲜卑人，随后又曾在华夏大地创造累累文化奇迹：如云冈石窟、龙门石窟以至敦煌石窟等等，均为世界闻名的历史文化遗产。虽不能完全归功于这些山野的穴居人，但他们继承了、参与了、发展了却是不争的史实。而从中也可看出，中华民族辉煌的文明史，早反映出了各民族间的“你中有我，我中有你”绝非虚言。

但这一切又和马背民族的居住文化有何关系呢？

我只是想告诉大家，鲜卑人的崛起要比蒙古民族还要早好几百年。鲜卑人的祖先尚靠狩猎为生，为此而穴居于嘎仙洞中当然不足为奇了。而随后蒙古民族出现时，他们早已由狩猎文明走向了游牧文明，彻底远离了山林洞穴，开始纵马于茫茫的大草原上了。当然，为此马背民族的居住文化也肯定必有自己的特点，即史称之“居穹庐，无城壁栋宇，迁就水草无常”。“穹庐”，即指

搭建蒙古包

毡帏或蒙古包。无“城壁栋宇”，即指起码在窝阔台大汗前茫茫的大草原上从未有过城池和房子。而“迁就水草无常”，即指牧人们是长年赶着牛羊“逐水草而居”的。但这并不等于说，茫茫的大草原上永远就是那么孤寂冷清。有时候也会如“海市蜃楼”飘然出现一般，碧野间也会偶尔闪现出一座“城镇”。但这并不奇怪，比如拔都大王就有二十七位正娶的王妃，而二十七位王妃每人都有一座自己的“斡耳朵”以外，后面又都有专门伺候这位王妃的许许多多家臣宿将男仆女侍的帐篷。请想想吧！这样汇集在一起有多大规模？而拔都大王又偏偏爱携众妃整体“逐水草无常”。来时人欢马叫，去后两眼茫茫……难怪古人们总合上述，将马背民族的住文化归结为四个字：“居无定所。”因而也可以这样说，为适应游牧生活，“居穹庐”乃蒙古民族的一大发明。

其中，尤以蒙古包最具典型性……

越是随着时光的流逝，就越证明了它是古代马背民族高度生活智慧的结晶。就连当代许多国内外学者专家也纷纷不吝赞扬，从科学的角度上给予它极高的评价：有的称它为“世界上最防震的人类居所”；有的称它为“历史上最环保的流动房舍”；有的甚至还从“抗拒强风、保温散热、适合人居、拆迁迅捷”等诸多建筑构架学角度给予探研和肯定，并称之为“游牧文化时期最具代表性的居住杰作”……的确！蒙古包的一切用材均取自于游牧生活之所得：比如用羊毛擀毡搭顶并围成毡壁，用牛毛捻成绳索借以捆扎和加固，用山野伐回的木条木杆编制成“哈那”等作为内部支撑物等等。除此之外，你在搭架好的蒙古包里，却绝对见不到一根横架的梁和立支的柱。果不愧史书称之为“穹庐”，环壁穹顶既增大了利用面积，又便于拆卸以利下一轮的游牧。故所用的木料大多也只是木条和木杆，如用木条编制的“哈那”，做工精巧可伸可缩，用时张开则为支撑毡壁的骨架，拆时缩在一起仅为一捆木条，搬迁方便。因而有时在构搭蒙古包时有人便会问你：是用六片还是八片“哈那”？可见蒙古包的大小与“哈那”多少片有关，也是因人而定的。至于说到“穹顶”，那是一个圈形木制的“出烟口”（蒙语名：陶纳），而四周绑架在“哈那”上的长杆（蒙语名：乌涅）却可把它高高顶扎托起。“出烟口”上也有由人可控的卷毡以避日晒雨淋。除此以外，蒙古包的好处尚有多种：如它的四周是圆形而顶部为流线型，因而抗风能力极强；它的用材多为轻质毛毡及木条，故再大的地震也很难对人畜造成伤害；更何况夏天可卷起壁毡以通风，冬天可加厚壁毡以保暖……总而言之，蒙古包是古代马背民族在居住文化上的一大杰作，故历经千年至今仍在草原上深受牧人的喜爱。只可叹！有人竟在歌词中将它比作雪莲花，似有点“颠倒”是非之嫌。如果真像雪莲花那样绽放开了，那不等于蒙古包头朝下散了架吗？

毡庐

姑且按下不表，还是继续围着“住”往下说为好……

没错儿！一般牧人是喜欢蒙古包的，适于居住，游牧起来也极其方便。但对于迅猛崛起的“也客蒙古兀鲁思”来说，如果再“居无定所”而“逐水草”搬来搬去那就实在太煞风景了。须知，一代天骄成吉思汗早已统帅他们马踏欧亚重新认识了世界。庞大的草原帝国也确实需要一个建在母地的政治中心，以便更好地统领东西道诸王和他们广袤的

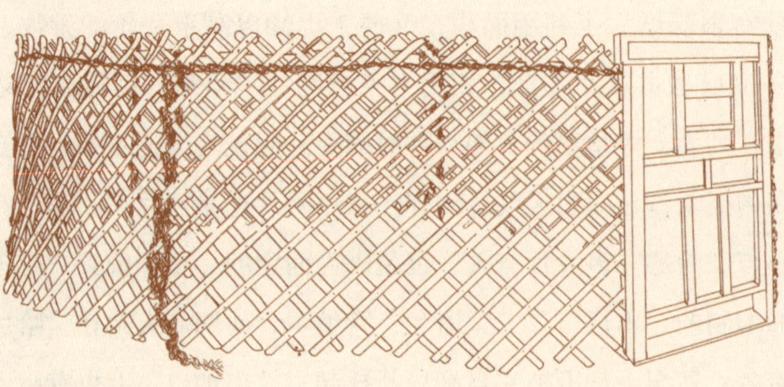

哈那

封地。好在老子把一切均为儿子安排好了，在窝阔台大汗继位后终于破天荒地开始在草原上建筑自己的都城。1234年夏五月，他在斡耳寒河上游的达兰达葩建起了自己第一座砖木结构的行宫。1235年春，又大动土木进一步兴建城郭宫阙。城内有城，即以万安宫为核心的皇城。外城方圆约十二里，城内有东西向南北向两条大道交会于城中心。道路两侧尚建有店铺、作坊、官舍、民居等，显赫地段更建有各大封王的藩邸和“异密”们（达官重臣）的豪宅。到1254年法国使臣卢布鲁克前来觐见时，这里突然崛起的草原都城已使他眼花缭乱了。他在《卢布鲁克东行记》中对皇城皇宫这样描述道：

> 大汗所居的万安宫在城西南隅，四周宫墙环绕，中间是一座占地二千四百余平方米的宏伟大殿……万安宫巍峨高耸，两侧是两排柱子，南面是三道门，大汗坐在北西的高台上，御座下左右两侧是诸王和后妃的座位……

这座兴盛的汗国都城便是蒙古史上有名的“哈尔和林”，从此便彻底改写了草原上“无城壁栋宇”，“居无定所”的历史。

但尚有一点特别值得指出……

此即城郭宫阙的形制，也就是建筑风格的源与流。就连卢布鲁克似乎也注意到了：“其形制大异于欧州宫廷，其格式布局似完全仿照中原汉地的宫阙制度。”而事实也确如此。有史可考，主持汗都哈尔和林设计和建设的大总管，即燕京权威大工匠汉人刘敏。而窝阔台大汗也对他极其信任和支持，尚从中原各地为他调集了大批能工巧匠。这似乎已不仅仅是与马背民族的“海纳百川”有关系了，好像还和历代北方少数民族追求的“入继中华大统”之源与流有关。北魏之鲜卑，辽之契丹，金之女真，一经冲向中原所建宫阙莫不如此，当然作为北方少数民族之后起之秀的蒙古民族也绝不会例外了。建筑文化作为中华民族传承的历史象征，从七百多年前的草原万安宫到现在的北京天安门，的确是可加以总结写出一部民族交融史来的。而更值得提出的还是马背民族的博大胸怀，如茫茫无垠的大草原可容纳一切。据史载，七百多年前的汗都哈尔和林除了宏大的宫阙和豪华的藩邸外，城内尚分有“回回人区和汉人区”两个区。除此之外，还有十二座佛寺、两座清真寺，以及一座基督教堂。从中不难看出，蒙古民族除骁勇善战外，他们那种对多元文化的包容性也绝非历朝历代可比的。

当然，牧人们最钟爱的还是自家的蒙古包……

但开弓没有回头箭，汗都哈尔和林的出现还是深刻地影响着草原的居住文化。除了封王贵胄纷纷建筑豪宅以显示自己的地位外，就连东西道各大封国也在仿效汗都修筑自己的“王城”。甚至在民间也出现了一些土木结构的“蒙古包”，被人俗称为土“拜庆”。这显然是农耕文明与游牧文明交融的必然结果，而“也客蒙古兀鲁思”的战略眼光这时却又转向了一个全新的领域。果然，到第四任大汗蒙哥登基后，下一个征服的目标似已确定为当时全世界最富足的地域——南宋。为此，他特命自己的“皇太弟”（大兄弟）忽必烈抚治漠南汉地，并特恩准他于漠北漠南交接处修筑自己的“王城”。既作为连接汗廷和中原的枢纽，又作为灭掉南宋的前沿指挥部。这座“王城”是由元代开国名臣刘秉忠选址并亲自勘查设计的。择地“龙岗”（今内蒙古正蓝旗内闪电河一带），故汉人有忽必烈“向龙借地”之说。也为汉式宫阙，即日后所称之的“元上都”。只可惜！蒙哥大汗出师未捷身先死，竟使得这座王城一时间又变成了争夺汗位的大本营。有关这段忽必烈与幼弟阿里不哥为汗位兵戎相见的历史后面还要详细讲述，这里只是想指出这座草原王城的崛起对“也客蒙古兀鲁思”的历史走向还是有划时代意义的。总之，在蒙哥大汗急于求成灭宋猝死于四川钓鱼城之后，忽必烈经过周密策划最终在这里抢先登上汗位。年号中统，定都于此，并赐名开平。在此期间虽有种种内乱外患的故事，但作为新都的开平却一直没有停止大兴土木。举例来说，历任大汗均惊羡宋金故都汴梁“熙春阁”之宏伟，到忽必烈称汗后就将其整体拆迁移建于自己的新都开平。据史载，仅从熙春阁拆下的木料构件竟多达“万计”，但忽必烈却不惜“水浮路辇、耗费巨大”，一定要把它原样复建于几千里外的开平。年号中统，源自于史籍“中华开统”，怎么能不把这么有象征意义的庞大古董搬来“为我所用”呢？当然，改朝换代得取个新的名字，复建后遂赐名“大安阁”。大安阁为开平宫殿群的主体建筑，时人周伯琦就有诗赞云：

大安御阁势岧亭，华阙中天壮上京；
层甍复阁接青冥，金色浮屠七宝楹。

从中你注意到了吗？还是中原宫阙结构，似要的就是继承宋金以来的“正统”。而马背民族却是马踏过欧亚大陆的骁勇民族，他们为什么不为那些古罗马或古希腊式的欧式宫廷所动？为此，似乎还得回叙一下翦伯赞先生留下的那段话：茫茫的漠北曾是我国北方各少数民族的演兵场，一经演练成熟便冲向中原，演出了一幕幕波澜壮阔的历史剧……这似历史的宿命，更似民族血脉交融的必然。既然逐鹿中原，那当然是得把中原象征的宫阙搬到身边了。

但为了一统中华，忽必烈已不仅仅满足于此了……

1264年，当与他争夺汗位的幼弟阿里不哥惨败前来请降之后，他不但

蒙古包天窗

改年号为“至元”以示庆祝，八月又颁《建国都诏》，彻底废掉了哈尔和林汗都的地位，改开平府为“上都”，定燕京（今北京）为“中都”。率草原政权步步南迁，最后将燕京定名为“大都”，即史称之“元大都”。蒙古人又将其称之为“汗八里”，源于突厥语，可译为“汗都”。但忽必烈却把它当作“京师”对待，一大兴土木即达十余年。主持设计勘测的依然是开国名臣刘秉忠，其建筑样式和风格依然沿袭历朝历代宫阙的传统。如“青花石础，白玉石圆碣、文石充地，上藉重裀，丹楹金饰、龙绕其上。四面朱琐窗，藻井间金绘，饰燕石，重陛朱阑，涂金铜飞雕冒”等等。而在这富丽豪华的皇城宫阙群内，位于大明殿以北的延春阁尤为突出。史称“东西长一百五十尺，入深九十尺，高一百尺”。飞檐斗拱，三重架构，为元大都最高宫阙建筑。直耸云天，宏伟无比。金碧辉煌，耀人眼目。时人张昱早有诗赞颂这以大明殿为主体的皇宫建筑群：

建筑构件

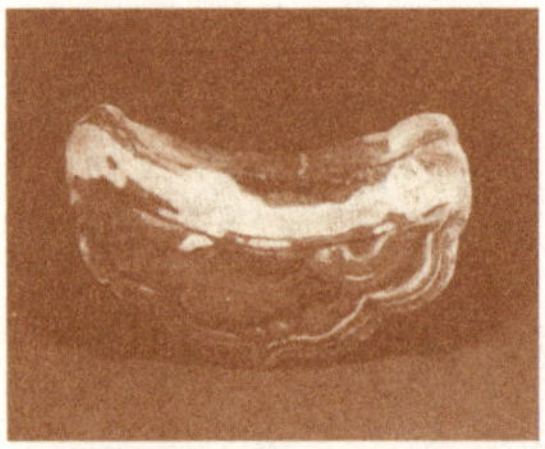
建筑构件

景教墓顶石

黄金大殿万斯年，十二丹楹日月边；
伞盖葳蕤当御榻，珠光照耀九重天。

而外城的建筑也颇具特色，竟破了传统建筑的对称偶数。据说这是刘秉忠故弄玄虚为增添神秘色彩有意而为的，竟以传说中哪吒“三头六臂两足”之形象设置单数城门。东边为：光熙门、崇仁门、齐化门；西边为：平则门、和义门、肃清门；

南面为：文明门（哈达门）、丽正门、顺承门；北面仅两座为：建德门、安贞门。而元大都的外墙更奇特之处还在于，不用砖石却是苫草夯土建成。面对这种种怪举，时人张昱却又有诗赞曰：

大都周遭十一门，草苫土筑哪吒城；
谶言若以砖石裹，长似天王衣甲兵。

而皇城内除了巍峨高耸的宫殿群外，尚有人工挖掘成的湖泊、葱茏翠绿的假山、曲径通幽的林园、畜养多种猛兽的猎苑……难怪马可·波罗在他的《马可·波罗行记》中大加赞颂，称元大都为“万国争相来朝”的世界顶级大都城。盛极一时，可见七百多年前北京就早闻名于世了。

但有三点也颇发人深思……

其一，从史载的“丹楹金饰，龙绕其上”中可以看出：马背民族似已接受了“龙为中华各民族共同的象征”这一现实，忽必烈似在民族交融上跨出了更大一步。其实，这似乎也可看作是一种历史的宿命。此前入主中原的各少数民族也均经历过这个过程。原本他们大多有自己所崇奉的图腾，但既要“冲向中原演出一幕幕波澜壮阔的历史剧”，“龙”势必就成为了“正统”的象征。况且，“龙”本来就是个“梦幻组合”，从中似乎也隐现着自己所崇奉图腾的踪影。忽必烈的“丹楹金饰，龙绕其上”，正证明了他“入继华夏大统”之决心。其二，在主殿大明殿完工之前，特命蒙古重臣从草原将成吉思汗发祥地之一株青草带到元大都，并亲手植于大明殿的丹墀前。史称：“欲使后世之孙不忘勤俭之节，名之曰：誓俭草。”其实这很可能只是浅层次的史家之言，而从更深层次的思考绝不仅于此，而更可能的是出于马背民族的一种高傲的民族自豪感，在民族交融中仍发誓不忘记祖先不忘记草原。仅藉圣祖成吉思汗身畔一株草，就代表了蒙古民族的牢记根本。看似矛盾，却又内涵着和谐。其三，忽必烈对草原汗都哈尔和林的逐步废弃，似乎更具有深远的意义。是有现实政治斗争的原因，但忽必烈或许更深远的是在思考如何给草原母地留下一片原生态的净土，严格禁止汉人汉法流入并严禁开垦。果然，在哈尔和林彻底衰败后，蒙古包又成了草原居住文化的主流。

好一个雄才大略的蒙古帝王，眼看就要一统华夏却不忘给子孙留下一条后路。

北京，至今仍保留有元大都的遗存；草原，也至今仍处处可见到蒙古包升起的炊烟。

这就是历史……

【行：马蹄袭卷起铁旋风】

若谈到“行”这个话题，人们必然会联想到马！

也难怪！蒙古民族自古就又被称为马背民族，千百年以来早形成了一种人与马密不可分的关系。确实！据蒙古学专家考证，古代的蒙古人终其一生几乎都是在马背上度过的。初生的婴儿即把母亲的胸襟当做襁褓，随时准备和父母一起跨马驰骋在茫茫的大草原上。两三岁即可抱骑在父母身后，任桀骜不驯的骏马在蓝天下风掣电闪。四五岁便开始了单骑独行，只需父母抱上马背便敢于纵马飞奔。十岁左右早成了娴熟的骑手，一个个便可在“那达慕”赛马中争雄夺冠。成年后更如焊接在马背上一般，顺理成章地成为彪悍的驯马手和马上骁勇。最后，即使是他们老了死了，也很可能是由骏马搭着他们的遗体默默走向草莽深处的。天葬。来自草原，回报草原。

当然，这一切均是由特殊的生存环境决定的……

就像农耕文明重视牛一样，马背民族与马的生死与共也是自有其道理的。且不说“逐水草而居”那四季的游牧迁徙难以离开骏马，就单论茫茫大草原的无边无垠，离开了它也会使人茫然失措。须知，在草莽深处的一户户畜牧点是如此分散，一座座蒙古包往往相距少则十数里多则甚至数十里。靠什么维系家族间的亲情？靠什么维系部落中的意志和行动？马，只有快如疾风的马！上世纪40年代，前苏联曾作过一个试验，在一百公里之内马和火车比速度。结果证明，在八十公里内火车往往不是骏马的对手。美国的西部片也曾多次出现过这样的场景：牛仔好汉们纵马追赶飞驰的火车，最终都能赶上并跃身车内与对手殊死一搏……由引可见，马的速度至今仍是举世公认的，更何况在古代的茫茫大草原上呢？为此，早在千百年前骏马就在蒙古民族的心目中占有特殊的地位。它的忠诚无比，它的奋勇向前，它的不屈不挠，以至于它的扬蹄踺敌，均成为古代草原行吟诗人讴歌骏马的内容。

速度、强悍，渐渐使它也成为民族性的另一象征……

这似乎不仅仅是蒙古民族，更像是自古以来北方少数民族的一个共同传统，要不然怎么会流传下来“马上得天下”之说呢？只不过轮到蒙古民族蓄势待发之际，随着骏马地位的突显，更进而从驯马、调马、爱马，以至特有的马装备，渐渐形成了一套别具草原魅力的“马文化”。或许正是由于这一点，它也就自然而然地成为了华夏各民族交融的重要纽带。是的！农耕民族似乎更看重牛，颇为欣赏它那种“俯首甘为孺子牛”的好脾气。但历朝历代的帝王们却似乎更欣赏马，以至也把它推上了一个更为崇高的地位。从汉武帝不惜发动战争向西域搜求汗血宝马，到唐太宗即使“驾崩”后也要在他的地宫上雕刻“昭陵六骏”（为唐太宗打天下累立战功的六匹爱马）。从而随着茶马古道与盐马

成吉思汗陵神马

古道等的悄然兴起，不但加速了华夏各民族间的交流和融合，而且使“马文化”也有了更进一步的发展。君不见！早在盛唐的“昭陵六骏”石刻之前，汉代即有了“马踏飞燕”的铜塑，有了“马踏匈奴”的石雕。也难怪！在冷兵器时代，汉族皇帝的“得天下”与“守天下”似乎也离不开马，只不过霍去病坟前那石雕有点太张扬了。过于笼统，少数民族看着不顺眼。

好在马的地位却在汉地越来越高……

世人皆知，龙为华夏各民族的共同象征，世界各国均把它视为中华民族共有的图腾。至高无上，唯有皇帝老儿方可称“真龙天子”，血亲后代方可称“龙子龙孙”。僭越不得，仅仅涉嫌用它的图案往往便可招来“满门抄斩”之罪。但奇怪的是，据史家考证，早在汉代就有了“龙马精神”之说。到唐宋之后，甚至更有了“龙驹”之称谓。而再到明代吴承恩笔下，唐僧西天取经的白马竟为小白龙所化……这就奇了！人僭用不成，却听任马来冠称。似对皇室的大不敬，但竟未见一人因此而“灭门九族”。究其原因，有些史学家认为，龙纯属是一个“梦幻组合”，用它来神话马绝对无碍于皇权的稳固。况且民间早有马王爷的种种传说并且甚至还立了庙，故皇帝老儿也就对龙马的转化听之任之由他去了。而一些近代史学家却有不同的看法，他们认为这正是游牧文化和农耕文明相互碰撞、磨砺、交融的必然结果。作为北方少数民族象征的马，作为中原历代帝王象征的龙，终于通过

成吉思汗陵供奉的马鞍

制作马鞍

"你来我往"演化成了"你中有我，我中有你"，形成了一种中华民族共有的文化现象。难道不是这样吗？据史载，大元王朝的缔造者忽必烈最崇拜的前代帝王当数唐太宗李世民，从少年即立下欲学其身兼"大皇帝"兼"天可汗"之雄心壮志。故唐太宗能在其陵寝上留下"昭陵六骏"，而忽必烈也能在元大都新建的宫阙里使"丹楹金饰，龙绕其上"。历史，这就是历史！但也必须指出：骏马能在冷兵器时代如此大受推崇，似乎除了文化内涵之外还有一定的科技含量。只可叹！太不显眼了，很容易被人忽略——

这就是马镫……

当代顶级的科技史学者英国的李约瑟爵士，在他的中国籍妻子鲁桂珍博士的协助和参与下，历经数十年的呕心沥血，终于完成了一部数十卷的学术巨作《中国科技史》。影响深远，令全球均对中国人重新刮目相看。而就在这部学术巨作中，李约瑟爵士却专门独辟章节介绍了这不起眼的马镫。颇令人大感意外，他竟把马镫称之为一项"改变历史进程的伟大发明"。在他看来，马镫的出现和逐步完善，最终使人和骏马"焊"接为一体，"使人具有了马的速度和耐力，使马具备了人的智慧和追求。"而事实也确如此，即使到了春秋战国时代马镫的问题似仍未解决。顶多也只做到了在马鞍一侧垂下一皮条，环套一大足趾以解双腿长期夹马之疲劳，故即使在秦统一六国时也未充分发挥马的作用，马最大的功能似更多用于驾驭战车。为此，史

毡帐车及女俑

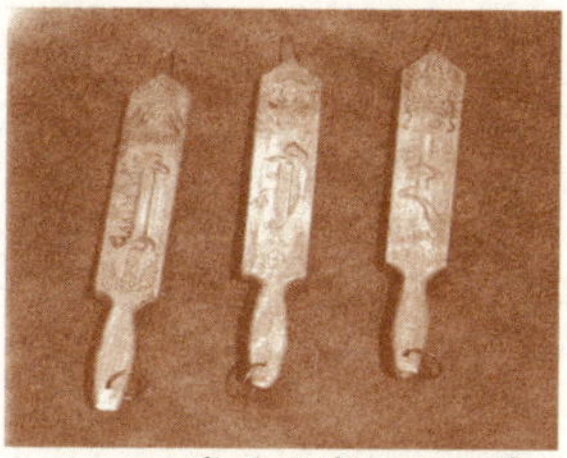

赛马比赛的名次牌

马镫

书上才有了“千乘之君”、“万乘之国”等种种说法。这个“乘”是战车的计量单位，似和骑兵没有多大关系。马镫的出现很可能在秦的后期，而完善当应在汉与匈奴争雄其间。北方少数民族的生产力尚未发展到打造“千乘万乘”战车的阶段，故早已在战马突袭上开始下工夫。而汉家天子也早发现“乘”多了反而难以应对闪电般的轻骑袭击，也开始了抛战车全力打造骑阵。最后，在双方的一次次冲撞磨砺中，马镫在继前人成果的基础上终于完美地展现了。是北方游牧民族的发明？还是中原农耕民族的创造？搞不清了。或许还是李约瑟爵士的结论最为中肯：中国发明！难道不是吗？中原铁制的马镫，草原革制的马挂，冲撞磨砺后随之便是各民族智慧的交融。而至于说到“改变历史进程的伟大发明”，那更绝非虚幻而有大量史实为证。有了马镫，人和马才会融为一体，马背民族才能在草原史无前例地卷起一股铁旋风。到了一代天骄成吉思汗率领蒙古民族崛起之时，最终更进而挥师马踏欧亚，彻底改变了世界历史的进程。而在华夏大地，成吉思汗的子孙也在纵马改写着汉族帝王轮流坐庄的历史。到他的嫡孙忽必烈称汗后，也终于跃马飞跨长江一统天下，成为“入继中华大统”之少数民族君主第一人。

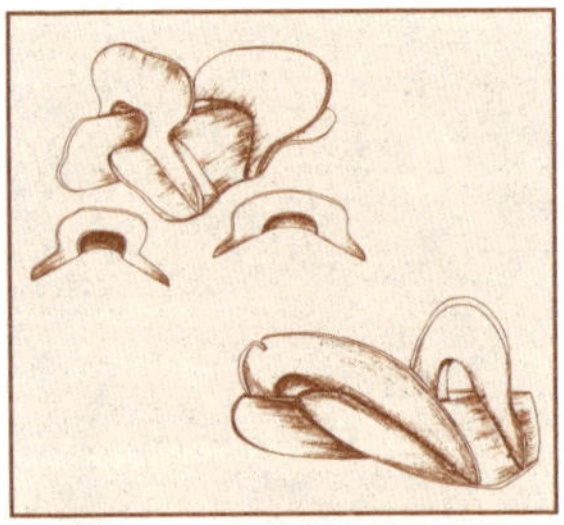
马鞍

马镫

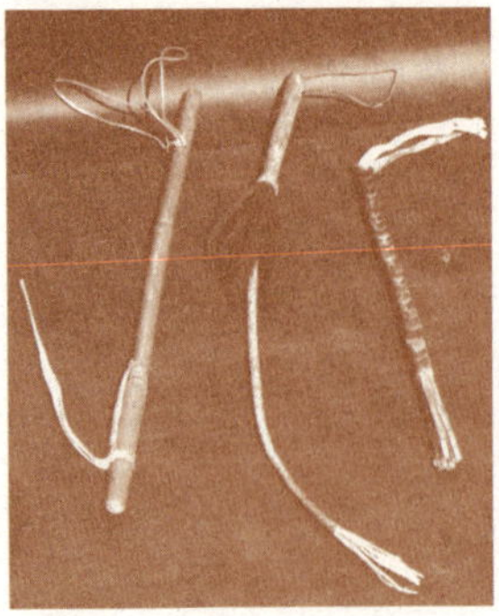
马鞭

时至今日，马蹄声似沉寂了，但马的传说却经久不衰……

蒙古民族太爱马了，至今仍把它当作最亲密的伙伴对待。牧人们甚至会很固执地对你说：马通人性，懂人话，甚至能按主人的眼色行事。就是不会说话，但在沉默中却保持着永恒的忠诚。从古到今有多少可歌可泣的故事啊！骏马可舍身为主人遮挡风矢箭雨；骏马可冒死拖救回身负重伤奄奄一息的主人；骏马会围绕战死的主人久久哀嘶然后不食而死……是的！随着高科技的发展，骏马已逐渐淡出了历史舞台，但在草原上，牧人对骏马的“情有独钟”却丝毫没有改变。听听吧！蒙古族歌王哈扎布那《小黄马》的歌声仍在四处回荡着；卓越的长调歌后宝音德力格尔讴歌骏马的旋律仍在不绝于耳；其间顶级马头琴高手齐·宝力高的演奏尤为激动人心，《万马奔腾》似又在激昂的乐声中再现着古代历史的辉煌场景；更值得一提的是，尚有一部有关骏马的长篇史诗流传了下来——这就是《成吉思汗的两匹神驹》（译名颇多，仅选此名）。诗中不但讴歌了成吉思汗对骏马“驾驭有方、收控自如”的博大情怀，也反映了小马驹从调皮、任性到远去、回归的全过程。颇具人情味，令人百“吟”不厌。据说，这部有关骏马的史诗是完全根据历史的真实而吟诵流传下来的，故至今仍可在伊金霍洛成吉思汗陵园前看到它们后代的身影。两匹马已被鄂尔多斯的牧人们奉为“神马”，沾了圣祖成吉思汗的光，年年也跟着享受祭祀。

不信？那你就去成陵亲自瞧瞧……

最后还必须慎重地特别指出，千万不能因为看了上面有关马的叙述，就以为古代的蒙古民族总是在马背上风掣电闪般度过的。不然！游牧民族向来是遵循自然规律有急有缓的，通常在“逐水草而居”的过程中更多用的还是车——一种用牛拉的木轮勒勒车。上面尚有用毡围搭的毡篷，也可称之为世界上最早出现的“房车”，悠闲得很，车轮总是引领着边吃边走的畜群缓缓向前滚动着。在到达水草丰美的目的地前，随时都可以停下“房车”在牧野里过夜。若不然，怎么会出现“天苍苍，野茫茫，风吹草低见牛羊”这样静止的画面呢？当然，要搬运所有家当不止是一辆勒勒车，“房车”只不过是专为老人孩子所用罢了。总之，骏马和勒勒车的结合，最终使古代的蒙古民族既能“动若脱兔”，又能“静若处子”；既能保留自己特有的生产方式，又能马踏欧亚谱写历史的辉煌。

就连一代天骄成吉思汗也不例外……

据史载，这位曾改写世界历史的巨人虽拥用当时最珍稀的宝马名驹，但他却严遵游牧民族的祖制，将宫帐设在一辆巨大无比的王车之上。史称“驾车的牤牛多达五百，车上驭手少说也有三十”。四周被无数马上健儿簇拥着，可称之为从古至今宏伟无比的流动宫殿。气魄宏伟，声势浩大，其情其景足以使对手闻风丧胆。但也许有人会问：牤牛牵拉，行动迟缓，哪儿来草原卷起的铁旋风？其实不然！史称成吉思汗“用兵如神，灭国四十”，只要他站在巨大的王车上用鞭一指，便有众多传令轻骑如飞箭一般驰向四面八方下达他的战争指令。往往流动宫廷还在缓缓行进之中，就早已决胜于千里之外了。车与马的结合，急与缓的结合，最终创造了世界战争史上的奇迹。

当然，成吉思汗也绝非是因为有了车而舍弃了马……

纵观他的一生，他绝对可称得上是位绝代的马背英雄。一生重马、爱马、善于调驯骏马，并从始至终未尝离开过马鞍。上述流动宫帏中展现的情景，那也只不过是他需要和亲信将领研讨下一步战略部署。而更多的时候，他还是愿与众多的骁勇一起，万马奔腾于茫茫的大草原上。1227年，他已经六十七岁了。这对于在古代严酷大自然里生活的蒙古人来说，绝对已可算作高寿中的高寿了。而他在灭西夏（李元昊所建立的党项族王国）眼看就要大功告成的前夕，却依然老当益壮地跨马张弓要去贺兰山下偷闲狩猎。《蒙古秘史》详细记述了这个过程，译成汉文大意是说：“一天，他骑着一匹青色的豹花马，手握劲弓、率众围猎狂奔的野马。突然，许多惶恐的野马为突围转向疾驰而来，青色豹花马受惊蓦地一跳竟把年迈的成吉思汗重重摔于马下……”多么悲壮的一种宿命！是骏马助他塑造了一生的辉煌，也是骏马为他划下了人生的句号。但成吉思汗的伟大之处，却更表现在他临终之前的豁达大度和高瞻远瞩上。有史可考，他既未重责护卫之失职，更未杀戮青花豹斑马以泄恨。而是在指令自己死后“秘不发丧”以尽快灭取西夏之后，竟坦然向诸子密嘱起有关整个马背民族的长远战略部署：借道南宋，攻取潼关，直捣汴梁，联宋灭金，尽收中原，以图天下！

难怪西方史学家将成吉思汗称之为“战神”，而蒙古民族更把他尊奉为“圣祖”。

似乎他在天之灵仍挥鞭指引着万马奔腾！

令子孙为马背民族续写辉煌！

铁旋风必将袭卷江南……

赛马

第二辑

【本辑提要】至此，解密古代草原文化的内涵也只能算进行了一半。若你真想了解大元王朝之前那个游牧汗国，那还得继续从古代蒙古民族特有的民俗民风中入手。须知，独特的生存条件、独特的生产方式、独特的生活习俗，才会造就一个民族特有的文化传统。而这一切，游牧文化与农耕文明又是如此不同，甚至大相径庭。比如说，祖俗“幼子守灶”就曾使忽必烈的父亲拖雷死得不明不白，而传统的“继婚制”更使他的整个家族差点被变相吞噬。但应指出，在严酷自然环境下所产生的这些民俗民风本来是无可厚非或诟病的，但一经被守旧集团和阴谋势力所利用也会为缔造大元王朝带来重重险阻。为此，如不了解游牧民族这些古代的遗风遗俗，就很难理解忽必烈由“武功”向“文治”转型是如何的难上加难。好在这些别具异域风情的故事可读性都极强，况且还能有助于弄懂一些蒙古语专用名词和术语的内涵——

【双图腾：黄金家族的源与流】

据民族学家考证，世界上几乎所有的民族都有自己所崇奉的图腾。比如中国的龙、俄罗斯的熊、英国的约翰牛、法国的高卢雄鸡、美国的山姆大叔（系一只长胡子的山羊所演化而来）等等。追根溯源，似都颇带有神话色彩。有的只不过是因为一个美丽的传说，由此把它作为自己的民族的标志；有的只不过是因为能突显自己的民族性格，而把它作为自己民族的象征；而更有甚者，也把图腾视作为自己民族人种的起源。这并不奇怪！即使在远古的蒙昧时代，人类也没忘了刨根问底。当时尚没有达尔文的进化论，更不知人是由猿进化而来的。只困囿于原始的山林丛莽里，由于生活的环境和所接触的事物不同便随之产生了种种神话。比如汉民族的“梦卵入怀”及女娲的人身蛇尾形象，就莫不如此。

图腾绝无褒贬之分，充其量只不过是一种历史的遗迹……

只不过进入到现代文明时期，似乎反而有些倒退了。人们竟纷纷与被污名化的图腾划清界线，一些少数民族更忌讳谈及此事。比如说，二十多年前我曾深入大兴安岭最后一个狩猎部落，就发现他们对森林出没的野熊有一种颇为复杂的敬畏感情。即使在误猎不得不食用熊肉时，他们的神情也格外严肃，在进食时必先学乌鸦“呱、呱”叫上几声。据说，这是在向熊解释：熊啊！这不是我在吃你，而是乌鸦在啄食你的肉……这实在令人感到困惑，恍然又像回到原始时代的幻境中去了。好在我不是人类学家，也绝无兴趣涉及这一主题。没有打破砂锅问到底，匆匆走了。所幸时代在发展，社会在进步，现在人类终于发现动物是绝无善良和凶恶之分的，与人类一样，均为生物链上平等的一环。况且图腾也绝非仅仅是一种标志，而更重要的还在于它仍为后代传达着一些重要的信息。

就拿蒙古民族的双图腾来说……

这很可能在世界上是独一无二的！要知道，在一般情况下，一个民族只崇奉一个图腾，但蒙古民族不仅成双成对，而且反差是这么大。似专为鲜明对比，竟会是：苍狼和白鹿！在《蒙古秘史》里是这样说的：在远古的茫茫大草原上，“一个受天命而生的‘孛儿帖赤那’（意为：苍色的狼）娶了一个受天命而生的‘豁埃马阑勒’（意为：白色的鹿）。随后生了一个儿子，取名为‘巴塔赤罕’！而这个巴塔赤罕就是蒙古民族共同公认的“人文始祖”，由此苍狼和白鹿也就成了马背民族共同崇奉的双图腾。奉白鹿作图腾似还没什么，而奉苍狼为图腾似就感到有点“那个”了。其实，世界上崇奉狼的并非唯有古代草原。在意大利的罗马就有一座标志性的青铜雕塑，即一只母狼正在哺乳着几个婴幼儿。古罗马人一直认为他们是喝狼奶长大的，是狼的强悍造就了古罗马人的所向无敌。因而并不“那个”，也不值得大惊小怪。况且草原的狼图腾也早有解释，并请特别注意“受天命而生”这句话：不仅充满了原始宗教的神秘气息，而且还涂抹上了一层迷幻的蛮荒色彩。其实说白了看，在远古恶煞煞的黑丛莽中人类见到最多的很可能便是狼和鹿。狼的强悍和勇猛，鹿的矫健和敏捷，为适应在严酷的大自然下“适者生存”的法则，两者似乎均成了早期牧人顶礼膜拜的对象。就像古希腊许多神话的产生一样，随之狼和鹿结合的神话便出现在远古的草原上了。上述观点是一些学者为消除图腾被污名化提出的一种推论，似仍有些值得商榷的地方。但其中有一论段却颇值得重视，那就是蒙古民族双图腾的定型当应出现在从母系社会向父系社会转型期间。

这就是双图腾传达给后代的重要讯息……

显然，苍狼是代表男性，白鹿是代表女性，是在男女相对平等的情况下达成的某种妥协。绝不像日尔曼民族所推崇的“双头鹰”，即使是两个脑袋也强调的是同为一体。当然，蒙古民族双图腾的反差是这么巨大，对比是这么强烈，这也必将影响到后世蒙古族妇女的地位。果然如此，即使在大男子主义盛行于整个漠北林莽草原后，对鹿图腾的崇奉也丝毫未加减弱。即使在允许男人们“一夫多妻”的情况下，她们也能犹如神鹿一般在蒙古民族的崛起中展现着自己的政治智慧和才华。仅拿成吉思汗家族来说，一代代妇女就确曾为危难中的男人撑起过半边天。首先应该提到的当是成吉思汗伟大的母亲诃额仑。当丈夫被害、整个部族濒临被吞并时，是她召集众子演绎出那场“一支箭一折就断，十只箭百折难断”千古流传的历史场景。不但激励起成吉思汗率领众兄弟力克危难维护了整个部族，而且在为父报仇后终于东拼西杀统一了四分五裂的全蒙古。再应提及的便是成吉思汗的嫡正妻子孛儿帖。每当丈夫统帅着无数铁骑远征他方时，总是她留守于草原母地坐镇四大“斡耳朵”。治理后方支援前线，确保了成吉思汗的攻城掠地永无后顾之忧。即使到了第二代第三代，杰出的妇女仍层出不穷。比如成吉思汗嫡幼子拖雷的正妻唆鲁禾帖尼，

鹿神面具

蒙古国匈奴墓出土的地毯（狼鹿图案）

就曾被波斯史学家拉施德赞誉为“高过举世妇女之上”。再比如成吉思汗嫡孙忽必烈的正妻察必，在《元史》中更被赞誉为有“经天纬地之才”，“佐夫终成帝业”之杰出女性。当然，也有“异化了的白鹿”。比如乃马真皇后在窝阔台大汗后期的“擅权乱政”，海迷失皇后在贵由汗时期的“蠹权误国”……由此可见，“苍狼和白鹿”也可算作绝配，但大多数女人却没有这么幸运。“苍狼”似乎已要求“白鹿”仅向“驯顺温柔”乃至“战战兢兢”方面发展。这种现象似有关古代的民俗民风，后头尚有详述的章节。

最后，当应还回归到黄金家族……

黄金家族，汉文史籍中绝少见到，很可能早已用“皇室”一词代替了。但在外国的史籍中却经常涉及，似已成为研究蒙古史的一个专用名词。相关解释大体分两种：一种认为在成吉思汗统一各部族后，其家族成为全蒙古的最高统治集团，故被称为“黄金家族”。另一种却颇为复杂，似仍需从蒙古民族的源与流去追溯。此说严格遵循《蒙古秘史》的记述，认为在“受天命而生”的苍狼与白鹿结合而生巴塔赤罕后，“十传至朵奔篾儿干。朵奔篾儿干娶了美丽贤能的阿阑豁阿为妻，两人生活得十分美满。但好景不长，朵奔篾儿干生了两个儿子就死去了。多亏了阿阑豁阿的能干，扶持着子孙终于形成了一个名为‘乞颜孛儿只斤’的部族。而乞颜孛儿只斤氏族，也就是日后所称的黄金家族。”内地读者读起来很可能觉得颇为杂乱，其实说起来却很简单。意思是告诉你，自从蒙古民族的“人文初始祖”巴塔赤罕出现后，随着人口的繁衍逐渐出现了许多分支，形成了许多部落。十传至朵奔篾儿干时分支之下又出现了分支，子孙们中又形成了一个乞颜孛儿只斤氏族。由于成吉思汗就是这个部落的直系后裔，故这个氏族也就被称之为黄金家族……再看上面两种解释，似没有什么本质上的不同。只不过前一种更直截了当，而后一种却在寻根问底去探索。总而言之，无论哪一种均都沾了成吉思汗的光。

一句话！只有你了解到远古时代大草原的生存环境是如何严酷，你才不会再觉得蒙古民族的双图腾荒诞和落后。

而只有你了解了蒙古民族的源与流，你才不会对马背民族的突然崛起感到诧异。

古老的神话，民族性格的塑造！

这才有了震撼世界的历史……

【萨满巫师：神权与皇权】

早在两千多年前的春秋战国时期的文献巨作《左传》中，就曾指出了远古帝王们的主要职责是“祀与戎”。其中，“祀”系指祭祀天地和祖先，“戎”系指攻伐战争。司马迁曾说：“左丘失明，始有《左传》。”而就是这么一位瞎子，却早就看出了“神权与皇权”必须高度集中于一人之手，不然两权纷争必将酿成国之大乱。难道不是这样吗？古埃及的多位“法老”死得不明不白皆源于此，凡是执掌神权的“祭司”权力过于膨胀必造成天灾人祸。而中国似乎在全世界进入封建社会最早，故在夏、商、周时期历代帝王就假“天子”之名逐步解决了这个问题。难怪当代杰出的哲学家任继愈先生就曾这样总结过：中国向来是“政教合一”的，最高统治者既是君王又是教主。

而成吉思汗起步较晚，当然也会遇到同样的问题……

在远古茫茫的大草原尚处于蒙昧时期，当时的蒙古族各部落普遍崇奉原始宗教——萨满教。坚信世上万物皆有神，遇事必向主宰一切的“长生天”祈祷。而萨满巫师又被视作唯一可通天达地预卜吉凶祸福的人，故在各部间都有极为广泛的虔诚信众。再加上他那一套极具原始野性的做法仪式，在一种神秘的氛围中就连氏族首领也需向他顶礼膜拜。当然，萨满巫师的一些巫术也绝不能仅仅用迷信来解释，比如敲起法鼓驱鬼祛病，就很可能包含有一些世代积累的原始治病手段。加之，他们大多为师徒或父子承袭的，结交广泛，地位也日渐不同凡响。而各氏族首领为稳固部落也离不开他们的装神弄鬼，故大多萨满巫师也渐渐开始涉政。尤其值得提到的是，一些野心勃勃权欲薰心的人也改行去当了萨满巫师，蒙力克的第四子阔阔出就是极为成功的一例。按说，蒙力克乃成吉思汗之父临终前的“托孤家臣”，为人忠直老诚。但他的儿子阔阔出却是个极有心计的家伙，偏偏要找这种“捷径”去走。就在蒙古纷乱的各部族即将统一之际，正是这位日渐老练的阔阔出竟以萨满巫师的特殊身份出现在了成吉思汗的身旁。

居心叵测，却又绝不乏“远见卓识”……

据《蒙古秘史》载：1206年春，成吉思汗已经统一了蒙古草原内斗不休的各部族，正于斡难河源头（今内蒙古呼伦贝尔海拉尔河一带）召开议事的“忽里台”（首领聚会或贵族会议），目的在于推选出蒙古草原的“共主”。这是氏族社会的一种遗风，不经过这道程序即使登上大汗之位也很难服众。而面对尚各有盘算的众多部族首领，似还得借助长生天之口方能尽早完成这项心愿。也就在关键时刻，阔阔出终于先声夺人地适时“挺身而出”了，他要代“忽里台”西去天廷请示长生天的旨意。但话是好说，真正要突显通天的“异兆”可就难了。谁料第二天阔阔出竟坦露双臂光着双脚就跨马出行了，果然这形象当即便令众人蓦地一惊。要知道，当时虽已入春，但草原依然非常寒冷，夜晚照样可滴水成冰。而他却一反平时萨满巫师披挂兽皮法衣舞动吟咒的常态，竟赤膊裸脚义无反顾地向着远天的地平线下策马走去。是夜朔风怒吼，却迟迟不见他归来。到第二天日出还未见到他的身影，大多数人均以为他由于“求功心切”肯定被冻死在荒野深处了。却又谁料就在这时，他竟出人意外地缓缓闪现了。不但跨在马上赤膊裸脚未曾冻死，而且浑身蒸腾着一层雾一般的白色热气。远远望去，犹如腾云驾雾而返一般。当即令见者莫不惊伏于地，均认为他是真正能上通天廷的伟大萨满。而他

萨满服饰

萨满巫师

也就趁势向众人庄严宣布：他已见到了长生天！长生天已把天下恩赐给铁木真（成吉思汗的本名）及其子孙……随之，一切均变得是那么顺理成章，铁木真被推举为各部族公认的大汗，号成吉思汗——意为普天下之大汗——从此再无人敢直呼其名，这就是成吉思汗名号的由来。再后，便是树起“九脚白旄纛”,建国号为“也客蒙古兀鲁思”。

而当时成吉思汗正忙于整顿和改组一盘散沙似的各部族，似只顾了集中掌控汗权而对神权有所忽略。只可悲！阔阔出得寸进尺后却更加骄横跋扈，竟以长生天的传旨人自居趁机挑战汗权了。用心阴恶！明知成吉思汗对二弟合撒儿心存芥蒂，他却偏要从挑拨离间入手开始动摇黄金家族的权威了。这一天，作为试探他更进而借口长生天的旨意，公然当众毒打了前来觐见大汗的合撒儿。果然成吉思汗在得知后，竟认为这是长生天代自己教训这个功高震主桀骜不驯的兄弟,反倒斥责合撒儿:“你平时说人不能敌，如何却被他打?”语多嘲讽，只气得这位战功颇多的兄弟也只能垂泪不辞而别。而阔阔出见成吉思汗并未因此怪罪自己，于是便更加变本加厉地进谗言道：“长生天的圣旨神来告说，一次是叫你铁木真管百姓，一次却又说是叫合撒儿管百姓。若不将合撒儿

制作萨满教服饰

萨满教器物

去了，事未可知!”岂容他人觊觎大汗之位，就是亲兄弟也不成!果然成吉思汗又中了神汉的奸计，竟率阔阔出和众随从连夜来捉拿合撒儿。多亏伟大的母亲诃额仑的及时出现，罕见地大动肝火坦露自己的胸怀说:“你们兄弟都是吃着我的奶长大的！合撒儿何罪，你自将骨肉残毁？你有智慧，合撒儿有力气，那是长生天所赐的绝配啊！是谁教你敌人刚刚尽绝，你就要对自己的亲兄弟下狠手了？”母亲义正辞严的训斥，阔阔出一旁尴尬的奸笑，终于使成吉思汗若有所悟了。只不过当时因初登大位尚需借助神权，才使他优柔不决迟迟未对阔阔出动手罢了。

女性的直觉往往能先一步洞察事物本质……

但阔阔出却把成吉思汗暂时的优柔不决视为可欺，随后竟变得更加嚣张起来。不仅自己再不把任何人放在眼里，而且就连一些附势的人众和一般巫师们也纷纷投靠于他的帐下。俨然以萨满教总教主自居，明摆着神权要和汗权分庭抗礼了。据《蒙古秘史》记述，当时“就连成吉思汗处也不如他这里红火”。事态发展到最后，致使成吉思汗最宠信之幼弟斡赤斤的一些部下也改投阔阔出了。斡赤斤派人前去要人，阔阔出不但不给反而将来人毒打一顿。甚至“还将马鞍鞴在来人的身上”，以极大的羞辱方式命他回报斡赤斤。次日，斡赤斤亲自前去索要，阔阔出对成吉思汗的幼弟却更为不客气，竟率亲兄弟七人围上以毒打威胁，迫使斡赤斤跪在帐后认罪受罚，以示对黄金家族更进一步的羞辱。简直是神权公然叫板汗权，可以说是已到了无法无天的程度。而对于成吉思汗来说，或者是因为相距遥远事发突然，或者是因为忙于大政无暇他顾，或许是有意纵容让其自我暴露，总之，似仍被蒙在鼓里茫然不知……直到第二天凌晨斡赤斤逃归，跌跌撞撞闯进了大汗的宫帐，跪地哭述了被阔阔出羞辱的经过，尚未起身的成吉思汗似这才知道了事态的严重。但他却久久沉默着一语不发，这时又多亏了正妻孛儿帖继伟大的母亲之后来“点破迷津”了。只见她尚来不及穿衣，听后坐起用被子捂着前胸就失声痛哭起来。女人的哭声本来就极具打动人心的力量，更何况她的泣诉又那样发人深省。她一针见血地指出：“阔阔出只不过是个萨满巫师，为何敢这样胆大妄为？在前将合撒儿打了，如今又要斡赤斤下跪，是何道理？你今健在，他尚将你桧柏般成长的兄弟们如此残害。以后你老了，如乱麻群鸟般的百姓，又如何肯服你又小又弱的儿子们管？”真可谓句句切中要害，声泪俱下地道出了神权侵蚀汗权的可怕后果。而成吉思汗又是何等远见卓识的人物，只不过听后却思谋良久仍然沉默不语。谁料孛儿帖泣述后还在捶胸顿足继续号啕，终于促使成吉思汗痛下决心提前解决这个问题。但回应特别简单，只是恩准斡赤斤“阔阔出由你随便处置”！

但私下的布置却是格外周密的……

而这一天恰好是百官、众将、部族首领、重要的萨满巫师觐见大汗的日子，成吉思汗也正要的就是这种当众突显汗权的至高无上不可侵犯的场面。只不过方式略显原始的野性，竟听任斡赤斤挑选了三名凶悍无比的大力士隐伏于帐外。当然，阔阔出以神的代言人自居必先进入汗帐，而斡赤斤也就趁机率力士猛扑向了这位功高震主的首席巫师。要的就是这种当着各路权贵展现汗权的威力无比，以挑战摔跤为名三下五除二便将阔阔出放倒了。不但将其脊骨折断令他当场一命呜呼，而且也将神权的美梦彻底击碎，令诸萨满巫师从此一蹶不

萨满作法图

振。而再看成吉思汗，不但身旁禁卫森严，而且自己也神眉佛眼的，态度颇为超然。也难怪！挑战摔跤在觐见前是常有的“以悦天颜”的项目，要怪也只能怪阔阔出违法犯上长生天早抛弃了他。果然，杀一儆百的效果极佳，没过几天，战战兢兢的萨满巫师们便纷纷出面代为解释了：长生天既然把天下赐给了大汗和他的子孙，当然人间的萨满教也该听大汗及其子孙管了。阔阔出违背天意，自取灭亡……旁观的各路权贵本来尚沉迷于原始的宗教信仰，但看到的却是，在灭了神的传话人之后，大汗及其黄金家族竟毫发未损。故也就认同了巫师之说，从此也只能对成吉思汗更唯命是从了。

汗权与神权之争就此告一段落……

而直到此时，成吉思汗才成为整个蒙古草原真正的主宰者，拥有了真正的至高无上的权力。不但萨满巫师们把他视为神在人间的代表，就连各路权贵也绝不敢再违抗他的旨意。直至达到了“坚信变为迷信，听从变为盲从”的程度，整个马背民族均纷纷向他尽献忠诚。但也必须指出，成吉思汗非凡的雄才大略和独特的人格魅力，也是形成这种“众星捧月”态势的重要缘由。是他，使广袤的蒙古草原由四分五裂最终实现了统一；是他，使马背民族由饱受屈辱最终昂起了高傲的头颅。人有了尊严，马有了动力，随之他的意志便成了全民族的意志，他在马上健儿的心目中渐渐演化成了一尊神——

在游牧民族中最终也实现了真正的“政教合一”！

而在神权和汗权的决战中，伟大的母亲诃额仑功不可没，贤能的正妻孛儿帖功不可没！

难怪蒙古民族除狼图腾外还要崇奉鹿图腾……

【女人们：一夫多妻和“继婚制”】

但妇女的另一面呢？那就必先指出：并不是每一只白鹿都可以崭露头角的，绝大多数都得听任命运的摆布而随波逐流。

须知，在当时男人们早主宰着草原上的一切……

为此，各部族间均奉行的是一夫多妻制。据《蒙古秘史》说：“在那时每一个男人能供养多少个妻子，便可以娶多少个妻子。一个人有一百个妻子，有人有五十个。”但其中只有一个为正妻，相当于汉地的嫡正。不但绝不允许她有任何妒意，而且还要让她“掌管其他众多妻子，分配她们各司其职。或放牧羊群、或放牧牛群、或专司挤奶制酪、或专司缝制皮裘，甚至还要安排该轮到谁陪寝……”完全可以这样说，女人早沦为男人们财产的重要组成部分。多一个妻子便多了一份生产力，劳作之余还得当男人们泄欲和生儿育女的工具。在那男人强势主宰草原的遥远古老年代里，渐渐地，无论男人和女人竟习以为常均认为这是“理所当然”的。男人们在战马上变得越来越强悍，女人们在畜群旁变得越来越温顺。发展到后来，竟然出现了这样的现象：嫡正的妻子常常会望着该分群的牛羊说：“人手又不够了，该再给他添个妻子了。”而另一方面，一些父母也会在为女儿择婿时这样议论道：“他已经有了十八个妻子，他至今一个也没有，太穷了，还是选妻子多的吧！”而今人也不必为此大惊小怪，要知道即使在现代非洲乌干达的牧牛部族里此类现象仍屡见不鲜。更何况这还是在七百多年前部族纷争的草原上。男人们经常是跨着战马穿梭于刀光箭影之间，而女人们在严酷的大自然环境下，似以“家”的这种形式抱成团儿更容易苦度四顾茫茫的岁月。

最悲惨的还要数那些族破家毁被掳掠的妇女……

须知，12世纪的蒙古草原，部族间无休止的相互攻伐，使恶煞煞的黑丛莽间到处充满着动荡和血腥的气息。正如《蒙古秘史》中所说：“有星的天，旋转着，众百姓反了，不进自己的卧内，互相抢劫财物；有草皮的地，翻转着，全部百姓反了，不卧自己的被儿里，相互攻打……”而在这部族间的攻杀抢掠中，除了牛羊、马群及财物外，妇女似乎也成了更重要的掠夺目标。就连伟大的成吉思汗在青少年时期也难以幸免，他的新婚妻子孛儿帖就曾被篾儿乞部在偷袭中掳走过。好在古代的马背民族天性豁达，尚未受汉地“贞节观”的侵蚀，而一贯把性和忠诚看做两码事，被掳走的妻子夺回来照样是恩爱夫妻。更难能可贵的是，当孛儿帖在把被掳期间怀上的孩子生下时，成吉思汗竟扶着毡包的门框照样探头激动地哈哈大笑说：“嗬嗬！终于把我的小客人盼来了！”这男孩便是成吉思汗的长子：术赤！后来钦察汗国的国主。就连他名字也是成吉思汗亲自起的，术赤：即客人或朋友的意思。由此可见一代天骄淳朴而又宽厚的性格：豁达大度，坦荡豪放，真不愧一代伟人的胸怀。但话又说回来了，当成吉思汗逐渐崛起节节胜利的时候，每击溃一个部族他也总把俘获的妇女当作主要的战利品。十二岁以上的均分给彪悍的骁勇享用，十二岁以下的也分配给部众权当奴婢养着。最姣好美丽的女人当然归于黄金家族，大多为被击败的部族首领的女儿。比如，在最大的对手王罕部族被击败后，王罕之弟扎合敢不与其三个女儿同时被俘。皆因三个女儿均长得“貌美如花”，成吉思汗就把其长女阿必合留为自己的妃子。而当时成吉思汗的四个嫡子也均已长大成人早成为年轻的统帅，他又把扎合敢不的次女必里图迷失赐配给长子术赤，即日后威震欧亚的拔都汗之生母。再把其三女唆鲁禾帖尼赐配给幼子拖雷，即日后大元王朝缔造者忽必烈大帝的生母。但大多数被掳的妇女就没有这份好命了，均背负着家破人亡和生离死别的巨大悲育。或就势即被搭在马上疾驰而去，或被皮索串成长串在皮鞭驱赶下号泣而行，从此便开始了那任人蹂躏及充当牧奴和性奴的苦难生涯。

是值得诟病，但也有其历史原因……

翻阅《北方少数民族史》，似乎各民族都经历过内争——统一——崛起这个过程，从北魏到辽、金、元、清莫不如此。更何况！在辽金两代均

婚礼

唯恐自己成功的故事在“后院”重演，故除了残酷的镇压便是挑动蒙古各部族间的火拼和恶斗。比如说成吉思汗的先祖俺巴亥，就是被金人利用塔塔儿部偷袭俘获献给金人残酷处死的，从此成吉思汗便和塔塔儿人结下不共戴天之仇。随后金人又强迫各部进贡大批草原美女为奴，由于自己部族的不足遂更发展为抢其他部族的以充数。最终，由于宗主国强征得过多和过于频繁，致使女人日渐稀缺就连娶老婆也得去其他部族去掳掠。比如伟大的母亲诃额仑也是在他人迎娶的过程中，被成吉思汗之父也速该中途打劫回来的。虽然诃额仑也看中了也速该，结婚后相当恩爱，但结果却是环环相报，多年后也速该还是被仇家以毒酒害死了。这样的“杀父之仇、夺妻之恨”日积月累，一般的妇女在部族火拼中势必也会沦为命运悲惨的牺牲品了。唯一的出路，似乎也只有听天由命、任人摆布。

终于该说到“继婚制”了……

这或许是和汉文化最相抵触的一种草原古俗，竟被一些儒家史者认为有悖于“人伦天理”。而“继婚制”又是指什么呢？实乃指古代北方少数民族所流传下来的有关婚嫁的祖风祖俗。比如“父死，可纳父妾”，“兄亡，可娶兄嫂”种种，均可归纳为“继婚制”。其实，这种现象早就见诸于古代史籍了，汉代王昭君去匈奴“和亲”的遭遇就是最著名的一例。老单于（老王）死了，她还得再嫁给他的儿子小单于。她似乎还曾请示过汉朝的皇帝，但得到的御批回答却是：“从胡俗！”胡俗？即说明这绝非是蒙古民族之独创，而是古代北方少数民族共有的一种民俗现象。其实，古代的汉族皇帝也不乏这种情况。有史可考，隋炀帝就纳了他父皇的许多嫔妃，而唐太宗“临幸”过的武则天后来也成了他的儿子唐高宗的皇后。多了！多了！只不过当时尚未形成一种“传统”，而史家也大多曲笔“为尊者讳”。直到宋代有了程朱理学，大力提倡“从一而终”的贞节观，这个问题才变得严重起来。没法抵挡马背民族的崛起和强大，就在这草原特有的遗俗上大做文章了。什么“上烝下报”，什么“有悖天理”，什么“纵欲乱伦”……彻底放弃了汉代“从胡俗”的客观态度，转而以道德家自居极为夸张地用史笔去大加抹黑了。

其实，“继婚制”也是不得已而为之……

要知道，在古代的茫茫大草原上，游牧民族的生存条件是极为严酷的。绝非是只有古诗中那种“天苍苍，野茫茫，风吹草低见牛羊”的梦幻境界，而更多的却是突然降临的雷鸣闪电、狂风暴雨、严寒乍至、冰雪袭卷、野兽出没、畜群惊奔，以至突发的部族战争……似乎一切均处于一种神秘的不可知之中，难以预测、难以抗拒。尤其是女人们在这种环境下的命运，更引起随时准备赴死的男人们的关注。在历经种种的天灾和战祸后他们终于明白了：男人们只是表面强悍，而女人们才是繁衍后代壮大家族的根本。男人们会死，女人们能生！随之一种适应游牧生活的古老婚俗便渐渐形成了，即“继婚制”。儿子在老子死后继娶生母以外父亲所有的妻子，兄弟在兄长亡后继娶兄长所有的老婆。这在茫茫的草原上却好像并不是什么“有悖人伦”，倒仿佛是男子汉该主动承担的一种责任。起码有三大好处：一、不使家族艰难积攒的财产分散和外流；二、不使家族因此失去血源的凝聚力；三、不使孤儿寡母从此失去亲情的呵护……农耕文明与游牧文化有很大的差异，绝不能以现代人之心去度古代牧人之意。但也绝不能否认，即使在古代的草原上也绝不乏借“继婚制”施展阴谋的人物。而且是一只白鹿向另一只白鹿暗下毒手，几乎就要将大元王朝扼杀在摇篮里。

以后再讲，这里先补充说说“抢婚”……

抢婚？这里绝非是想续写大人物的掳美故事，而纯属讲的是一种草原上的民间行为。要知道，古代的游牧民族的男女青年也有青春的萌动，也知道追逐爱情。虽然他们穷，甚至一无所有，但牧马人和牧羊女还是会由相遇触电直至相恋的。他们大多没有一夫多妻或身为贵妇的追求，只为两人能在同一顶蒙古包里厮守终生。情炽如火，颇具野性，相互均可为爱情赴汤蹈火而舍弃一切。要不然草原上悠扬的情歌怎么会那么多呢？但男方大多均会因贫穷受女方父母阻挠，而这时小伙子被逼无奈也只有采取非常规举动行事了。大都是找上几个身高力大的好友，与女孩子事先约好采用突袭的手段将其“抢”了回来。女孩子表面哭哭啼啼还需作出难舍父母状，其实早投入小伙子怀抱巴不得尽快跨马去“成其好事”。这就是“抢婚”！明面上是不被允许的，但私下里，从繁衍人口的角度出发，就连部族首领也“乐观其成”。而对于女孩子的父母来说，大多在年轻时也曾演绎过同样的故事。见生米已经煮成熟饭，也就假作搏斗阻拦一番便“顺水推舟”了。久而久之，竟成了一种不成约的民间婚俗。不经“抢”这么一回，有的父母反倒会觉得没面子。难道自己的女儿就这样缺少魅力吗？怎么迟迟还不见有小伙子打主意来“抢”？总览上述一切，便可看出在古代的茫茫大草原上，民间男女青年的婚恋又是相对开放和自由的。敢爱、敢追求、甚至敢去抢，也从另一个角度反映出马背民族豪放的性格特点。

当然，那些依权仗势恃强凌弱的“抢婚”不在此列。

古代草原上的女人啊！你们到底是幸还是不幸？

【“斡耳朵”：毡帏宫帐里的后妃们】

后妃们，当然属草原汗国的最高层级的妇女了。为此，必须对一些相关的音译专用名词先加以解释。尤其对帝王后妃们的音译称谓，就更需先说明白了。不然你读起来就会产生混乱，这也就是《元史》令普通读者难以卒读的原因之一。

得！那咱们就边讲故事边解释……

有史可考，蒙元一代的君主们，对外是非常喜欢“皇帝”这个最尊贵的

汉式称谓，但对内却仍愿被尊称为“可汗”或“合罕”。据查，“可汗”或“合罕”均源于古突厥语，又可简称为“汗”或“罕”。其实完全是一个意思，即“首脑”或“首领”之意。而和汉制之不同之处就在于：中原的帝与王是按层级严格区分的，而依蒙制“可汗”或“合罕”用得却颇为笼统。如被成吉思汗击败的王罕与太阳汗就是这样，较大部族的首领均可称之为“罕”或“汗”。高低尊卑之分全看前面的冠称，如唐太宗曾被北方少数民族公认为“天可汗”，贵就贵在那个“天”字上了。而成吉思汗也不例外，尊就尊在“成吉思”这个冠称上了。可译为“普天下之大汗”，这起码说明他已成为统一后全蒙古最高的统治者了。他的子孙也大多可称为“汗”或“罕”，黄金家族也就名副其实地成为“也客蒙古兀鲁思”最高的统治集团了。这里，再插叙一下“王罕”这个名字的来由：“王”乃金王朝赐封的王号；“罕”乃在部族中首脑的称谓。他竟把二者合而为一作为自己的名字“以示尊荣”，这也足可见我国各民族间的文化交融有多么源远流长。即使在封号上也不例外……总之，“可汗”就是“合罕”，“汗”就是“罕”。不论层级高低，凡到了这个

草原上的豪华巨帐

分上就可以给自己的老婆立“斡耳朵”了。

“斡耳朵”，也可译为“宫帐”或“妃帐”，流动的……

依古俗，只要成了“汗”级人物，那更可以娶老婆不限量了。但也只有正妻和几个重要的老婆可称为“哈敦”，只有她们方可立“斡耳朵”。其他妻子分别从属于这几个“斡耳朵”之下，也有自己的毡包，却需接受“哈敦”的管理。哈敦也是不论层级后妃们共用的。上至成吉思汗之大皇后，下到封王们的小王妃，均可笼统地称之为“哈敦”。高低尊卑之分，除了赐封的名号外就全靠跟着丈夫“水涨船高”了。

当然，再高也难高过成吉思汗和他的哈敦们……

《元史》早把他们称之为“皇帝”或“皇后”，故他们的宫帐或“斡耳朵”也是在这一统的游牧大汗国中属最高级的了。极具豪华，却仍不见“城池栋宇”。据史载，成吉思汗在斡难河畔登上大位后，即在鄂伦河至克鲁伦河之间的草原母地，选择水草丰美之处构筑自己的统治中心。不久便在茫茫的大草原上，依山傍水出现了一片宫帏殿帐群。古代蒙古民族崇尚白色，远看一片洁白闪着银光。但臣众们却仍愿把成吉思汗居中的宫帐称之为“金帐”，以示他们的大汗是如何前无古人的至尊至贵。但成吉思汗似乎也绝不想学汉地皇帝那样，把三宫六院通通深藏于皇宫大内。而是按古老的游牧路线，将自己麾下的四大“斡耳朵”分别置于东西南北的远方。一边可随时准备迎接自己的按春夏秋冬巡幸的到来，一边可代自己坐镇于此并及时通风报讯。而且随时都会有马上的战争，更随时也会有新掳来的妃子需要交付这四大“斡耳朵”调教管理。

只有正妻孛儿帖常常留在大汗的金帐里……

以汉地史观来看，这位最大的“哈敦”是身有“瑕疵”的，但成吉思汗却对她越来越情深意笃。这除了孛儿帖相继为他生育出四位杰出的嫡子外，她那非凡的政治才华也是成吉思汗难割难舍的原因之一。也是！孛儿帖从他艰难创业伊始，到他最终的功成名就登上大位，在许多关键时刻均起到了不可磨灭的作用。难怪许多外国的蒙古史学者在其著作中，把她称之为“神鹿的化身”、“苍狼的绝配”。以至她的出生地弘吉拉草原也随之声名鹊起，就连伟大的旅行家马可·波罗也闻风亲自专门走访过，并在他那部著名的《马可·波罗行记》中盛赞当地的姑娘们“其人甚美”。而马背上的行吟诗人也早就这样歌吟过弘吉拉草原：“啊！神鹿的故乡，美女的摇篮……”

孛儿帖！蒙古历史上第一个使“斡耳朵”生辉的大哈敦！

但如何驾驭毡帏后宫的女人们，似乎也可算作一门大学问。好像除了至高无上的权威外，尚需要一种特殊的男性魅力。据英国《每日电讯报》网站报导，而其标题便是“成吉思汗是勇士……和性神”（《参考消息》曾经全文转载）。文中这样写道：“曾经建立了世界上最大帝国的蒙古首领成吉思汗，不仅热衷于攻城掠地，还擅长征服女人。”经研究发现，他征服女人的本领是如此厉害，他（散布于全球）的后代（可能）多达一千六百万人”。并特别指出，这是“俄罗斯和波兰科学家”经“Y染色体分析”多年研究得出的结论……这结论似有点玄乎，但就连古代史籍中也不乏类似记载。比如说，乃蛮部首领太阳汗的妃子古尔巴速便是一个才貌双全极具个性的女子。在族破夫亡被俘后，竟能面对征服者成吉思汗桀骜不驯坚贞不屈。却谁料仅仅经过一个晚上，她就被成吉思汗超人的男性魅力彻底征服了。还在私下对人说：“差点白当了一回女人，这才算得上真正的男人！”由此可见，成吉思汗确实是“征服女人的本领是如此厉害”。但也应特别指出，无论他攻城掠地征战得再

远，无论他在征服的花花世界里再“阅女无数”，他却总会在隆冬前收兵匆匆赶回草原母地。似有一块温柔的磁石吸引着他，那就是镇守母地的大哈敦孛儿帖。他不但需要她的政治智慧为来年的征服事业重新加油，更需要依偎在她的怀里度过一个“暖冬”。

孛儿帖在成吉思汗心目中的地位是从未动摇过的……

以现代目光看来，这种“阅女无数”和“感情专一”似乎是很矛盾的。但别忘了，这种情况是发生在七百多年前仍处于蒙昧时期的大草原上。更别忘了，前面已提过：在当时确实“性和忠诚”是两码事。特殊的民风，特殊的民族习俗，尤其是“一夫多妻制”更造就了这种“相互不悖”的现实。更何况！历代汉族帝王也不是这样吗？三宫、六院、七十二嫔妃、三千后宫佳丽又当作何解释？而且从某个角度讲，孛儿帖也似乎更符合儒家皇后当“母仪天下”的要求。再加上人家还有杰出的政治才能，似已早超越了汉室皇家那“不嫉不妒”的标准。倒是人家的子女颇了解自己伟大的母亲，第二代大汗窝阔台继位后不久，便很快把母亲的故乡弘吉拉草原提高到了一个特殊地位。不仅把自己的母弟按陈加封为王，而且也与母亲的家族相约“生女当为后，生男尚公主”。这显然是因幼弟拖雷不明之死愧对母亲而为之，但此后确实在宫帏“斡耳朵”里曾出现过几位来自弘吉拉草原的贤能大皇后。比如忽必烈的正妻察必，元成宗的正妻阔阔真等。

但绝非每位主掌“斡耳朵”的“哈敦”均是如此……

不可能个个都是“天降的神鹿”，而且也有“异化的白鹿”。比如，窝阔台大汗的大哈敦乃马真便是最具典型性的一个。绝不安于仅仅掌控后宫，而是深居在“斡耳朵”里便开始“擅权乱政”。既不乏白鹿的机敏，又绝不乏豺豹的野心勃勃。以极阴柔的身姿挑动皇室内斗、手足相残。不仅又借萨满之手使成吉思汗的嫡幼子拖雷死得不明不白，而且还想继续阴谋利用“继婚制”将拖雷家系整体吞噬。此计虽后未能实现，但她又转而利用窝阔台大汗因愧疚而“嗜酒如命”的弱点，故意大加纵容终使其“溺死于酒海之中”。尽将窝阔台大汗的前期功业毁之于一旦，自己却堂而皇之登上了大蒙古“监国”的宝座，大权独揽，恣意妄为，成为了草原上第一位吕后式的女主。但最后她自己也死得十分突然，也极其蹊跷……再一位该提到的，便是第三代大汗贵由的妻子海迷失大哈敦。贵由大汗不但身残而且资质极其平庸，在第一次“长子从征”时便因狂妄与堂兄拔都统帅结下仇冤。而海迷失却在丈夫登基后，借“清污正史”为名力挑贵由汗远征拔都的封国。好在贵由大汗于中途却突然死了，这才避免了蒙古汗国的连年内战和四分五裂。但海迷失仍不知悔改，反而继婆母之后又登上“监国”之位。蠹国乱政，与子争雄，几乎把成吉思汗所创大业毁之殆尽。天怒人怨，最后死得更惨。

但鹿图腾主要象征的还是圣洁……

果然，就在“异化的白鹿”大搞阴谋之时，也有“天降的神鹿”在暗中力挽狂澜了。这就是拖雷的遗孀、忽必烈圣洁的母亲唆鲁禾帖尼。就在自己远离汗廷毫不起眼的“斡耳朵”里，纵横捭阖地施展政治才华。最终与拔都家系结盟而成功地召开了“忽里台”贵族大聚会，充分利用天怒人怨彻底将海迷失哈敦和她那两个不成气的儿子赶下了历史舞台。

乃马真哈敦婆媳两代，前后任“监国”弄权竟达八年之久。有的学者认为，这是母系社会残留遗存的回光返照。但更多的学者却认为，这仅仅是一场汗权之争。不论孰是孰非，其结果也只能造成草原历史的大倒退。

神秘的“斡耳朵”啊，变幻莫测的“鹿”！

对于男人，到底是祸还是福？

茫茫的草原沉默着……

【“幼子守灶”权与男人们的命运】

参观成吉思汗的陵寝，有一种现象常常令人难解。

就连长期生活在内蒙古的人也不例外，眼望着这座屹立在伊金霍洛大草原上的巍峨的皇陵，也会发出这样的疑问：这不是成吉思汗和孛儿帖长眠的寝宫么？怎么还会同时祭安着他们小儿子拖雷夫妇的遗骨？这和中原历代帝王的陵寝体制差异太大了，就连笔者也曾为此大惑不解。但如果经由元史专家解释，似这才会豁然开朗理解：这正体现了古代蒙古民族的遗俗遗风——只有幼子方可继承父母全部家业并侍奉老人始终。生当如斯，死后更理应如此——依草原古制，这里展现的正是马背民族传统“幼子守灶”权的原始场景。

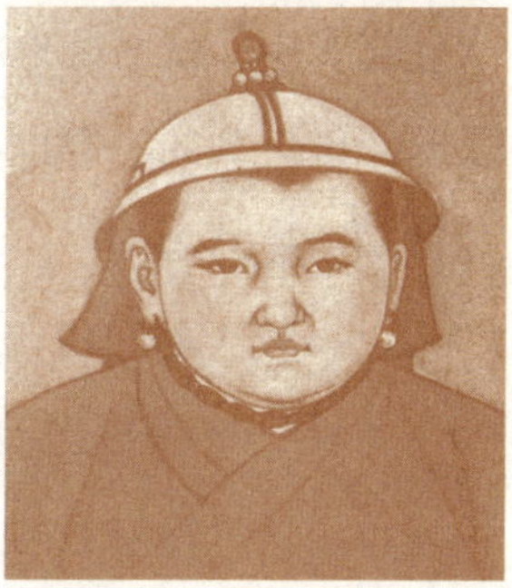

幼子守灶权？似和内地完全不同，甚至截然相反……

据史载，早在两千多年前，虽然尧把大位禅让给了舜，但在家族财产的传承上却首先提出了“长子守业”。以至于尧的家业所在地古称便是“长子”，即今日山西省境内的“长治市”。受其影响，致使大禹将“长子守业”也定位为一种皇位传承的定制。而在古代的茫茫草原上却反其道而行之，偏要另辟蹊径提出什么“幼子守灶”，故被一些儒家史者认为“有悖常理”，颠倒了圣人留下的“长幼有序”之遗规。

那“长子守业”和“幼子守灶”到底谁优谁劣？

其实，以现代眼光看来，在这二者之间很难分出优劣。应当说，均为天意！二者均由各自独特的生存环境和生产方式而造成。农耕文明渐渐确立了“孝悌”的传统，当然由早已成人的长子维护整个家族产业更为合适。而游牧民族以不断的迁徙流动为常态，当然也不能拖着越来越大的家族到处游牧吧？面对茫茫的大草原，似也只能长大一个送走一个。让他们独自去闯荡生活，在大自然中接受磨炼再凭本事去“自立门户”。而只把幼子留在身边继承全部财产，等他长大了也正好供养已经年迈的父母。但这并不说明父母对前面的孩子们缺乏感情，须知马背民族疼爱孩子是出了名的。当有了小的后，就会对大的付出更多的心血更多的爱。教他们娴熟弓马，教他们放牧技能，更教他们如何去应对外面的风风雨雨。长大了，该独自去闯荡生活了，父母还会为他牵来最好的马，备好最好的衣物，还有那无尽的嘱咐……故蒙古民族虽无“孝悌”之说，却有自己独特的传统。靠着天生的赤诚和豪放，到必要时血缘亲情还是会把整个家族凝聚在一起的。故就在成吉思汗亲自主持制定的大法典《札撒》中，便明确地作出规定：“父业当传于幼子。”这在《蒙古秘史》中是有详细记载的。但也必须指出，成吉思汗却又似是专为他人而定的，他自己反倒颇为超然。

“一代天骄”仿佛还有更深远的思考……

为此，还得再进而说到黄金家族，说到成吉思汗的子孙们。既然如前所说这位极具男性魅力的大汗“阅女无数”、“后妃极多”，那他的子女数量也是颇为可观的。多亏也早有祖制规定，儿子的地位是随母亲的地位而定的，一般嫔妃之子的地位必定很一般，故经过层层筛选也就只剩下大哈敦所嫡生的儿

成吉思汗及后妃、四子受祭图

子了。而按祖制规定，也只在这几个嫡子中那最小的才最有资格。当然，这也不是绝对的。比如父逝幼子仍太小或者幼子虽已长大却仍难负重任等等。总而言之，一般民间家族大多从祖制，而对于黄金家族来说那还是老子说了算。

尤其对一言九鼎的成吉思汗来说，更是如此……

孛儿帖大皇后共生下四个儿子：术赤、察合台、窝阔台、拖雷，均可称为嫡子。而其他后妃所生的男孩，却只能称为：庶子。这也就是说，只有属于嫡子的这四个儿子才具有角逐大汗继承人的资格。若按“幼子守灶”的祖制，嫡幼子拖雷理应“当仁不让”地成为头号候选人。不但可以继承成吉思汗的全部家产，而且也应该继承他那至高无上的汗位。但成吉思汗最终作出的决断却让臣众大跌眼镜：既没有学汉制的“长子守业”，又没有从古俗的“幼子守灶”，而是“别有用心”地却偏偏钦定嫡三子窝阔台为汗位继承人。这是为什么？是他不喜欢这位嫡幼子，还是拖雷无所作为令父汗大失所望？

似乎完全不是，正好恰恰相反……

有史为证，成吉思汗是极为喜爱这个小儿子的。不但公开称他为“斡惕赤斤”（“灶主”），而且还把自己的宫帐、牧场、财产、怯薛卫队及绝大部分部族武装，均提前全权交于拖雷管理和统领，似乎是在依祖制加紧培养自己的接班人，故众臣将也尊称拖雷为“也客那颜”（意为“大官人”）。父子俩配合得相当默契，致使成吉思汗后来竟又把拖雷亲昵地称呼为“那可儿”（意为：同伴或伴当）了。况且！在蒙古宗王中，拖雷率军攻略的城邑和疆土最多。在呼罗珊，他曾在三个月内便攻占和征服其全境。极具军事才能，是一位天才的杰出军事统帅。为此，成吉思汗又进而任命他专门负责军事的组织、调动及装备，并曾激动地预言说：“你（指拖雷）将拥有许多军队，你的儿子们将比其他宗王们更为独立和强大！”不过，拖雷也有弱点，但他的弱点似乎也就是他的优点：襟怀坦荡，光明磊落，尊长敬兄，好像从来就不懂什么叫防范。忠直到略显单纯，淳厚到竟不知兄弟间也会有阴谋出现。为此，这位嫡幼子虽在众臣将中有着极高的声望，但成吉思汗却对他爱之愈深也忧之越深了。

直到一场突发事件的当众发生……

据史载，那还是在成吉思汗统帅诸子第一次西征前，有一天偶尔在那流动的宏大宫帐里议及到汗位的继承。不知为什么，嫡次子察合台竟突然向长子术赤“发难”。根本不顾母亲的颜面，抢先表态张口便说，绝不能“让这篾儿乞惕的杂种管辖！”而术赤的性格又是如此暴烈，随之二人便当着父汗之面公然厮打起来。多亏成吉思汗的亲信大将木华黎及时出现，经过艰难的劝阻才算平息了事态。从此，成吉思汗便在尴尬中陷入了深深的思考，似乎对祖制“幼子守灶”也产生了怀疑。对拖雷的单纯和坦荡更加忧虑了，最终似也只能“忍痛割爱”钦定嫡三子窝阔台为汗位继承人了。此事当时即在众臣将中引发了对“圣意”的种种猜测，有些人甚至因为拖雷是幼子却不能“守灶”而暗暗替他鸣冤叫屈了。但拖雷面对父亲的决定却显得更坦然和忠诚，当即对三兄长窝阔台表态说：“兄跟前忘了的提说，睡着时唤醒；差去征战时，即行！”此乃《蒙古秘史》汉译原文照录。意思是说：我在你跟前时如有忘了的指示，即使我睡着了你也可以随时派人唤醒吩咐；如果是命令我统兵前去征战，我肯定也会马上出发……成吉思汗听后对幼子的表态大为满意，而拖雷也因此越发展现了他超凡的人格的魅力。这就是多年后拔都为什么还要打出“幼子守灶”旗号的原因，全是因为拖雷的武功和人品足以证明祖制是正确无误的。后来果然在“忽里台”上产生了极大影响力，在成吉思汗孙子这一辈终于促使汗位重归拖雷家系。

而难道当时的成吉思汗就彻底否定了“幼子守灶”吗？

未必！其后所发生的一切，似乎又映证了他对这项祖制依然“念念不忘”。就在成吉思汗于被征服的欧亚广袤的疆域内分封诸子为“西道诸王”时，他却把四个嫡子中的术赤、察合台甚至就连自己钦定的继承人窝阔台，均远远地分封了出去。而唯独把幼子拖雷留在汗廷中心，和自己一起管领其余的牧户及鄂嫩河至克鲁伦河之间的草原母地。随后又命拖雷统领自己的宫帐四大“斡耳朵”，使其俨然成为大汗的代言人和发号施令者。但这还不算，在分赐军队时似更唯重“幼子守灶”之祖制。据史载，成吉思汗亲自统领的诸部将士共计为十二万九千人。他分赐给术赤、察合台包括汗位继承人窝阔台，均为同样的是四千。除此之外，便是分赐给自己的兄弟合赤温三千、斡赤斤五千、合撒儿一千；自己伟大的母亲诃额仑三千，庶出的幼弟阔列坚四千；而所剩的十万一千，竟全部都分赐给了拖雷。请注意！除嫡子外，上述分赐较多者，似乎均沾了“幼”字的光。由此可见，成吉思汗并非对“幼子守灶”藐视或舍弃之，而从另一个角度似乎对“幼子守灶”更加强了。正如当代著名的蒙古族史学家道润梯步先生所指出：最终的结果便是“窝阔台继承了汗位，拖雷继承了实权”。

南辕北辙，看起来十分矛盾……

但成吉思汗是何等雄才大略，又怎能干出这种糊涂事儿？反倒从他那一贯的高瞻远瞩来看，这肯定又是深谋远虑对未来的安排。时人均不敢妄加猜测，但后人却有着多种推论。有些史家认为，这是成吉思汗对幼子拖雷尤加钟爱的表现，既不愿让他提前卷入权力矛盾冲突的漩涡中，又要在自己身后为他预设防范。如此变相处理“幼子守灶”权，实乃万不得已的结果。有些学者则认为，这皆源于成吉思汗对四个嫡子的了如指掌。窝阔台虽宽厚包容，却因和察合台过从甚密难免受他挑唆。而拖雷和术赤因同娶了姐妹俩虽关系尚可，却分别因脾气暴烈或过于单纯难以应对叵测。或许也只有一方许以汗位，一方交于实权，变相依祖制而行，似方能既可服众又可在诸子间取得平衡，以求得黄金家族大业永固。众说纷纭，但笔者却只认为另一位当代元史学者之说更符合成吉思汗那宏伟的气魄。他在

复制的成吉思汗玉玺

玉玺印文

文中特别指出说，当时成吉思汗为报世仇，已挥师进入中原攻占了金都燕京，将后金政权撵到了黄河以南的汴梁一带而从此一蹶不振。这是成吉思汗第一次走出了草原而经略中原，全新的农耕文明当然会给他留下极深的印象。而就在当时他又把一代大儒契丹人耶律楚材召至麾下，这更加速了他对华夏历代明君治国之道的了解。后来他虽又因种种原因转向挥师西征，但他却仍把处于中世纪蒙昧时期的中亚和东欧与华夏文明反复进行了对比。随之，一个雄心勃勃的伟大计划便渐渐形成了，他要纵马飞跨长江征服世界上这片最富裕最繁荣的疆域。他要一统天下，誓让马背民族入主中华。他那临终的遗嘱句句都证明了此事，拿这个来解释他对“幼子守灶”权的互相矛盾作法，似乎各种问题均可迎刃而解一通百通了。窝阔台在政治上较为成熟，那就先钦定他为汗位继承人。而拖雷尚需进一步历练，那就让他掌控实权多加历练以待入主华夏。兄弟合力，超越北魏与辽金共建一个前无古人的新王朝。一个为草原的大可汗，一个为一统天下后的大皇帝！面对祖制，似乎这样安排才更能展现子孙的虔诚！

却谁料，到后来“幼子守灶”权竟变成了不祥的梦魇……

但即使是梦魇，却好像也只能暂且压下不表。说完皇室子孙，似乎也该讲讲平凡的牧众在“幼子守灶”权下历经的坎坷的命运。因为不仅他们是马背民族的主体，而且也可从旁说明为什么在当时对征服战争变得是如此狂热。男孩子们一个个长大了，他们即将依祖制自觉告别父母、幼弟，还有那充满亲情的蒙古包。但他们却毫无怨言，有的只是面对未来足够的男子汉勇气。一般来说，初期大多均会去投奔“那颜”或“巴音”（贵族之家或富裕户），先作几年不卖身的“牧奴”以求安身立命。或去放马驯马，或去牧羊放牛，风霜雨雪中只企求暂得一时之温饱。却谁料，就连这样的机会也不多，绵延数代的部族之争早已把草原上的游牧经济破坏殆尽了。剩下的唯一生存之途，仿佛也只有跨上战马为“那颜”或部族去充当“战奴”。去杀去攻、去抢去掠，而首领们又是从来重奖“奋勇当先”者。不仅可被赐予少数牛羊（毕竟是“大羊下小羊三年六个羊”啊），而且在立大功后，首领甚至还可能赏他一个被掳来的妇女为妻……为此，后代史学家点评成吉思汗之说“在统一蒙古各部后，不知恢复生产，却只愿发动战争”，是绝对有欠公允和缺乏历史感的。须知，在当时的草原上牧业凋零，积习已成。如果任士卒“马放南山”，反可能使内乱故态复萌。战争绝非好事！但在那样的历史状况下，为巩固蒙古民族的凝聚力，成吉思汗似也只有把战争引向草原之外一条路。而在民间广为尊奉的“幼子守灶”权，又恰好为他造就了无数马背上无畏的勇士。

“幼子守灶”权啊！造就了无数骁勇铁骑的“脱颖而出”。同时，也埋下权力之争的隐患。

几乎危及大元王朝……

【天葬与成吉思汗皇陵今何在】

人的一生，似乎都必须历经生、老、病、死这个过程……

在这一点上，不论民族、不论信仰、不论高低贵贱、不论荣辱尊卑，最终均一律平等，也可称之“殊途同归”：这就是死！只不过帝王之死被称之为“驾崩”，乞丐之死被称之为“馁毙”。其实没什么两样，死了就是死了，余下的只有丧葬文化上的差异。

而在汉地和草原，更是大相径庭……

成吉思汗陵

成吉思汗雕塑

成陵内供奉的汉白玉像

谁都知道，汉地老百姓大多都很崇奉“落叶归根”的葬俗。一般来说，做子女的都会想尽办法使逝者入葬祖坟，尽量风光地使先人“入土为安”。为此，古代竟出现过董永“卖身葬父”感动七仙女的故事，可见不惜一切大多做的是“地下文章”。而马背民族却不一样了，似乎是在“反其道而行之”。他们好像更推崇“回报草原”，从无一家一族的“祖坟”之说，而是将茫茫大草原处处皆可当作自己的最终归宿。不但从未有过尽量风光在地下大做文章的想法，而且公然坦坦荡荡将逝者置于草莽深处“仰天野葬”。汉地和草原葬俗强烈的反差对比，常令偶遇者大感莫名惊诧。

其实，这皆由于农耕文明和游牧文化的差异……

一般来说，蒙古民族对生死的态度均相当豁达，即使在临终前也要保持人的尊严。他们唯崇“来自大自然，回报大自然”的祖制，从不幻想在地下再构筑什么人间世界。因而也绝不需要什么“卖身葬父”置棺举丧之举，而是仅装裹上生前最好的一套蒙古服饰就“上路”了。悲哀的子女将父母的遗体搭于马背或搁置于光板勒勒车上，经萨满巫师占卜指明方向，便向着茫茫大草原深处缓缓走去了。四野是那么静穆，子女们对父母又是那么难分难舍。故在古代那原生态的草莽中，这段历程还是相当漫长的。但毕竟终有尽头，最后遗体几经颠簸还是滑落于草丛之中。这便是神示的终点，而也就是逝者选中的回报自然之地。如果跌落的姿态是仰面朝天，子女们会欣喜万分，认为是长生天已经接纳了父母的灵魂。如果是朝地，便难免有些惶恐，但求萨满巫师（后来是喇嘛）念咒作法，大体还是能圆满解决的。随之子女们便会为逝者整容整衣后依依惜别而去，只能在三天或七天后再来一看结果。而在七八百年前的草原丛莽恶煞煞的，到处出没着野兽，还有天空上盘旋着的鹰鹫和成群的乌鸦,等子女们再来时大多早已不见父母的遗体了。如果偶出意外,也会有萨满巫师或喇嘛祈祷苍天,最后也会“终成善果”……这就是蒙古民族从古俗的“天葬”，但却又和藏族的“天葬”大为不同。直至上世纪六七十年代，偏远的荒漠草原上仍很风行。即使在城市里推行火葬后，许多蒙古同胞却仍然推崇自己民族这种古老的葬仪。比如我国著名的蒙古族军旅作家格日乐朝克图逝世后，他的女儿们便严遵父亲的遗嘱，将他的骨灰带回故乡撒在了他出生的茫茫大草原上。有很多牧民也纷纷前来为他送行，似也可称之为另类“天葬”。总之，生产方式的不同，必然造就民俗民风的不同。故汉地和草原在这点上又见差异，当然也就不必大惊小怪了。

至于说到历代大汗的葬仪，也莫不如此……

也许会有人当即反驳：不对！历代大汗从不进行蒙古式的“天葬”，而是已经开始“埋”了！但却必须指出：这样仅仅从一个“埋”字上便下断言，似乎也太只顾“小同”而忘“大异”了。没错儿！已无从可考，草原历代大汗之“埋”是受了中原历代帝王之影响还是马背民族因尊崇自己大汗的至高无上特殊而为之，难下结论！但确有史可考，此“埋”绝非同彼“埋”！依汉制，历代帝王登基之日即为自己修建“地宫”的开始。清·乾隆在位六十年再加上当“太上皇”的三年，总共六十三年，为了自己那“地下陵寝”可没少费了心思。如果这还说不明白问题，那咱就再看看秦始皇陵。穷奢极欲，无所不及，仅掀开兵马俑阵的一角，便被全球公认为“世界第八大奇迹”。再查《史记》，更可想象在当初围绕高耸的坟头儿那些配殿宫阙群是如何富丽堂皇。总之，汉地历代帝王讲究的就是“突出”与“彰显”。似生怕别人不知道，还愣让大“神龟”为自己驮着一块巨碑铭刻上自己的名号。而草原历代大汗讲究的却只有两个字：“隐”和“融”！比曹操那七十二疑冢可彻底多了，谁见过历代大汗在草原上立起过一个坟头？旷野茫茫踪迹难寻，就连日本、美国、俄罗斯等多国科学家用尖端仪器一再探测，至今却依然一无所获。说白了看，蒙古大汗的“埋”绝不同于内地皇上的“埋”。绝不会为身后事一连好几十年的折腾，更不会为永垂不朽让“神龟”去“驮”碑。虽然贵为大汗，却仍唯崇祖俗。“隐”就是“来自草原，回归草原”，“融”就是最终彻底融入大自然，只不过和平民百姓有所不同罢了。当然，为了实现这两个字也必须采取一些应有的措施，随之海海漫漫的旷野里也会蒸腾起一片恶煞煞的野性气息。

那历代蒙古大汗到底是怎么下葬的呢？……

古代重要史籍《黑鞑事略》与《草木子》中均有所载。其中《草木子》为明代著名学者叶子奇所著。因其生活于元末明初且又“博学多闻”，故他的记述当应更为真实而客观。在他笔下对大汗下葬前的准备是这样记述的：经萨满占卜择地，先于起辇谷（后人又称：帝辇谷）广袤的荒野上“插矢以为垣，阔逾三十里，罗骑以为卫，见人皆灭之！”用现代汉语说，那也就是先在三十里的方圆内插箭为墙，以示这里是严格保密的禁区。尚有众多的铁骑巡逻，如还有人胆敢擅入就得掉脑袋……表面看来杀气腾腾，荒野上充满着一股血腥的野性气息，但又有多少深知祖俗的牧人会去犯这个傻呢？而也就在与此同时，毡帏宫帐里也在依祖俗祖制忙于装殓。选坚实粗直的珍稀楠木中分为两半，“凿空其中，类人形大小”。然后再汗装盛殓“置遗体其中，合为棺”。虽无外椁之说，但尚需在这另类“棺”外“加髹漆毕，再以黄金为圈（箍），三圈而定”。随后，便是择日浩浩荡荡的大发丧。除特定的人选外，依然是“铁骑往来，误入者尽皆驱杀”。绝不同于中原帝王高起坟冢并配建享殿与陵围，而是“反其道而行之”。棂柩运到起辇谷之后，在占卜选定之地绝对强调的是“深埋之”。葬后更还要纵万马往返践踏“蹂之使平”，绝不允许地面上稍有一点“突显”的痕迹。再后，便更有神秘之举，只见竟牵来一峰尚带着驼羔之母驼。面对着大汗依稀可辨的下葬之处先将驼羔“宰杀之”，然后却放任母驼百般嗅血哀鸣不止。这段葬仪进行完了，方才把悲痛欲绝的母驼强行拉走。借动物的嗅觉留下永恒的记忆，随之便下令“千骑守之，以待来年百草萌生”。

果然，来年眼前便是万顷绿波荡漾，茫茫的旷野上竟不知大汗究竟下葬于何处。来自草原，回归草原，终于由隐没而融入天地之间。从此军帐尽皆撤走，只留下一个个千古之谜任后人猜测。后人欲祭，“则以失幼羔之母驼为导，视其踟蹰悲鸣之处，则知葬所大体方位矣！”从此，这峰母驼便成为神驼，由专人照管。若死再如法炮制一峰新的神驼，代代不息反复轮还。总观上述，中原皇帝与草原大汗之“埋”确实内涵大相径庭，只不该随之而来的便是更令世人关注的大问题——

成吉思汗帝陵今何在？

乍猛提出这个问题，很可能使人感到一时迷惘从而反问：你不是说历代大汗依古俗祖制，早已长眠于地下融入了茫茫的大草原了吗？难道是那导路的神驼意外绝了后？……听听！想到哪儿去了？融入大自然是没错儿，但在这里却系指争论：成吉思汗辞世后到底埋葬在何方？一说是若按史实，“成陵”当应在内蒙古鄂尔多斯境内的伊金霍洛大草原。一说是若按传统，“成陵”当应在外蒙古肯特山下的起辇谷。各执一词，争论不休。依笔者看来，还是严格遵循史实为好。据史载，1226年，成吉思汗亲率大军伐西夏，曾途经现今鄂尔多斯这一带。见伊金霍洛大草原“水草丰美、牛肥马壮、碧野连天、美不胜收”，遂大加赞赏。很可能因他当时已属“烈士暮年”，故赞赏后又感叹道：“他年愿长眠于此……”诸子众将环绕四周，皆静听未语。却谁料次年，正当

成吉思汗陵牌楼

他“用兵如神”灭掉西夏大获全胜的前夕，却因围猎时的一次意外身染重病终于不治。在他去世后，诸子与众将均想起了来时之感叹，皆视之为“圣祖遗嘱”，便遂其愿从祖制，将他的遗体埋葬在“碧野连天、水草丰美”的伊金霍洛大草原上。一切都严格遵循蒙古民族的古俗古风，不仅留下了一支世袭的守陵卫队，留下了那峰痛失驼羔的导向驼，而且就连成吉思汗那两匹神驹也留下来永远陪伴自己伟大的主人……随后，元、明、清、民国均在伊金霍洛大草原设立过“八白屋”——即八顶专门祭奠成吉思汗的白色毡帐。就是在日寇侵略蒙绥期间，人们为保护“一代天骄”的象征“八白屋”，也首先将其转移在大后方的青海塔尔寺。直至上世纪50年代初才又将其迎请回伊金霍洛大草原，并为其建起了规模宏大的地上陵园——成吉思汗陵。当然“迁柩”只不过是指成吉思汗的一些珍贵遗物，但极具象征意义，仍表达了蒙汉团结共同抗日的决心。故虽已历经了漫长的七百多年，但成吉思汗仍长眠于伊金霍洛地下。那支世袭卫队的后裔依然在守卫着成陵，那峰神驼的后裔也依然在年年导向，那两匹神驹的后裔更依然在为主人长嘶……依笔者看来，即使有分歧，尚可存疑。须知，他既是华夏民族公认的元太祖，又是蒙古民族公认的大可汗！各执一词，并不能改变历史的真实。

姑且存疑！谨把他视为各民族共同推崇的民族英雄！

他不仅代表着整个蒙古民族。

而且也代表着一个时代……

第三辑

【本辑提要】通过对古代草原一系列民俗文化的回顾和解密，现已可以全力以赴地“大话”元王朝了。但水有源、树有根！若没有成吉思汗的前期“武功”，就很难有忽必烈的后期“文治”；没有成吉思汗前期所开创的庞大游牧帝国，更很难有忽必烈后期所缔造的大元王朝。“一代天骄”被他的后代追认为“元太祖”当之无愧，而他到底给嫡孙忽必烈留下了哪些政治遗产呢？虽然说有关成吉思汗的传记、文学、影视作品早已多不胜数，但追根溯源似乎还得从他说起。若不然就很难弄清从草原汗国到大元王朝的来龙去脉，更搞不清忽必烈登基后即提出“鼎新革故”的前因后果。一句话，没有伟大的祖父就难有杰出的嫡孙——

【成吉思汗遗产之一：一部征服者的不朽史诗】

1227年，贺兰山麓。

一代天骄成吉思汗与世长辞了，享年六十七岁。翌年，遵其遗言葬于内蒙古鄂尔多斯境内，从此便长眠于伊金霍洛茫茫的大草原上。似在永恒的静穆之中，渐渐地化成了一部千古不朽的伟大史诗。

然而，史诗的开头往往承载的是苦难……

只要简单地查阅一下《蒙古秘史》便可得知，成吉思汗从少年时期所经受的种种苦难，绝对是常人难以想象和承受的。尚未成年，作为部族首领的父亲也速该便被塔塔儿人下毒暗害了。但无力复仇，似也只能随母携弱弟幼妹四处避祸。但刚等成年可凭胆识重聚部族时，却又被本族谋篡者偷袭得手而被械枷准备献于仇部以杀之。后来虽经人暗救脱逃又重振了父亲遗留的部族，又谁料新婚不久美丽的妻子孛儿帖又被篾儿乞惕人掳走了……真可谓“福无双至，祸不单行”，仅在二十岁前后，他便历经了“杀父之仇”、“夺妻之恨”以及被“安答”（朋友）出卖的种种奇耻大辱。史称他多次的死里逃生，要是给一般人早就被吓破胆子沉沦了。

但成吉思汗毕竟是成吉思汗!

似正应了中国那句老古话儿：天降大任于斯人也，必先苦其心志，劳其筋骨……这位“蒙古民族的骄傲”果然也历经磨难百折不挠。不但磨炼出了胆识，而且磨炼出了谋略。大丈夫韬光晦略能屈能伸，竟甘认最强大的克烈部首领王罕为“义父”，又与札只拉部的首领扎木合结为“兄弟”。联横合纵，不久便向二人借得铁骑三万，大败篾儿乞惕部的首领脱脱汗，不仅夺回了娇妻孛儿帖，而且同时也初显了他卓越的军事才能和天生的领袖气质。

从此苦难结束，史诗只承载他所创奇迹——

1189年，由于他的“出手不凡”和超群的人格魅力，父亲死后散乱的部落贵族与部众又纷纷向他聚拢，并推举他为统领乞颜部族的“可汗”。

1189—1200年，他已厉兵秣马、吞并附近的一些小部族。史称“归附者日众，势力日渐强大”，终使乞颜部成为蒙古草原最具实力的部族之一。在此期间，还曾借斡里札河战役东攻世仇塔塔儿部族，而且是“败其精锐，掠其民众”。虽未捉住杀父仇人，但“统一蒙古各部”的构想却日渐成熟。

1201年，“义父”王罕与“义弟”扎木合均唯恐他“坐大”，竟相继背信弃义与他反目成仇。先是扎木合亲率塔塔儿与泰赤乌等部族联军来攻，成吉思汗率自己的乞颜部族沉着应战。突显统帅才能，一举击溃了数倍于己的来犯之敌。

1202年春，他再次出兵奔袭，彻底消灭了世仇塔塔儿部族。生擒了下毒凶手，终于为父亲也速该报了仇。不仅恢复了乞颜部族的荣誉，而且也朝向“统一蒙古各部”又迈进了一步。

1203年，他与“义父”王罕彻底决裂，两个最强大的部族先后在合兰真与折折运都山展开激战。雄才大略的成吉思汗率乞颜部越战越勇，而老迈昏聩的王罕却因志大才疏使克烈部彻底败亡。从此成吉思汗就更加威名远扬，统一全蒙古已变得指日可待。

1204年，他迎战最后一个劲敌——乃蛮部族的太阳汗。不仅在纳忽山一带大败强悍的乃蛮大军，而且彻底灭亡了领土面积最广大百姓最众多的乃蛮部落。从此，成吉思汗所统帅的草原铁骑已变成一股摧枯拉朽的力量，追随他四处征战已成为马背民族最大的骄傲和光荣。

1205年，原宗主国金王朝早因腐朽不堪已无力阻止，似也只能眼睁睁看着他追歼各部族残余反抗势力。到了年底他已经彻底统一了蒙古高原，终于结束了马背民族自古以来部族林立战乱不断的一盘散沙局面。

1206年春，受万众拥戴，在斡难河源头（今内蒙古海拉尔河一带）的“忽里台”——贵族和勋将的大聚会上——于万千铁骑的欢呼声中他被尊为“成吉思汗”：即普天下之大汗！并无视宗主国金王朝的存在，另立自己的大旗“九脚白旄纛”，建国号为“也客蒙古兀鲁思”。

但这仅仅是史诗的一半，最辉煌的部分还在后面……

纵观上述，由衰败、重振、崛起，直到史无前例地统一全蒙古，电石火光一般，仅仅才用了二十年左右便完成了前人不敢想象的伟业。这不但证明了他是个伟大的军事统帅，而且也是个天才的政治领袖。比如，在统一后他又将下属臣民不分部族一律统称为：蒙古人！这就更产生了一种不可估量的民族凝聚力。致使人人均以蒙古人而自豪，个个皆愿为蒙古民族的荣誉去赴汤蹈火。而与此同时，一个更加深谋远虑的计划也在他的心中形成了。他明白，就此便

金戈铁马

马放南山重归游牧是多么不现实。死灰还会复燃，故态还会萌复，宗主国金王朝也会乘虚而入。似乎眼前只有继续征战这一条路：必须把战火引向隐匿流窜敌手的邻近诸国，必须把战火引向世仇金王朝所在的中原大地！高举复仇的旗号，浴火才能获得重生！征服者的地位高于一切，权且把它当作一场面向世界的大“游牧”！

随之，震撼欧亚大陆的后半部史诗便算掀开了……

1205年，即在登上“普天下大汗”大位之前夕，他便已经开始尝试对外用兵了。首个目标便是党项族建立的西夏王朝，并曾多次亲率铁骑攻入西夏境内。总是以曾收留重要的世仇人物为借口，只打得孱弱的西夏国主似也只能称臣、纳贡、献女、听候征调，直至最终被屠城灭国。

1211年，曾杀害先祖俺巴亥的原宗主国金王朝，成了成吉思汗的第二个征服对象。高举复仇的旗号，于1211年到1215年先后四次攻入中原。曾在野狐岭和居庸关两地歼灭金朝精锐数十万，并于1215年攻占金中都燕京，迫使金王朝皇帝匆忙迁都河南汴梁以避之。从此，黄河以北的广袤中原地区继鲜卑、契丹与女真之后，又迎来新一轮少数民族的征服者。

1218年，当听说太阳汗之子屈出律率乃蛮残部投靠“黑契丹”之后，成吉思汗又命大将哲别率数万铁骑前往讨伐之。“黑契丹”史称“西辽”，乃辽王朝覆灭后一支皇室遗族逃往今俄罗斯托克马克以东地区所建立的政权。哲别受命后很快便以迅雷不及掩耳之势打通了今新疆与中亚一带，直插“黑契丹”的境内。而此时的西辽皇权已被太阳汗之子篡夺，哲别便利用了契丹人的不满而里应外合地进行决战。追杀太阳汗之子于巴达哈尚山中，灭西辽而将其纳入大蒙古国版图。这是远离本土西征的一次尝试，从此成吉思汗的征服欲望便超越亚洲大陆了。

1219年，这样的机会终于到来了，蒙古的商队和使者在花拉子模国被掠被杀。成吉思汗又遣四使前去质问，不料其中二人被当即砍头，另二人则以最大的羞辱方式被拔掉胡须逐归。这回成吉思汗勃然大怒了，似忍无可忍竟亲自统帅二十万铁骑开始了举世震惊的第一次西征。但花拉子模国也不是毫无防备，陈兵四十万于各要塞并以坚壁清野来迫使蒙古大军不战自退。而此时成吉思汗更突显了他那超凡的军事天才，充分展示了他那无以伦比的指挥艺术。表面上继续命察合台与窝阔台轮番佯攻讹答拉军事要塞以吸引对手的增援兵力，实际上早暗中派术赤率右路军奔袭锡尔河下游诸城；又派出左路军突袭锡尔河中上游诸城；自己则与拖雷亲率主力横穿沙漠奇袭西南方的不花剌城（今中亚名城布哈拉）。将蒙古铁骑的优势和特点发挥到了极至，人马合一，兵贵神速，继续突显马背民族奔袭、突袭、奇袭之擅长。声东击西，各个击破，势如破竹地很快就连克诸多名城。不仅将花拉子模国彻底灭亡，同时还占领了呼罗珊全境。而且还向南入侵印度河流域，向北攻入了俄罗斯南部广袤地区。仅以忽必烈之父拖雷为例，作为成吉思汗的嫡幼子就更为战功卓著。单独率军，便先后攻陷马鲁（今土库曼斯坦境内）、你沙不儿（今伊朗之尼沙普尔）、也里（今阿富汗赫拉特）等地，一时间竟成为蒙古民族的战争英雄，时年也才不过二十多岁。成吉思汗的军事指挥艺术由此可见一斑，此役也就因此成为世界战争史上的一个“范例”。甚至有人还把它称之为“闪电战”之“鼻祖”，难怪后世史书称他“用兵如神，灭国四十”。

马踏欧亚、震撼世界，史诗终于达到顶峰……

1224年，成吉思汗班师回到了草原母地。这次游牧民族史无前例的军事大征服，最终建立了一个地跨欧亚规模空前的游牧大帝国。忽必烈时年刚刚十岁，他曾随长辈亲自去迎接伟大祖父的凯旋归来。从此常伴于成吉思汗膝下，对伟大祖父充满了敬佩之情。但也毋庸讳言，对中原汉地的原始征服攻掠方式，曾产生过一些血腥的副作用。还是当代著名元史专家李治安先生评价较为中肯，现特将相关部分引录于后——

> 由于蒙古草原游牧文化与汉地农耕文化的隔阂、冲突，由于蒙古父权封建国家对外扩张掠夺的（原始）属性，成吉思汗一方面无愧为杰出的草原帝王和新兴的蒙古族领袖，一方面又不可避免地充当了汉地先进文明的破坏者和毁灭者。

文中提到的“不可避免”显然是指历史局限性，几乎北方少数民族入主中原时都经历过这个过程。况且成吉思汗在任命亲信大将木华黎主持中原大政后，也随即又御批了“兼容并蓄、笼络八极”治理汉地之策。就连李治安先生文中也提到，随后“才逐步有所改变”。

只可惜史诗到最激越时却戛然而止了……

从此，一代天骄成吉思汗便长眠于茫茫的伊金霍洛大草原下，在一片静穆中似只等着儿孙们续写更辉煌的史诗篇章。

但儿孙们却似永远难以逾越他……

须知，仅用二十年就统一了部族林立的蒙古草原，又用二十年便马踏欧亚创出了震撼世界的伟业。难怪西方史学家编纂的《世界征服者史》中也称他“前无古人，后无来者”！但也必须指出，他所留下的空前绝后庞大的游牧大汗国，对儿孙们来说却又显得是如此沉重。似处处潜藏着隐患，似处处暗伏着权力之争。不仅难以逾越，似乎就连维系也困难重重。

路在何方？难道成吉思汗生前就没有留下宏伟的遗愿？

十几头牛拉的大帐

显然是有，后面将逐渐提及。但天不假年，当时似也只能留下一部服务于征服的巨大战争机器。

猛将如云，而汗廷内外却鲜见文臣……

【成吉思汗遗产之二：千户制与权力架构】

必须首先指出：在成吉思汗统一蒙古之前，在普通牧民的脑海中根本没有什么国家的概念，心目中似只有自己所属的那个部落、那个族群以及那个世袭首领。

为此，只要部族存在，内争便永无休日……

成吉思汗乃大智慧者，焉能不知此乃造成蒙古草原千百年来“一盘散沙”的根源所在？为消除这种历史弊端，就势必会打破古老的部族制而以新的体制取而代之——

这就是成吉思汗所推行的千户制！

借着一统草原百战百胜的威慑力量，凭着初登大位至高无上的权威，雷厉风行，说干就干，不久便公然当众宣布了废除祖传的世袭部族制。也算得一次“鼎新革故”，随之又以极大的魄力重新组合，将麾下的部众划分为九十五个“千户”。而每千户之下又有分属的百户、十户，并分配划定相应的牧场和草原。这是按他那雄心勃勃规划设计的：“千户”既是军事单位，又是地方行

成吉思汗统一漠北图

政组织。史称，他要求千户下属的牧众“上马则备战斗，下马则屯聚牧养”。尚必须在划定的“千户”范围内“游牧与应役，不得擅自离去”。并且“严禁重提昔日部族名号”、“凡大汗下属臣民，不论贵贱一律统称蒙古人”！以此来激起马背民族前所未有的民族自豪感，并从而扎实“千户制”的基础。

真可谓：天翻地覆慨而慷……

从总体上看，一个“千户”所辖人口和面积，大体和过去的一个氏族部落相等。后人总认为这肯定会“打乱了重来”，以彻底取代旧有的氏族部落制。其实不然，成吉思汗虽气魄宏大，但在处理此事上却相当慎重。奖惩分明，组建有序，以矢忠为最高的衡量标准，分别采用了下列三种不同方式——

其一，对那些始终忠心于自己或后来依附于自己的部族首领，恩准其将本部族众统一改组为若干个“千户”。

其二，对那些矢忠追随自己打天下之功勋卓著的亲信将领，也被特许收容其他散亡的部落族众组成“千户”。

其三，这是最主要的部分：对那些在统一战争中众多的被覆灭瓦解了的不同氏族，委任心腹重将收容其部众分别混合掺杂而组成若干个“千户”。

以上均可见于《元史》卷九十八《兵志一》……

而各“千户”的首领，汉史称之为“千户长”或“千户台”，蒙古史则统称为“那颜”，也可译为“官人”，后又兼有“贵族”之意。但不论名称如何，均需由大汗亲自任命勋戚和“那可儿”担任。“那可儿”，也可直译为“伴当”或“同伴”、“亲信心腹”，系指那些追随大汗打天下的亲信功勋将领。但即使如此，似也难让人掉以轻心。故又在各“千户”之上，又分设左右翼两个“万户”之职。代大汗行施监督之权，以节制各自所辖的下属数十个“千户”。

就这样原始的氏族部落制就被彻底瓦解了……

从中不难看出成吉思汗的胆识和雄心，从而破旧立新树立了自己至高无上的绝对权威。“千户制”作为整个民族“军民合一”新的体制，彻底结束了昔日部族林立仇杀不断的混乱局面。马背民族从此有了命运的主宰者，茫茫的大草原上从此也构建起新的统治秩序。这似乎也只是个基础，对实现弘誓大愿仍远远还不够。随之，作为千百年来统一蒙古高原的首任大汗，成吉思汗又采取了更高度集权的举措——

那就是充分利用旧有的“怯薛”制……

怯薛，似也可直译为亲兵。源于草原部族首领的护卫，带有浓厚的父权或大男子主义色彩。而原部族首领的“怯薛”，大多人数有限且是轮值的。即使到成吉思汗登上大位时，他身边的“怯薛”护卫也只不过五百五十人。而在“千户”改制完成后，成吉思汗发现原有的“怯薛”已难以适应新形势了。为更有利于号令天下威慑四方，随之便又更具魄力地改造起旧的“怯薛”。由五百五十人扩建为上万人，由亲兵轮值改为专职护卫。尽收精锐！其中包括：一千名宿卫、一千名箭筒士、八千名散班。散班，即随时候命矢忠于大汗的骠骑勇士，大多从贵胄勋将及各大“千户”的儿子中挑选。只有弓马娴熟体魄强悍者方能入选，是带有入质的色彩却又前程无量光荣无比。当然“白身人”——即平民庶众有更出色者——也在入选之列。为此，能成为大汗驾前的近卫军，莫不人人尽献忠诚，个个争比骁勇。很快就使“怯薛”从质上有了根本的转变，不久便成了这游牧帝国中最精锐的核心部队。故而从此“怯薛”又被延伸译为：大中军、御林军或禁卫军！

有了核心的武装，尚需核心的将领……

成吉思汗深谋远虑似早就有所选择了，这就是史称“开国四杰”的博尔忽、木华黎、博儿术、赤老温！这四人皆为成吉思汗深信不疑的“那可儿”，从少年起就跟随他出生入死转战南北以成大业。不但人人都具备统帅资质，而且个个均久经考验忠贞无比。因为“怯薛”的主要职责是：一、保卫大汗金帐，随从大汗出征和分管汗廷的各类事务。二、千名“宿卫”轮流负责夜间值班，千名“箭筒士”和八千“散班”轮流负责白天值班。而且是“分四番入值，每番三昼夜”，故而总称“四怯薛”。为此，成吉思汗即把上述“四杰”任命为“四怯薛台”（台，官将之称，即怯薛长或怯薛统领），从而又在大汗周围形成了一个最高的军事参谋总部。

但执政核心也并不乏另类人物……

这又是成吉思汗掌控汗权的又一大特点，即绝不蹈袭原宗主国金王朝所使用的汉地汉法，没有什么“文官组阁，武将守边”之说，而竟启用了一批似文武均不靠边的执事人员。此等人员统称“赤”，也可译为“执事”，乃专门负责大汗金帐某部分事务的世袭官员。用汉文化去思考实在令人难解，这不就是在深宫大内打杂的吗？总之，似乎只是一群贴身的奴仆。比如——

博儿赤：掌烹饪饮食者。

昔宝赤：掌鹰隼者。

阔端赤：掌从马者。

答拉赤：掌酒者。

火儿赤：主弓矢者。

云都赤：带刀者。

札里赤：书写圣旨者。

必阇赤：掌文书者。

速古儿赤：掌内府尚供衣服者。

怯里马赤：译员。

…………

成吉思汗骑射图

成吉思汗碑文拓片

看看！一个个职卑位轻，根本不具备被重用的条件。其实不然，这些这个“赤”那个“赤”的执事，不仅绝大多数出身于草原的名门望族，而且是凭着累累的战功一步步提升到大汗身边的。他们才不在乎干这干那的，能常伴于“普天下之大汗”

驾前便是他们最大的骄傲和光荣。绝不同于中原地区追求的封王封侯，能得到大汗的信任才是人生最值得自豪的。更何况！成吉思汗既然能把他们选拔到“高层”，也自然会充分发挥这些人各自的潜能。如“火儿赤”与“阔端赤”，后来竟分别被委以“军备”与“后勤”等重任。并得以进入汗廷的核心集团，参与高层的机密议事。

就这样，草原汗国的中央政治架构初步形成了……

一切均以成吉思汗的雄心壮志为出发点，所有进入核心集团的成员均为战争经验丰富者。足可见七百年前，“先军思想”便在茫茫的大草原上产生了。但很可能是没有想到形势会如此迅猛地发展，到后来似乎单靠这种“先军”的架构已经无法应对现实的需要了。好在辽金两代尚留下种种文官名号，实在不行了就抓上几个先顶在头上应付着。总之，混乱极了……而在成吉思汗初期却绝没这种问题，一门心思就为了打仗，怎么有利于战争就怎么来。随之，成吉思汗又下旨规定，怯薛护卫的地位高于在外分布的九十五个“千户台”。再加上那些好战的文职执事（其实原来也多是军事将领）的参与，一部战争机器就这样缓缓启动了。

成吉思汗雕塑

典型的游牧君主制……

怯薛的扩建，执事的参与，不仅使成吉思汗牢牢控制着一支强大的近卫军，而且也协助他行使了中央的诸多政治职能。成吉思汗是深知如何凝聚民心浴火重生的，最终金戈铁马地冲出了草原，开始了那马踏欧亚震撼世界的军事征服。

攻无不克，战无不胜，战果的辉煌突显于被占领的广袤地域上。

以蒙古草原为中心，东西两翼不断在扩展着……

【成吉思汗遗产之三：分封与战争跳板】

分封，这在中原的历史故事中也不少见。比如汉代的七王之乱、晋代的八王之乱，均是由分封种下的祸根。

但成吉思汗的分封却颇具自己的民族特点……

1214年前后，他就在不违背蒙古民族祖俗“幼子守灶”的情况下，把被征服的广袤无垠的土地当做家产进行了分封。包括了下属九十五个“千户”及以蒙古母地为中心的东西两翼，均分封给自己的诸子与诸弟。出手不凡，豪迈大方，自己唯留下了位居大蒙古国中心的草原母地。但绝无后顾之忧，因为在他的心目中从来就没有过“鞭长莫及”这个词儿。

先说对诸弟的分封——

大弟合撒儿的封国在也里古纳河（今内蒙古额尔古纳河）、斡难河（今内蒙古海拉尔河）、阔连海子（今内蒙古的呼伦湖与贝尔湖）等一带。

次弟合赤温的封国在兀鲁灰河（今内蒙古乌珠穆沁旗乌拉根果勒）南北地区。

幼弟斡赤斤的封国在哈勒哈河流域。

另一异母庶弟的封国在怯绿连河（今内蒙古克鲁伦河）中游地带。

以上受封诸弟总称“东道诸王”或“左手诸王”。

然后再说对诸子的分封——

长子术赤的封国在海押立（今内蒙古巴尔喀什湖东南卡帕尔西），到花拉子模地区，并西北延伸至今伏尔加河流域的撒合辛及不里阿耳（均古地名），再加上顺这一方向“蒙古人马蹄所能达到的地方”。将其打发到最偏远之处，意涵颇深。

次子察合台的封国包括畏兀儿地区，以及西至中亚的撒麻耳干（原花拉子模国都，今撒马尔罕）、不花剌等繁荣发达地带。

三子窝阔台的封国在额尔齐斯河上游与巴尔喀什湖以东更加富庶的辽阔地域。因已破格被立为“汗储”，故离草原汗廷最近。

幼子拖雷未被立储，也没有封国，但似仍需留在中央汗廷为父母“守灶”尽孝。虽多有遗憾，却也保留有茫茫的吉里吉思（今叶尼塞河中上游）大草原为封地。

以上受封称王者统称“西道诸王”或“右手诸王”。

从此，拥有“分民封地”的诸子和诸弟，便受命开始各自组建起自己的“兀鲁思”。在这里“兀鲁思”已不能单纯以“国家”来译了，似还含有封国之意。再加上“分民”时也必然分得若干“千户”，那些统领众多牧民的“那颜”也就逐步转变为各封国的“家臣家将”了。这也是个消除隐患的好办法！除了中央核心架构的集权统治外，还有诸子诸弟又一层分地域的严格治理。从此，对诸子诸弟的分封，便与千户制与怯薛制并存成为另一项基本国策。

黄金家族至高无上，大汗权威主宰一切！

分封，把家族利益的分配延伸到了对整个草原汗国的管理，难怪后代史学家将其总结为“大汗直辖与诸子诸弟分领的复合（统治）体系”。雄才大略！绝没有中原古代帝王分封时那种无可奈何，而是意气风发地把目光眺望向更遥远的地方。

征服！征服！战争机器还在他胸中运转着……

很显然，他是想把东西两翼诸子诸弟的封国当作跳板，以利于他向东向西向更遥远的地方扩展。“普天下之大汗”必须名副其实，正在创造的历史辉煌绝不能中断。

的确！分封曾给草原帝国的征服注入了巨大的驱动力……

但也必须指出，分封的同时也给大蒙古国未来的发展与转型带来了重重阻力，也为最终的“合久必分”埋下了隐患。

在他看来，这一切似乎均应“顺应天意”。

重要的是留下民族凝聚力……

【成吉思汗遗产之四：初创文字与制定“札撒”】

凝聚民族的意志，似乎是更艰巨的一项“工程”……

外国人眼中的成吉思汗

无可否认，成吉思汗能彪炳史册名扬千古，确实主要是靠他那震撼世界的赫赫武功。古今中外，至今尚无人能及。是武功使他曾经改变过世界的格局，是武功曾使他改写过地缘政治，也是武功曾使他列身于20世纪以来二十位伟大历史人物之中。姑且免谈那些破坏性的副作用，13世纪好像就是他的世纪。

蒙古国为纪念成吉思汗诞辰830周年而发行的邮票

但如此骄人的伟业又怎能离开一定的文治“工程”呢？

有史可考，当契丹大儒耶律楚材被召至他的麾下时，就曾在沉浸在战争狂热中的汗廷上下引起一片哗然。一位善制强弓的“火儿赤”当众便进谏说：“国家正当用兵之时，如耶律楚材这般的儒士留之何用？”谁料耶律楚材竟能挺身而出自辩道：“制弓尚需请良匠，难道治天下能不用治天下之人才乎？”众皆错愕，唯成吉思汗颔首“引以为然”。由此可见，这位至高无上的大汗还是颇为认同治国尚需文治的。而事实也确如此，就在耶律楚材到来之前，在文治方面他就做了几件意蕴深远的大事：

其一，初创蒙古文字——

前面已经说过，在13世纪蒙古民族的崛起如核裂变一般，以迅雷不及掩耳之势便建立起如此庞大的地跨欧亚的游牧帝国。其速度是大出人们意料的，什么都来不及准备，当时蒙古民族甚至就连文字也没有。据史载，崛起初期，即使是发布号令、传递讯息以至派遣使者，均也只能用“手指刻记”。实在是影响征服的脚步，而且和奔袭、突袭、奇袭的战术极不相匹配。面对这样一个严重的缺憾，首先给予其高度关注的仍然是统帅着千军万马的成吉思汗。戎马倥偬间，他仍无时无刻不在想着如何解决这个亟待解决的问题。一次，在攻灭强敌乃蛮部的大捷声中，他并没有注意缴获的种种令人目眩的奇珍异宝，而唯独把俘获的乃蛮部掌印官塔塔统阿叫到了身边。史称，成吉思汗“捧其部金印反复把玩”，并“审视其上铭文百端寻问之”。原来乃蛮部已先一步开始用吾畏儿拼音字母拼写记录本氏族语言，盖此金印后即可行文“出纳银谷、委任人才，一切事皆用之，以为信验”。成吉思汗闻之大喜，并为之大受启发。很快便将塔塔统阿纳于麾下，令其也用畏兀儿字母拼音试创统一的蒙古文字。在成吉思汗亲自主持下，历经反复试验最终大获成功。随之，便有了用这种初创蒙古文刻就的大汗御用金印，并下旨传令诸子诸王“皆随塔塔统阿习用之”。传说中的仓颉造字已成中华文明的一大亮点，难道成吉思汗主持初创蒙古文能不算文治吗？

其二，制定“札撒”——

“札撒”，蒙古语。又可直译为“法令”或“法典”。它的制定和出现，似可视为马背民族由战乱向文明社会跨进的一大步。

而“札撒”也是由成吉思汗亲自主持制定的……

就在蒙古草原即将大一统之前，这位“一代天骄”就对这个问题开始深深思索了。似乎他早已深知“没有规矩难成方圆”，要推行他那征服政策，就必须先有一套安内的法则。1203年，就在成吉思汗攻灭最后一个强大对手王罕所率的克烈部后，他已初步定立出一套颇为严峻的“札撒”。并召开大会，当众宣布。1219年，在他已成为功成名就的征服者之后，又几经修定，几经完善，最终在西征前夕的“忽里台”贵族会议上公之于众。史称，这是一部“重新确定了训言、律令和古来体例”，并受命写在羊皮纸卷上更加完善的“大札撒”！有法可依就算时代的一大进步，这难道不算成吉思汗的文治吗？而且是先抓根、先固本，力图使草原母地无后顾无忧。只可惜这部草原法典后来竟佚失了，唯留部分条款尚散见于中外相关史籍之中。

现仅举几例，以一窥“大札撒”之原貌——

例一：“那颜”们（系指官僚或贵族阶层）不得背离君主而投靠他人，不得擅离职守，违者处死！

例二：挑拨是非，构乱皇室者处死！

例三：收匿逃奴而拒不归还原主者处死！

例四：盗窃牲畜者九倍偿还，否则偿以子女！

例五：强盗寇掠者处死，籍没其家赔偿受寇方！

例六：说谎诈骗，以幻术惑人者处死！

例七：禁便溺于水中、禁留余烬于草场，禁……禁……

总之，“大札撒”是成吉思汗为草原汗国制定的最高法典，从而也为统一后的蒙古“兀鲁思”提供了法律依据和法律秩序。尚必须指出，除“札撒”外，还有一种史称“必力克”的条文作为辅助。“必力克”，系记录在册的成吉思汗之训令和训言，似蒙古草原古代的“最高指示”。发展到后来，凡举行议定新汗或征伐等重大事务的“忽里台”贵胄大会，都必须首先奉读“大札撒”或“必力克”以为训。

但西方史学家因历史成见，对“札撒”评价并不高……

谁料，最近由于全球气候变暖，绿色环保运动兴起等种种原因，突然间他们竟又一反常态捧读起这部古代马背民族的大法典。据说，这是因为他们在“札撒”中发现了游牧民族古老的“环保意识”。比如“禁便溺于水中”、“禁留余烬于草场”等众多游牧中的禁忌，而这却说明了成吉思汗绝非仅仅是个狂热的征服者，并且也是个热爱草原深懂保护大自然的先驱者。更需指出，有些国外环保专家竟进而把“札撒”中某些条款统称为：世界上最古老，也是人类第一部《环保法》！姑且存疑，因为还得重归原有主题：文治！

其三，提前设置专职的司法高官——

1206年，刚登大位不久，他即任命自己的养弟失吉忽秃忽为“扎鲁忽赤”，成为汗廷少有的高级文职人员。“扎鲁忽赤”，汉译为“大断事官”。其职责主要是：“掌管民户分配”与“刑狱词讼”。据史载，成吉思汗任命后曾对他说：“如有盗贼诈伪之事，你惩戒着，可杀的杀，可罚的罚。百姓们分家财之事，你科断着。凡断了的事，写在青册上，以后不许诸人更改！”而“惩戒”与“料断”均离不开法，因此失吉忽秃忽便成了成吉思汗修定和完善“札撒”的主要助手。功不可没，史称其终生“不辱圣命”。为此，当代著名元史专家李治安先生曾对此评价说：“大断事官是大蒙古汗国的最高司法行政长官，相当于‘国相’。它的问世，意味着草原帝国国家机构的逐步正规化。”既有法，又有最高的司法行政长官，这难道能不称之为文治吗？

除此之外，文治之例还有很多……

但为什么成吉思汗在“文治”方面很少有人提及？这很可能是被他那赫赫的征服武功所遮掩了，也算一种“灯下黑”现象。人们似乎只知道他怎么马踏欧亚缔造了空前绝后的庞大草原帝国，而

前进中的鼓手

成吉思汗的蒙古骑兵

竟将上述文治功绩视为“枝末细节”不予重视。

其实，成吉思汗不但是个超凡的天才军事统帅，而且也是个集大智慧的杰出治国论者。

主要的特点便是：目光锐敏与胸怀开阔！

始终引领着蒙古民族不断向前！

永远立于不败之地……

【成吉思汗遗产之五：海纳百川和与时俱进】

若提到成吉思汗的胸怀，常会联想到两个人的名字：耶律楚材与丘处机。

有相关中外诸多史籍可考，这位前无古人的征服者确实天性坦荡，襟怀如茫茫草原般开阔。早在一统蒙古的部族征战中，就知“不计前嫌，广纳智勇，不分部族，为我所用”，气魄宏大得很！以致奠定了他必成大业的基础。

且放下耶律楚材与丘处机不提，先以蒙族名将哲别为例……

哲别，原为敌对部族一员智勇双全的猛将，曾于双方激战中射伤成吉思汗的颈部。血流如注，按氏族传统当被视之为“奇耻大辱”。但成吉思汗在灭其部族将哲别俘获后，竟力排“皆欲杀”之众怒而带伤对其“百般抚慰之”。比“诸葛亮收姜维”还做得细致彻底，致使哲别最终成为死心踏地追随他的常胜将军……而由于收哲别，还可引申出成吉思汗在征战中另一个用“文”的故事：1218年，哲别奉命直穿中亚跨南俄罗斯，攻打“黑契

年轻时的成吉思汗

成吉思汗的旗帜和帐篷

丹”（西辽）以追剿太阳汗之子所率残部。因中途所经之处多伊斯兰教信众，故成吉思汗适时点悟他曰：“吾之所崇奉之长生天何其高远阔大，星星或月亮均缀其上。神意如此，何不容之？”这真可谓大征战中之大“文”，怎能不使哲别顿时“大彻大悟”？随之便一路征战一路高声宣示：“每个人均可有自己的信仰，保持自己祖先的宗教规矩！”似可视之为世界上第一部宣示“尊重各民族的宗教信仰”的公报，果然威力无穷，最终大破“黑契丹”而收其国土。但正如翦伯赞先生“后台演兵场”之说，中原大地对成吉思汗似仍有一种宿命似的吸引力。

终于该说到两位中原文化的代表人物了……

耶律楚材（1190—1244），契丹贵族后裔，生于今北京香山且久居汉地。自幼丧父仅靠慈母养大，史称其“饱读经书子集，深谙孔孟之道”。后曾因避战祸入报恩寺“礼佛三年”，故才有日后他那“从政以儒教，修身以佛法”之说。被召入成吉思汗麾下后，不久便因“才识过人”成为驾前亲信重臣。又因他身材伟岸，尤显一脸浓髯，竟被成吉思汗戏昵地直呼为“吾图撒合里”（蒙古语意为“大胡子”）！耶律楚材来到草原之初，就开始向成吉思汗大讲中原历代王朝兴衰的故事，并也借机在汗廷上下大肆宣扬起“君君、臣臣、父父、子子”等等孔孟之道。以现代人的语言说来，这当应属一种“软实力”的乘虚而入。但成吉思汗却越听越觉得，大胡子所讲的这种儒家学说似对加强自己的“硬实力”更有所用。随之便海纳百川地采取了“拿来主义”的态度，凡耶律楚材有利汗国的“献策”大多言听计从。据史家考证，木华黎所奉“兼容并蓄，笼络八极”治理中原之策，源头很可能来自这位契丹大儒之谏言。再如，开国初期，征战频繁，所征服广袤国土当如何管理，尚无制度，确实曾发生过“烧杀掳掠、任意屠城”等血腥暴行。而在伴驾西征途中，耶律楚材便又以“自毁金盆”为喻进行了及时的谏阻。但更难能可贵的还是成吉思汗那超凡的统帅气质，一经踏出草原冲向世界便更加眼界开阔胸怀天下。几经大胡子的暗喻明点，顿时例下了一道与时俱进的诏旨：“不是汗廷的命令，不得随意征敛财物，死刑必须上报汗廷，违者处以极刑！”这可以说是翻天覆地的转变，从此耶律楚材的地位就日渐突显。只可惜传统守旧势力是如此顽固，而有历史成见的中外史家也大多只侧重笔伐早期的攻伐杀掠……史称耶律楚材为深入“漠北第一儒”，果然由于他的影响追随他而来的各族儒者也越来越多。相辅相成！从此儒家学说便得以渐渐传播于茫茫草原。而成吉思汗也深谙利用儒家的软实力，故而更日益突显了他的雄才大略。“从政以儒教”绝非妄言，这位契丹老夫子的故事，后面还要继续讲到。

丘处机（1147—1227），汉族，祖籍山东登州栖霞，全教全真派之第二代掌门人。深得老庄哲学的要义，尤对《道德经》更有精深的研究，并且是“儒道同源”的推崇者。自号长春子，信众尊称为长春真人。自幼学道，有关他的神话传说颇多，故到木华黎奉命治理汉地时，他已是闻名中原的“神仙”。史称，乃“骆驼将”扎巴尔向成吉思汗宣传和推荐的他，因而这位老道似也只能奉诏去拜见这位震撼世界的征服者。历时三年，方才追上正在西征途中的成吉思汗。1222年五月十五日，二人相见于今撒马尔罕郊外一座大帐里。其实，成吉思汗想要的是那传说中道家长生不老之药，但开口却问的是治国之道，谁料丘处机竟然直言回答道：“欲统一天下者，必在乎不嗜杀人。治国之方，以顺天爱民为本。”与耶律楚材宣扬的一样，成吉思汗似也只能改口坦求“长生之药”。没想到丘处机这次回答就更直白，竟曰：“世上本无长生之药，更无长生之人，只有益年益寿之法，其要以清心寡欲为本！”这曾使成吉思汗大失所望，但又不得不佩服这位道长的正直与坦荡。丘处机老实中显出了一身的仙风道骨，致使成吉思汗想通了之后更想与他畅谈。广纳“天人合一”、“顺天爱民”、“上善若水”等诸多道家思想，从中似乎理解了丘处机为何仅为给自己讲“清心寡欲”四个字，便可不顾老迈年高跋涉三年而来的目的。从此，再没有听到过成吉思汗提“长生之药”的事，反倒有史可查他开始考虑起对未来的安排……虽然说长春真人的出现并没有耶律楚材影响那么大，但中外史家对他此行均有很大篇幅记述。这不仅是将他作为一位古代的“和平使者”，而且也是为了突显成吉思汗征服方式的转化。丘处机回到中原不久便于1227年逝世了，享年八十岁，尚留下一篇七言绝句以供后人了解古代的草原，现全诗抄录于后——

极目山川无尽头，风沙不断水长流；
如何造物开天地，到此令人放马牛。
饮血茹毛同上古，峨冠结发异中州；
圣贤不得垂文化，历史纵横只自由。
坡陁折垒路弯环，到处盐场死水湾；
尽日不逢人过往，经年时有马回还。
地无木植唯荒划，天产丘陵没大山；
五谷不成资乳酪，皮裘毡帐也开颜！

此诗出自于古籍《长春真人西游记》，姑且不论其中谬误（如饮血茹毛）只供参考用。但成吉思汗确是在丘处机走后不久，便于1224年听耶律楚材之劝谏班师回到草原了。儒道同源的“顺天爱民”之说，确对他产生过很大的影响，而“清心寡欲”之言也确使他从此开始考虑草原帝国的未来走向。上述绝非虚言，细研《元史》之《太祖本纪》便可尽知其详。

邱处机

这就是古代马背民族“走出去、请进来”的成果……

太乙壁画

有史可考，从此成吉思汗竟有两年再没有亲自统帅出征。诸子诸弟都在遥远的东西两翼遥远的封国，身旁只留下一文一武帮他出谋划策。文的即契丹大儒耶律楚材，武的即忠诚无比的嫡幼子拖雷，他们已早成为草原汗国权力架构核心中的核心。还有一个人也必须提到，那就是已过十岁的忽必烈。由于伟大祖父对他的特殊钟爱常伴于圣驾身旁，故也常听到大人们议事，而只是没有发言权。再由于父亲拖雷和那“大胡子”由于志同道合相处得格外亲密，故也有的史家称“耶律楚材乃忽必烈儒学之启蒙导师”。

海纳百川，与时俱时，草原汗国到底走向何方？……

似乎翦伯赞先生所说的“大后台”与“冲向中原”那种磁石效应更强了，成吉思汗经过近两年的思考后，竟突然起兵要彻底灭掉仍偏安于甘宁一带的西夏王朝。难道这又是“只识弯弓射大雕”么？非也！此次重新转向中原显然与成吉思汗对未来的安排有关：荡涤北方汉地最后一个残存政权，然后再越黄河灭掉汴梁的后金王朝，统一长江以北的中原大地后，便是直指当时世界上最先进最富庶的地区——南宋的天下！目标非常明确：他要完成此前匈奴、突厥、鲜卑、契丹、女真等诸多北方少数民族未尽之志：一统华夏！然后，给子孙们留下个更美好更广阔的生存空间，以利他们再继续“海纳百川，与时俱进”地实现“长治久安”。

以“武功”为子孙的“文治”先奠定扎实的基础……

这一点只要详查《元史》，就可从成吉思汗临终时留下的“战略部署”遗嘱中初见端倪。总观上述，这位前无古人的征服者给后代留下的遗产确实是

丰富厚重的。既有地跨欧亚庞大的游牧帝国，又有海纳百川和与时俱进的伟大精神。但也必须指出，过于丰富厚重往往最后也能转化为难以负载的包袱。比如，崛起初期定立的世袭千户制、世袭执事制、世袭怯薛制、世袭的“大汗直辖与诸子诸弟分领复合体系”制等等，没有了成吉思汗那种至高无上的绝对权威，最终在转型期也会因利益冲突转化为一道道艰难险阻。

大有大的难处，登上巅峰后眼前往往就是低谷……

因为，除上述之外，成吉思汗的去世还埋下了个“承载着人类共有弱点”的可怕的隐患。这就是法国格鲁塞在其名著《草原帝国》中一针见血所指出来的：“成吉思汗为子孙们留下了地跨欧亚庞大的草原帝国，同时也为子孙们留下了无休无止的权力之争……”这的确也是个难以回避的要害问题。好在伟大祖父逝世时，忽必烈刚刚十二岁。虽然说他非常聪慧也深知祖父对未来的宏伟愿景，但尚轮不到一个孩子为此忧虑或置喙。

况且早有了既定的继承人，父亲还被公推为“监国”，而且耶律楚材也在汗廷中发挥着越来越大的作用。

少年不知愁滋味，小忽必烈擦干眼泪已在暗下决心！

翘首以望未来，只感到满目辉煌！

心中唯有圣祖遗愿……

御座上的成吉思汗

第四辑

【本辑提要】你可能以为，伟大的祖父去世后接着就该是杰出的孙子。其实不然，在此期间草原帝国还历经过窝阔台大汗、贵由大汗、蒙哥大汗以及乃马真与海迷失两位女“监国”的轮番执政。而少年忽必烈就突然变成了“政治牺牲品”，刚满十八岁便几乎陷入了“万劫不复”的灾难之中。而成吉思汗的宏伟遗愿也几近化为泡影，随之而来的竟会是守旧势力的复辟和历史的倒退。如不先理清楚这阶段混乱和复杂的情况，就很难理解忽必烈缔造大元王朝的艰难和必要性。往事悠悠，那么就从游牧帝国随后的几位大汗和女监国说起——

【窝阔台大汗与“异化的白鹿”】

窝阔台，成吉思汗的嫡三子，于1229年登基成为了“也客蒙古兀鲁思”第二任大汗。

前期的窝阔台大汗确是如史称的“睿智英明”，并以实际行动证明了父亲弃“幼子守灶”而选中他是绝对正确的。继位后仍在“武功”方面倚重幼弟拖雷，“文治”方面倚重耶律楚材，配合得相当默契，为实现成吉思汗宏伟的遗愿曾经是不遗余力的。仅从他严遵父汗遗嘱之“战略部署”，先后灭后金，镇南宋，饮马长江边等等，更可看出他曾是“全力以赴”的。

绝不是一开头就是个酒鬼……

再以他更加重用契丹大儒耶律楚材为例，似更突显了他的“政治谋略”是要比“统帅型”的幼弟拖雷“略高一筹”。早在等候“忽里台”贵族大会议决他何时登位时，窝阔台便听从了宠妃乃马真之策，开始亲近耶律楚材，充分利用他那满嘴“君君、臣臣、父父、子子”的唠叨。而这位契丹大儒也早就觉得这种“兄弟搭配”有悖于儒家治国理念，焉能就这样“君不君、臣不臣”长久下去呢？故“一拍即合”，随之便以“托孤之臣”的身份开始游说两方了。

好在这一切尚可视为正面的……

急于早日实现父汗遗愿，似无可挑剔。再加上拖雷相对年轻且又颇具草原般坦荡的胸怀，于是很快便被这位大胡子的一番宏论所打动了。如：不顾国家动荡便是“不忠”，不遵父汗遗愿便是“不孝”，不思手足之情便是“不仁”，不恤百姓的忧虑便是“不义”……总之，效果奇佳！在光明磊落的拖雷顾全大局之带头拥戴下，1229年窝阔台终于顺利地登上了大汗的宝座。但“从政以儒教”的耶律楚材却似乎仍嫌不够。当时远在钦察草原的老大术赤也已故去，他竟又动员老二察合台带头率领皇室宗亲行跪拜大礼。并声称：“宗王虽为兄，臣也！大汗虽为弟，君也！若按天地君亲师而论，合当跪拜如仪也！”察合台本来和窝阔台就是一党，当然会欣然允诺。只不过是掺揉了民族古俗：摘冠，解腰带搭于肩上，然后再跪拜行君臣大礼。拖雷也只好如此，以示臣服。似将草原汗国又向“礼仪之邦”推进了一步，似可无愧于圣祖成吉思汗在天之灵了。而窝阔台大汗也深感欣慰，望着匍匐在地的皇室宗亲文武大臣终于可以松一口气了。

随后对耶律楚材擢用也似正面的，积极的……

窝阔台正式登上大汗之位后，不但对幼弟拖雷更加信赖和尊重，而且也将耶律楚材擢升为“中书令”。依中原体制，当“丞相”用。并且在汗廷对臣从宣布：“今后凡遇军国要务，必须先交贤相议处之！”胸怀如父汗般开阔，难怪《元史》称其为“帝有宽宏之量、忠恕之心”。而耶律楚材受此重用，当然会更“不用扬鞭自奋蹄”了。

而“从政以儒教”，是他一贯坚守的原则……

一经施展，果然也真“政绩斐然”。比如说，窝阔台大汗执政初期，尚有惯于征伐掠杀的悍将别迭建言：“尽管我们征服了汉人，却毫无所获。汉人对国家没有用处，不如把他们连城池统统去掉。以让土地长起繁茂的青草，好让我们去放牧！”耶律楚材当即反驳说：“怎么能言留之无用也？以仁术而治之，每年可得税银五十万两，帛八万匹，粮食四十余万石，足够南下灭金之用。放牧所得可比乎？”窝阔台大汗将信将疑，但尚且能授命他分管中原“以仁术而试之”。翌年，耶律楚材伴驾再到云中（今山西大同），见到果然如耶律楚材所说。窝阔台大汗高兴之余竟惊讶地问道：“你每天都在我的身边，怎么能弄来这么多白花花的银子和谷物马匹呢？”耶律楚材答之曰：“孔孟之道……”因汗廷确系缺少这类人才，后来窝阔台大汗竟恩准了耶律楚材所倡导并主持的“戊戌选士”。中选者四千余人，还有千余名儒士由此脱离了驱奴之籍。而在蒙古大军南征灭掉后金王朝时，也是耶律楚材援引前例力谏窝阔台大汗切勿屠城。极论“以仁治国”，遂使在大梁避难的一百四十七万庶众免遭惨祸。其时，窝阔台大汗尚能从谏如流，兄弟间也能齐心合力。均以成吉思汗“入主华夏”的弘誓大愿为目标，故对以儒家理念治国之方在高层尚未遇到过多抵触。那真是一段“前程似锦”的时期，只不该在满目辉煌中却早有人暗中操盘正在策划一场阴谋。

太宗窝阔台

蒙古国邮票上的窝阔台

窝阔台汗国银币

目标对准的竟然是大汗的亲兄弟、杰出的军事统帅拖雷……

而又有谁能想到，这只伸出的黑手竟来自宫帐大内深处，而且尚是一只柔嫩纤细的女人之手——此人即史书中所称的“六皇后”脱列哥娜。因首先为窝阔台生下三个嫡子，故在六位“哈敦”中后来居上，被赐封为乃马真皇后了。史称其“面貌妖冶、行事阴柔、久掌大内、累干朝政”，但确也为窝阔台大汗“终成大业”立下了汗马功劳。而且从客观上来说，她也绝不乏超常的狡黠和胆识，例如就是她建议继续重用儒臣耶律楚材，利用他的“君君、臣臣、父父、子子”以巩固汗位的。而此刻眼见得丈夫“功成名就”，她就更加紧了扬“文”贬“武”的步骤：不断向窝阔台大汗诬告拖雷有种种“图谋不轨”之迹象，时刻向窝阔台大汗提醒时下汗廷似“只知有其弟而不知有其兄也”！且不说枕旁风是如此“震聋发聩”，而事实上仿佛也确是如此。也难怪！拖雷越是不提“幼子守灶”，越是只顾维护汗兄至高无上的权威，人们便越加惋惜，越加对他充满了敬意。尤其在统帅大军围困汴梁即将彻底灭金时，他本可继续攻城一举大获全胜。但他却围而不打只等汗兄到来下令破城，竟把灭金之功全部拱手让给了新登大位的汗兄。致使他的威望在马背民族中日隆，甚至在这游牧帝国里私下还进而有了“还是祖制有道理”等种种感慨。更何况！拖雷受封的千户最多、受封的部队最多，而且长期受命统领怯薛中军其中必定亲信也最多……为此，“六皇后”的谗言竟然在窝阔台大汗心目中渐渐发酵，防范也渐渐加严。初尝至高无上独享尊荣的滋味儿，似也只能放手任“六皇后”暗中操盘以对了。窝阔台大汗一开始似乎只同意将幼弟的长子蒙哥入质，但后来为彻底除掉“幼子守灶”、“受封最多”等诸多隐患之源，似也只能舍弃手足深情，睁一只眼闭一只眼放任六皇后“不露痕迹”地去“一了百了”了。

最终，一位蒙古民族杰出的军事统帅就这样难逃噩运……

虽历史总是为尊者讳，但拖雷之死依然是不明不白。相关的故事后面还会详细讲到，这里只能先告诉你忽必烈从此便似堕落入了劫难的深渊。有史可考，为突显窝阔台大汗的“无比英明”，稍后“六皇后”又开始削弱“贤相”手中的权力了。但在挚友家族危难时刻，这位“从政以儒教，修身以佛法”的契丹大儒还是挺身而出及时干预了。当然，灭金归来他已逐步被边缘化，无力再“从政以儒教”，但尚可借机用“修身以佛法”来试图阻止事态的发展。他对拖雷之死一直心怀莫名的愧疚，故而急舍孔孟之道，有机会便向大汗进讲佛家的“善恶轮回，因果报应”之说，致使窝阔台大汗夜夜噩梦不断，宫廷内萨满巫师天天作法不停。再加上1236年钦定的汗位继承人——其最挚爱的皇三子意外死于征南宋途中，这更促使他精神日渐崩溃，最终导致了他在问政上的一蹶不振。这也足以说明窝阔台大汗本性仍不失善良，起码还保留着应有的负罪感。绝不像后世某些帝王级人物，祸国殃民之后还死认自己崇高无比。总之，在深宫的一片惶恐之中，拖雷的遗族总算逃脱了被柔性吞噬的命运。只不该窝阔台大汗从此竟处理朝政越来越少，相反，酒却越喝越多。

与此同时，“六皇后”也在日显她那“庐山真面目”了……

有充分的史料可作证明：原来这个女人策划的一系列阴谋绝不仅仅是针对拖雷和耶律楚材，甚至也包括自己的丈夫和儿子在内。窝阔台大汗的纵酒沉沦就是她又一大成功的“杰作”，目的似在于由自己彻底操控整个庞大的游牧帝国。弄权可以使人成“瘾”，而权欲则更可扭曲人性。但竟然发生在一个娇美纤弱的女人身上，确实令人有些匪夷所思，故后世人便有了种种评说。图腾学家解释为：这是一种“白鹿向狡狐异化”的现象。人类学家分析为：这是一种“母系社会残存影响”的余音。但她却靠着“放任暴敛”拉拢封国诸王，靠着“宽纵滥赏”结交传统的守旧势力，还是一步步接近了权力的顶峰。

然而，窝阔台大汗总归还有清醒的时刻……

但“六皇后”也依然“锲而不舍”，直到有一天为大汗作法的老萨满也突然暴毙了。据说，那老萨满临终前已浑身溃烂，死时曾直瞪双目恐怖地呼叫：“圣祖啊！不是我……拖雷合罕！饶命啊……”说来也怪，亚洲的原始宗教大都与佛教很容易相融相通的。从此窝阔台大汗便隐居深宫再不露面了，却为了老萨满这令人惊悸的呼叫竟在汗都哈尔和林建起了十二座佛教寺庙。但老巫师那魔鬼般的身影却再难挥之而去。往日的雄心壮志顿时灰飞烟灭，暴饮中他竟绝对禁止他人提及儿时，提及兄弟，尤其是提及母亲……这或许是一种草原男儿善良和淳朴本性的流露，只不该反倒被贪权成瘾的乃马真皇后充分利用加以发挥了。她为他带来了从呼罗珊俘获的异国美少女法提玛，挑逗他酒后纵欲干脆不理朝政。她为他引进了西域色目人奥都剌合蛮充任理财官，彻底陪他暴饮无度还授之以“房中之术”。最后窝阔台大汗发展到干脆放手“六皇后”独掌朝纲，竟听任其把耶律楚材和一些正直的蒙古大臣全排挤出了汗廷。昏聩到同意奥都剌合蛮“以二倍之价买断中原税收”，就连呼罗珊美少女法提玛也成了宫廷红极一时的风云人物。似为赎罪，似为消灾。宽纵滥赏成了时髦之风，致使国库空虚下属封国大行其私横征暴敛。汗廷内外一片混乱，成吉思汗那伟大遗愿也跟着眼看就要化为泡影。

最后，窝阔台大汗终于死在“酒海孽澜”之中了……

然而即便如此，总观窝阔台大汗的一生，他仍不失为一位颇有作为的君王。武功方面如：灭后金、镇南宋、固中原、图西藏，组织第二次西征等等。文治方面如：建新都、设驿站、改赋税、赦士人、重汉地、勤纳谏、废止一些原始野性的攻掠方式等等。尤值得一提的是，在第二次西征组织“长子从征”时，他竟能任命长兄术赤之子拔都为统帅，而让自己的长子贵由听命于他的指挥。当二人发生冲突时，他又将己子交拔都处置。并下诏斥责贵由，罚其“立功自赎”。胆略和风度，由引可见一斑……但毕竟他清醒的时候居多，所建功业至伟。难怪当代史学家李治安先生依然这样评价他说：“在对待中原文明和改变汉地统治方式上，窝阔台汗比起乃父有了较明显的进步”，“有条件地保留了中原农耕文明。”或许这正是成吉思汗的初衷，子孙只不过依遗嘱而行罢了。

只可惜！他后期对幼弟那“一失足成千古恨”……

随之，乃马真皇后也终于从后台走向前台，在顽固守旧势力的拥戴下登上了“监国”的执政宝座。并且一当就是五年，成为游牧帝国第一位吕后式的女主。而她却还嫌不够过瘾还嫌短，在专权乱政之余竟又打起小孙孙的主意。原来，在钦定的接班人阔出伐宋意外死亡后，窝阔台大汗生前爱屋及乌又曾继续钦定了阔出之子——自己的小孙孙失烈门——为汗位继承人。现已日渐长大，盼其早登大位的舆论也日盛。“六皇后”深知，如此下去必将影响自己的权位，小孙孙的母亲将代自己而“君临天下”。为此她竟视小孙孙与其母为“劲敌”，欲谋改立对自己依赖极深的一臂痉挛的长子贵由为汗。她本以为此举可使自己长期“垂帘听政”以继续掌权，谁曾想却因贵由在“长子从征”中曾受过统帅拔都的惩戒而受阻。困难重重，就连推举新汗的“忽里台”大会的贵胄们也难召集起来。

而“六皇后”也果不愧是一位善弄权术的阴谋家……

似她早已懂得：在权力面前没有永远的朋友，也没有永远的敌人，为此她又转而去拉拢曾视之为大敌的拖雷遗族。这不仅因为拖雷的吉里吉思封地上依祖制仍保持着强大的实力，而更重要的还在于拖雷的遗孀竟和拔都的母亲是亲姊妹。为此，她首先以“监国”的身份恩准放归拖雷入质汗廷的长子蒙哥，随后的交换条件便是由蒙哥前去说服拔都前来推举贵由为汗。须知，除亲上加亲之外，二人在震撼欧亚的第二次西征中还是配合相当默契的战将与统帅。不但大败日尔曼与波兰联军于多瑙河畔，而且也打出了生死之交与永结同心！

得其二人即得天下，贵由的汗位全在此举了……

于是便层层加码，加大封赐，从封地、千户、部众、弓马、粮秣直到主管汗廷军事的顶级官职等等均可讨价还价，直到达成这笔“政治交易”。忽必烈显然沾了长兄的光，不仅彻底摆脱了困境，而且也开始受命出没于汗都哈尔和林。

这笔政治交易终于达成了！虽拖雷的诸子又得以重新崛起，但深宫大内里那位精于谋略的女监国却在窃窃暗笑。她早作好了准备，只要一达目的，她就将重演除灭他们的父亲和放逐耶律楚材的故事。

这绝对有可能！因为她尚有许多死忠的亲信，并且还掌控着上万人的精锐大中军——“怯薛”！

1246年，贵由终于登上了大汗宝座，是为第三任大汗。

游牧帝国，前途变得更加莫测……

贵由汗

【贵由汗：一页相对灰暗的历史】

对这个名字，除史学专家外大多数人肯定都感到陌生……

也难怪！贵由汗不仅没有祖父那样的雄才大略，没有父亲那样的前期功业，甚至无法与任何一位远在汗廷以外的王兄王弟相比。但这又该怨谁呢？说白了看，他就是凭着这份缺智少谋、反复无常、永无主见、尚需扶持等等“综合素质”，而被他那身为“监国”的母亲“破格启用”的。而那“异化了的白鹿”现又“转型”为幕后操盘手，暗中窥视着汗廷上下的一切异动。

但愿永远“垂帘听政”，重写除灭对手的新故事……

此时，虽然成吉思汗的四个嫡子术赤、察合台、窝阔台、拖雷均已先后去世，但他那第三代的嫡孙们却仍不敢对这位久掌大内的老鹿怪掉以轻心。就连重振家威的蒙哥也绝不愿冒险轻易涉足汗都哈尔和林，如遇汗廷召唤往往也是派大弟忽必烈前往周旋应对。好在忽必烈如落难公子初获救似的，身上竟无一丝王者之气，总算唯唯诺诺每次都能糊弄过去。即使如此，远方的拔都也经常派人快马前来提醒，万万不可放松警惕！总之，这笔政治交易虽收获颇丰，但仍让人在“六皇后”“老谋深算”的阴影下活得提心吊胆忐忑不安……但谁料就在这时，却突然传来一个令人意外的消息：某夜，这位令人畏惧的老太后竟“寿终正寝”于大内深宫了！证据之一便是整个万安宫内均陷入一片悲痛欲绝的号啕声中。

但哭声越大，便越显得蹊跷……

虽然正史均为尊者讳，大多将“六皇后”神秘之死亡定论为“终了心愿，遂撒手人寰”，但从诸多中外史料中寻找蛛丝马迹，似仍可隐约若见另一个女人的身影：这就是贵由汗登基后新封的首席大皇后海迷失，一直伴随于婆婆身边并亲历她如何擅权乱政的见证人。海迷失佩服她，敬畏她，并且也曾努力学过她……仅此而已，除此之外，便没有更多的史料来破解“六皇后”怎样匆匆而去之谜了。

也许是“螳螂捕蝉、黄雀在后”？只可悲也太迫不急待了……

但对于整个游牧大帝国来说，这也可算得一场由女人专权所造成噩梦的结束。虽然“弑母”的传说越来越多，但人们却怀着一种被“解放”的心态又对新汗寄以更大的期望。而随之竟也出现了奇迹，在这“一页相对灰暗的历史”上突然也真出现了几个闪光点。大出人们意料，计有下列几件“大快人心事”：

其一，继续消除隐患——

贵由汗在真正成为名副其实的汗国最高统治者之后，首先就是对母亲“六皇后”留下的亲信人物加以清除和严惩。第一个便对准了从呼罗珊俘获的美少女法提玛，直指她为“秽乱宫帏，陷害忠良”之首恶！背后，明显地带有

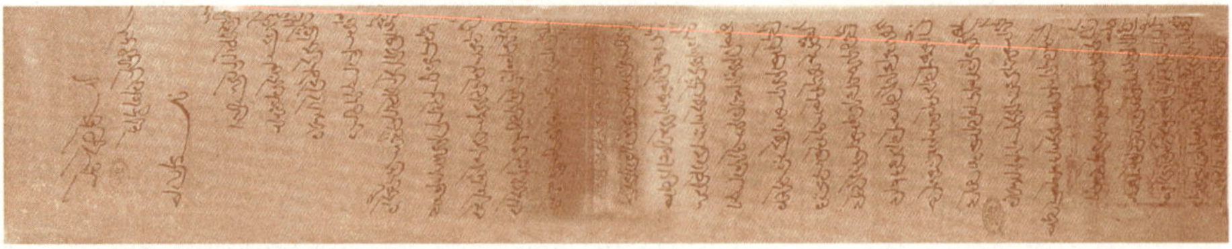

蒙古汗王贵由致欧洲教庭的信

女性色彩，这说明海迷失皇后已取代了婆母的角色开始登台亮相了。唯恐其再以“美色惑主”，故怂恿贵由汗对其首先下手。而法提玛也确实早已引得“朝野共怒”：不仅凭其“狡黠和干练”成为了“六皇后”的私密近宠，不经她往往很难办理任何汗廷大事。而且勾结另一宠臣奥都剌合蛮插手政务,促使“六皇后”对一些忠直之臣（如镇海、耶律楚材等）先后进行了罢黜和迫害。仅以契丹大儒为例，不但将其贬出汗廷使之忧郁而死，而且在其死后仍诬告其为“先后为相近三十年，天下一半钱财尽入其家矣”！致使“六皇后”在其刚死便下令抄家准备籍没其产。虽然后来仅抄出“阮琴与书卷”而已，似也只能不了了之，但“六皇后”却对二人更加恩宠……故对法提玛的审讯，在汗廷上下大得人心。随之贵由汗在海迷失皇后督促下，下令用棍棒逼其承认罪行。果然立竿见影，伏罪后便又下令将法提玛裹之于大毡内投之于大河波涛中淹死。而对“六皇后”另一男性宠臣奥都剌合蛮更绝不手软，也是棍棒之下令其坦承“祸乱朝政，窃空国库”等诸多罪行，随后也以更残酷的手段将其处死。当然会更引得汗都哈尔和林“满城尽是喝彩声”，但也有人开始怀疑背后似有高人指点。谁呢？显然不是指海迷失。

其二，着手重振朝纲——

重振朝纲？似乎和这位新任大汗的“综合素质”极不相匹配。从小靠母亲，母亲死了又靠老婆。而只靠这两个女人，恐怕就是再狡黠也不会想到“重振朝纲”。据史载，此时已有一位“怯薛”高级将领转而矢忠于新汗。此人名叫野知吉代，曾对贵由汗建言：“蒙哥虽曾入质，但与大汗相伴长大。若倚重于此人，兼可使拔都难以妄动！”贵由汗听后“纳之”，但这仍不配称“高人指点”。况且蒙哥也只顾了在吉里吉思大草原上“厉兵秣马”，竟只打发了大弟忽必烈应召来到汗都。综合各种史料可作以下判断：此时的忽必烈已一扫浑身晦气，早在自己的封地里就试着纳儒习儒。似已把伟大祖父对自己那辉煌的预言忘了个一干二净，只想着先试试这些初学到手的新鲜玩意儿……但这一试不要紧，他竟莫名其妙地成了那幕后指点的“高人”。此后，贵由汗那为巩固汗位和树立绝对权威的“三把火”也开始点了：一、重新启用曾被母后罢黜的忠直之臣，如镇海、亚拉瓦赤等；二、拘收在“汗位空虚期间”诸王擅发的牌符命令；三、严以“札撒”为标准，痛斥了相关宗亲贵胄的不法行为！真可谓项项击中要害，“三把火”竟烧得人们顿时又想起了成吉思汗那宏伟的遗愿。不仅朝纲得以初步整顿，而且贵由汗在人们心目中的形象也大有改观。

其三，杀一儆百，以示权威——

重振朝纲是取得了一定的效果，汗廷的文武百官也开始规规矩矩各行其职了。但力度似乎还不够，对于那些远在各自封地里的宗亲贵胄还是影响甚微。早被“六皇后”为收买人心骄纵惯了，哪能再受这位一臂痉挛新汗的狗屁约束？多亏那幕后的高人又及时给予指点了，提醒他必须严惩大贪以示至高无上的权威。却谁料海迷失皇后偏要“杀一儆百”，以报当年汗位差点被夺之恨！为此，一件旧案又被重提了，竟然也和“幼子守灶”的古俗有关。原来，成吉思汗的幼弟斡赤斤·铁木哥在窝阔台大汗暴饮猝死之后曾言称：“得如此下场乃违背祖制所致，当从我以正之！”遂率军前往窝阔台大汗所遗“斡耳朵”宫帐附近，欲凭武力“染指汗位”。谁料“六皇后”早有防备，一面以“怯薛”中军严阵以待，一面遣使者前往“卑词质问之”。软硬兼备，很快就迫使铁木哥“悔恨其为”而率军匆匆退去，此事也就不了了之……而现在贵由汗却偏要旧事重提，将这位早已老迈年高的爷爷辈的人物“捉拿归案”。由从弟和悍臣严加审问，最后依“札撒”律而逼他自刎“谢罪”。歪打正着，此举在广袤的草原汗国里引起的震动极大，至此很少再有宗亲贵胄敢藐视这位一臂痉挛的新汗了。甚至还有人从中看到了游牧帝国复兴的希望，竟对他开始欢呼“满达图改”（万岁）了。这个“指点”实在是显得有点混乱，到底该归功于谁已“无史可考”了。但确有史可查，在此期间汗廷上下均改称忽必烈为“贤王”了。

谦虚使人进步，骄傲使人落后！

谁料在七百多年前，贵由汗竟提前也犯了“骄傲”这种老毛病。在一片“歌功颂德”声中，“装样”还不到半年就再也支撑不下去了。飘飘然地，竟真以为自己“圣明无比，前无古人”了。从此，便开始自以为是、颐指气使，逐渐暴露出他那“综合素质”里所潜藏的各种劣根性。更可悲的是，那第二次西征中所留下的那屈辱心结已使他再难忍耐，根本不顾什么“本是同根生”，便已秘遣心腹重将野知吉代远赴中亚掌管镇戍波斯的“探马赤军”（如抗日时期的皇协军），准备去“清污”了。几乎与此同时，他还有另一败招：干涉察合台封国的王室内务，破坏祖宗成吉思汗留下的“大汗直辖与诸子诸弟分领”的复合体系。察合台遗命将王位传给孙子，他却偏要把王位转让给与他关系密切的另一个儿子。致使好好的一个封国从此埋下了战乱的祸根，难怪又有臣众私下里改称他为“昏君”了。而他却浑然不知，从此竟更加穷奢极欲、纵情酒色，很快便使自己果真“名副其实”了。

原形毕露！最终走上了自取灭亡之路……

1248年初，贵由汗为了“一雪前耻”，以证明自己的“一贯圣明”，一场蓄谋已久不计后果的险恶军事行动就要开始了。目的只有一个：对“长子从征”中的统帅拔都发动突然袭击！出其不意、攻其不备，并杀其人、灭其族、荡除其封国，彻底以报当年“饱受屈辱”之“深仇大恨”！而且当应指出，此次行动策划还是相当严密的，特派野知吉代前往波斯统帅“探马赤军”就是计划组成的一部分。其实还秘密带走了精锐的“怯薛”卫队之一半，现已绕道于拔都封国背后只等着“两翼夹击”了……再看贵由汗这方面的出发却保密性极强，竟病歪歪地声称自己这是要去原有的封地叶密立（今新疆额敏）去“疗养”。表面一丝痕迹不露，其实两翼夹击之势业已形成。而拔都此时正足疾复发，且又是个不善心计之人。一触及发，后果不堪设想！

这时又多亏了一个无比圣洁的女人……

如果没有她，历史很可能将要重写。只要这次内战一起，无论谁胜谁负，成吉思汗所缔造的地跨欧亚的游牧大帝国必然分崩离析，他那临终的宏伟遗愿也必然跟着灰飞烟灭！有关详情随后还要讲到，但她毕竟只不过是个女人……而现实中那借疗养为名的贵由汗，却仍在统帅着更多的精锐铁骑悄然行进着。当留在汗都的臣众逐渐明了他的真实意图后，均认为各封国闻之为自保纷纷必反。大祸将至，眼看汗国的末日就要临头了。

但没有！贵由汗竟突然莫名其妙地死了……

机密行动戛然而止，使人们枉担了一场虚惊。虽仍属爆炸性新闻，但没有金戈铁马的惨烈交锋，没有悍将猛兵的恶斗厮杀，却似乎死得也太平淡无奇了。时间：1248年三月。地点：横相依尔（今新疆青河东南）之草原上（详见《元史》之《定宗纪》）。

就连史家也大失所望，似也只能曲笔以记之……

但众说纷纭，莫衷一是，竟使得真相更加扑朔迷离。有的史家称：系病

1235年在漠北建立的第一座都城——哈尔和林

重致死；有的史家说：系中毒而亡；有的史家称：系一位荆轲式的蒙古义士行刺并与之同归于尽；有的史家说：系被拔都合罕突然杀出的大军惊毙于马下……总之，绝没有留下任何惊天动地的战绩，反倒是就这样糊里糊涂地匆匆一死了之。

一代不如一代，但国不可一日无君……

汗廷上下死寂得仍令人可怕，似战战兢兢正等待着又一次吉凶莫测的汗位更替。臣众们均聚焦于海迷失皇后，只盼着这位大汗遗孀能够幡然悔悟。却谁料，丈夫一死，海迷失皇后竟更加“权”令智昏，独崇萨满教，仅靠着几个巫师就想永霸汗廷独掌大权。而其有婆母乃马真皇后的野心却无婆母那种魄力和手段，首先便遇到互争汗位的两个儿子之激烈的反对和挑战。忽察与脑忽分别新建了自己的汗府和汗廷，公然叫板母亲，致使汗都哈尔和林一时间出现了汗权“三足鼎立”的局面。纷乱中人心惶惶，政出多门更使得群臣不知该听谁的是好。随之，亲信野知吉代干脆溜到波斯真的去就任“探马赤军”之统帅，只留下一位佞臣巴拉押宝似的尚留在海迷失身边。“怯薛”将领游走三门早已人心涣散失去战斗力，而宗亲贵胄却正好借此滥征赋税目无国法。忠直大臣镇海累谏海迷失皇后当应扶正祛邪以国家为重，但海迷失不仅“屏而不纳”，反倒如史所载竟以“抑沮贤良为乐”。短短时间内，还是继续为非作歹把一个偌大的蒙古汗国拖向了灾难的深渊。

国之命运堪忧，民族命运堪忧，但路在何方？……

似必须首先掀过这“一页相对灰暗的历史”，以证明腐朽的窝阔台家族已无力再扭转乾坤！

寄期望于家族更替，以维护圣祖成吉思汗的伟业！

而早有一个女人已在远方精心规划着未来——

她的名字就叫：唆鲁禾帖尼……

【圣洁的母亲与一个家族的命运】

为什么不直接叙述第四任大汗的产生，而偏偏要从中插此一笔呢？说白了看，不了解她的高贵与圣洁，柔韧与坚强，远见与卓识，就很难理解庞大的游牧帝国如何能“劫后重生”。而与前面两个擅权乱政的女人相比，没有一点异化，她才称得上传说中那“圣洁的白鹿”。

况且，她还培养出四个关系草原汗国未来的儿子……

这就是前面所提到的那位击溃王罕部而掳来的少女，杰出军事统帅拖雷的正妃，忽必烈、蒙哥、旭烈兀、阿里不哥的生母，广受马背民族推崇和爱戴的唆鲁禾帖尼。但如果只看结果的辉煌而不谈当日的屈辱和灾难，似仍很难理解她现时对窝阔台家族发起的挑战。

那就必须先从拖雷之死说起——

《元史》显然是为尊者讳，记载此事仅有寥寥的数十字。但从冷漠的字里行间，却仍可窥视到当时的情景：灭金凯旋已近漠北，窝阔台大汗竟突发重病倒下了。战马驻足，扎立在荒原上的汗王宫帐笼罩在一片愁云惨雾之中。铁骑垂首，将士噤声，唯闻夜风幽灵般的在旷野里呻吟徘徊。蓦地，穿透云隙闪露出一弯冷月，随之便闻阴森森的法鼓敲击声传来。谁都明白，这是随军萨满在为大汗祈福消灾作法了。果然，宫帐内烛光摇曳、盆火熊熊，老萨满穿着原始宗教那充满野性之兽皮缀连的服饰，正在如痴如狂地为重病缠身的大汗请神驱鬼。窝阔台气息奄奄，宫帐内怪影幢幢，似也只能进而用金碗盛水念过咒语来洗涤他重病之身。即史称“巫觋祓除衅涤之水”，这时已有诸多悍将泣告“愿替主死”，而唯有襟怀坦荡的拖雷焦急地拨开众人，猛捧起那碗咒水诚挚地祷告说：“长生天在上！大蒙古国离不开善良的窝阔台大汗，以弟代兄，要召就把拖雷召去吧！”说毕，竟毅然仰头把那碗涤病的咒水全部喝下。手足之情，君臣大义，果然感天动地产生了“奇迹”：没几天窝阔台大汗便豁然全愈，而拖雷竟也果真被长生天“召”将去了。死时年仅四十。噩耗传来，唆鲁禾帖尼的悲痛欲绝可想而知，史称“暴雨连绵三日，苍天与之共泣”。此时忽必烈年方十八岁，三日后也曾悲愤地问计于母亲，谁料得到的竟是母亲木然地回答：“继续忠于大汗……忍耐、等待……”可见唆鲁禾帖尼已预知灾难还会接踵而来，为了保护四个儿子正在含泪想着应对之策。

果然，随之便有了那“削兵激变”之举——

似乎是因为在拖雷死后他那封地显得太过于“平静”了，反倒激起了汗廷的更大忧虑。除了在整个汗国继续大力表彰拖雷的“精忠报国”外，私下里却遣使下诏将其遗部二千骑转赐给自己的次子阔端。明摆着是作为一种挑衅，意在激起拖雷部众的匆忙反叛。寻找借口，以求挟灭金之余威一举除掉这块心病。却谁料唆鲁禾帖尼竟“力排众怒”，谦卑地当着汗廷使者对众部将说：“军队和我们，本该就是同属大汗的。大汗知道他在做什么，我们要服从大汗的命令！”以上均可见于波斯古代史学家拉施德所著《史集》之中。好一个“大汗知道他在做什么”，其中显然在暗示有悖于圣祖遗规。窝阔台大汗一时竟进退两难了。多亏乃马真皇后及时又献上一条“一劳永逸解决”之策。

最后一招，竟会是由“削兵激变”突然转向“柔性吞噬”……

这一天，窝阔台大汗似突然体察到“遗孀的苦楚”，特命亲信重臣远赴吉里吉思下了一道“抚慰”性的诏旨。声称：手足情深固然难忘，但遗孀凄苦也须体察。为万全计，故遵祖制劝谕唆鲁禾帖尼王妃再嫁于皇长子贵由……

好像大汗顿失男儿强悍，倒多了一份女性的温柔。难怪唆鲁禾帖尼接旨后一时双手颤抖面如死灰，绝望之情霎时便笼罩了全身。可怕的关怀！要知道，这一方面并不违背草原上的古俗古风，弟娶寡嫂、子纳父妾是天经地义的；而另一方面只要接了这道诏旨，那拖雷家系也就永劫不存了。因为她不但要去给过去的汗兄当儿媳，而且“子随母走”，孩子们也只能给人家当孙子去了。残酷的皇族内争，柔性的斩草除根！但这时唆鲁禾帖尼却在家臣家将的一片慌乱之中渐渐恢复了常态，竟气定神闲地对使臣俯首而言道：“我怎能违背大汗的诏旨呢？”只不该尚未等使臣来得及喜笑颜开，便听得她又继续说了下去：“但我有一个愿望，要抚养这些孩子，把他们带到成年和自立之时！”无须再多说下去！再明显不过了，这已是对大汗给足了面子的“婉言谢拒”。有礼有节，致使一皇一后闻后也手足失措了。据说，随后乃马真皇后为此曾还要亲自出马逼她就范，却未料唆鲁禾帖尼闻讯后却先发制人地派人宣示说：“不劳大驾，我对拖雷的忠诚和责任是不可更改的。为了圣祖成吉思汗的这几个亲嫡孙，我会将皇族荣誉看得比自己生命更重！”话中有话，似表明不惜一死以呈心迹了。而拖雷忠君之死已被塑造得光芒四射，再加上耶律楚材那“从中作祟”，窝阔台大汗在一片惶惶然中似也只能叫停“关心遗孀”了。

成吉思汗祭祀图

往事悠悠，不堪回首……

而上述一切，也在拉施德的《史集》中均有

记述，并且为此他还在书中对唆鲁禾帖尼发出了这样的感叹：“她极为聪明能干，高出于举世妇女之上！她具有最充分的坚定、谦逊、羞耻心和贞洁！”这位生于波斯的犹太史学家曾在蒙元时期先后为臣，他的这种评价很可能代表了当时蒙古民族普遍的看法。而事实上也确实如此！她不仅忍辱负重地为拖雷维护了家族的荣誉、保存了一定的实力，而且还在悉心地教育着每一个儿子。据史载，她曾为幼子阿里不哥远聘中原名士李槃为“讲读”，很可能这就是造就了忽必烈“习儒纳儒”的源头。极具远见卓识，可称在宗亲贵胄家引进儒家治国理念之开先河者。但又不拘一格。当长期入质汗廷的长子蒙哥得以放归后，她又充分发挥他“西征英雄”的作用，深知崇尚武功的部将们急需一位经验丰富的统帅，便及时当着众人之面将长子蒙哥推举为“一家之主”。自己虽隐退幕后却仍发挥着超常的凝聚力，静观着汗廷的风云变幻并适时给予指点。

“继续忠于大汗……忍耐、等待……”终于要到头了……

不可否认，唆鲁禾帖尼对窝阔台家族是积怨甚深。不管是不是“六皇后”这个女人在幕后操盘，她都认为窝阔台大汗及其家族是不可原谅的！忠于和忍耐只不过是为了等待，而忍耐和等待却有着更宏远的目标：那就是不能让丈夫白白死去，她要让儿子们继承父志进而去实现圣祖成吉思汗的遗愿！1248年，当她从耶律铸——耶律楚材之子、宫廷御用“必阇赤”——那里得到密报，预先得知贵由汗正在暗中策划剿灭拔都及其封国时，她便当即看出“家族更替”的时机已经到来。随之，她又当机立断地把诸子召集于自己的寝帐，晓以圣祖遗愿及汗国未来等诸多大义后便当即分付重任：一、命长子蒙哥率亲随数名连夜出发、严格保密，不惜累毙携带之骏马，也必须提前赶到拔都营地，亲口告知贵由汗阴谋并嘱之防备！二、命次子忽必烈“悠然”返回汗廷，继续扮演“贤王”角色。静观其变，以游走于宗亲贵胄之间，不惜重金提前“广结善缘”！三、余下两个儿子与自己一起坐镇吉里吉思封地。加大封赏，继续抚军，团结众将，厉兵秣马！

难怪贵由汗尚未与拔都交锋就会神秘地不战而死了……

随后所发生的一切也果不出唆鲁禾帖尼的预料：海迷失皇后的继续擅权

乱政，两位皇子争位的政出多门，汗廷内外一片混乱，朝野上下人心惶惶，庞大的游牧帝国似就等着崩溃了。而此时忽必烈在汗都哈尔和林的“广结善缘”也在发酵，就连宗亲贵胄间也开始出现了“家族更替”之类的窃窃私议。而在此刻的唆鲁禾帖尼却显得格外冷静祥和，只允许长子蒙哥公开去探视生病的拔都。仿佛目的也只有一个：继续加深兄弟之情、将帅之情，还有母亲间那姊妹之情带给两大家族间的特殊亲情……等到海迷失皇后和两位昏聩的皇子惊觉之后，似乎已经无力再威慑和掌控这两个强大的皇室旁系家族了。慌乱中似也只能急病乱投医，竟又重新推出当年窝阔台大汗钦定的“汗储”皇孙失烈门来“抵挡”。显然是想以“正统”为旗号，先把汗位稳固于窝阔台家系然后再说。除此而外便是遣使游说于拔都和拖雷双方，极尽挑拨离间之能事，并欲以重赏厚封力促两家尽快分化瓦解。

但唆鲁禾帖尼闻之竟祥和地“笑而待之”……

也难怪！拔都是个极重信义的人，在整个马背民族间享有极高的威望。为人坦荡、个性豪放，作战骁勇，乃一位极具人格魅力的杰出军事统帅。如果他会受重赏厚封的诱惑，早就借贵由汗之死亲率铁骑趁势杀向汗廷问罪了。放着大汗的空位都不要，又有什么能动摇他重振圣祖成吉思汗伟业的决心？果然，就在海迷失带着两个败家子又在做梦时，1249年，他就于自己的地处今新疆的疗养地召开过一次“忽里台”贵族会议。据拉施德在《史集》中记述：面对着来自汗国各地的宗亲贵胄，拔都第一次公开提出了“圣祖大业为重，当择贤能子孙”之“家族更替”主张。并无视海迷失皇后派来的亲信巴拉以重臣兼暗探的身份与会，更进而直截了当且又庄严地“点名”宣示了自己的看法：“在所有的宗王之中，只有蒙哥具备一个大汗所必须的秉赋和才能。因为他见过世上的善恶，尝过一切事情的甘苦，不止一次地统帅军队到各地作战。并且才智出众，在大汗和将领战士的心目中，都受到了最充分的尊重。按照蒙古人的习惯，父位是传给幼子的。而蒙哥正是圣祖幼子拖雷之子，因此他具备登临大统的全部条件！”又是“幼子守灶”权？随之巴拉便也公然跳出以“窝阔台大汗已钦定皇孙失烈门为储”之“正统”论来抗衡。而拔都却丝毫不为所动，最终在双方力辩后竟“一锤定音”称：“我已向圣祖成吉思汗的后妃、窝阔台大汗的后妃和儿子们、唆鲁禾帖尼王妃及其他宗王和将领们，派去了紧急使者加以说明：在所有的宗王之中，只有蒙哥耳闻目睹过圣祖成吉思汗的札撒和诏敕。为今之计，要重振大蒙古国声威，大汗之位非蒙哥莫属！”

但唆鲁禾帖尼虽身在远方却知道：问题并不这么简单……

要知道，海迷失皇后和那两位败家子虽已“人心尽失”，但毕竟尚掌控着窝阔台大汗留下的御玺汗印足可以号令天下。且不说可用其重赏厚封再拉拢其他封国诸王，就单论不盖御玺就难召开名正言顺的“忽里台”确认新汗会议也是一道难题。果然，事态的发展又变得是那么吉凶难测，就连蒙哥返回草原母地也需拔都派弟别尔戈领兵护送……谁料此时的唆鲁禾帖尼却显得越加安详和从容，竟累累劝诫起儿子们“稍安勿躁”。史称，她又充分发挥忽必烈“贤王”之能涉足皇室周旋，很快便把从不受重视的窝阔台次子阔端激发得也对海迷失皇嫂“义愤填膺”了。再加上其他两位皇子也均怪怨“母后无能”，又先后“另立山头”，至此皇室开始分裂，海迷失皇后也日渐陷入了孤立。

唆鲁禾帖尼也难得地可以专心“含饴弄孙”……

难怪当代著名的元史专家李治安先生这样评价她：“唆鲁禾帖尼以其智慧

聪颖巧妙地运用了拖雷系的实力和诸王之间的派系矛盾，从而使自己的儿子们在新一轮汗位争夺中处于比较有利的地位，为汗位最终向拖雷系的转移铺平了道路。”当然，这“比较有利的地位”若无拔都那坦荡无私的挺身而出，这“铺平了的道路”也很难延伸至汗位的。而作为术赤亲定的继承人，拔都统领的封国在东西道诸王中面积最大、国力最强、精兵最多、勇将最众、也最具人格魅力，因而他在整个游牧大帝国里也是影响最大最举足轻重的人物。不用拖雷家族自己“鼓与呼”，由他出面参与更选新汗似早“大局已定矣”！而从中也不难看出，唆鲁禾帖尼当初那命长子冒险的“通风报讯”，随后又命拖雷远奔的“探病慰问”，是多么睿智又多么具有远见卓识。

汉白玉雕龙柱

但令人不解的是，另一个女人竟突然同意召开“忽里台”……

似也不难解释，大难临头，汗位不保，母子三人似也只能惶惶然重新合成一伙。而海迷失皇后重打“正统”的旗号显然也产生了一定的效果：一些窝阔台大汗的旧日部众竟又纷纷转向当年的老主子。似只要能实现旧主遗愿把皇孙失烈门扶上台，就算赌上一把也是值得的。再加上察合台封国的新主就是贵由汗违制亲手扶持上台的，当然为了报恩似也只能加盟于窝阔台家系。就这样，成吉思汗嫡子所统领的四大封国便日益形成2：2的对决之势。更何况！还有贴身亲信巴拉所统领的一批尝尽甜头力保高位的旧臣旧将，这样天平就更加倾斜于自

己。开！为什么不开？权令智昏！随之海迷失竟又做起擅权专政的女皇梦了。

时间：1251年一月二十五日。地点：母地阔帖乌阿兰草原。

说实在话，还有一个重要的原因：那就是这次确认新汗的“忽里台”贵族会议也再难拖下去了。整整拖了三年，再拖还很可能要拖出大乱子来！见好就收，改用他计！随之便将前来赴会的东西道诸王贵胄拦之于半途，并遣亲信悍将横马厉声宣示：“贵由大汗尸骨未寒，有人就敢胆大妄为！皇后命臣将告知诸位，汗廷有议绝不同意另立其他家系之人为汗，更视私自召开那‘忽里台’之议立为谋篡！”可视之为预先定调，预先设限，预先以威胁公开警告！谁料拔都闻之竟哈哈大笑曰：谢过提醒了……可见早有成竹在胸，说毕竟扬鞭策马率众继续前行！

海迷失此举只能适得其反激起诸王共愤……

此时才得知拔都是有备而来。海迷失明白，只凭自己操控的两大家系之实力来论，没有一个人可与这位马踏欧亚的统帅相匹敌。既然不能动武的，那就继续来阴的。好在还是2 ：2，就让其他权贵跟着“无所适从”去吧！随之，就在“忽里台”贵族会议的诸多贵胄刚刚凑齐时，海迷失竟联合窝阔台家系与察合台家系所有宗王贵胄突然宣布拒绝参加。并命巴拉陪同一位德高望重的宗室长辈前来质问拔都：“汗位应当是窝阔台家系的，你怎么能擅转给他人？”巴拉也趁此欲展辩才：“合罕也欲谋逆行篡，欲效斡赤斤·铁木哥乎？……”语未了，已被拔都一声怒喝提离地面：“好你一个奸佞的小人！”继而顺手一掷将其掷于门外，然后这才转身又不卑不亢地对宗室前辈解释起来：“感谢前辈提醒！但我已有言在先，绝不能就此收回！我之所以拥立蒙哥，并非一时之感情冲动，而是考虑到要统率领土如此广袤的大蒙古汗国，并不是贵由汗所留下的那几个不懂事的孩子能担当得了的。考虑再三，也只有蒙哥才能担当起这个重任！敢问前辈，国与家孰重孰轻？”

长者闻言匆匆走了，只留下拔都抚案欲仰天长啸……

这突显了一个刚毅男子汉在此时此地此情此景下，那种特有的责任感、悲壮感、尤其是那饱经沧桑的苍凉感！但他没有发出声来，只是按着腰刀把柄久久地向茫茫的大草原凝神远眺……而“忽里台”召开前夕，阔帖乌阿兰营地里一切已经布置就绪，但窝阔台家系和察合台家系的所有宗王贵胄依旧顽拒参加。海迷失以为没有他们“忽里台”绝难开成，致使其他宗室贵胄也变得犹豫不定了。当拔都之弟别尔戈回来急禀后，拔都合罕真的动火了。再不令人传言解释或劝说，顿时拔刀在手再现悍帅本色。厉声曰：“你尽管与忽必烈安排蒙哥即位之大事，那些胆敢违背‘札撒’的人都得掉脑袋！”拔都的性格，向来是说到做到，从不含糊。更何况是有备而来且又手握重兵！此令一经传出，东西道诸王竟拼命纷纷赶来赴会。再加上号称“贤王”的忽必烈四处游说，首先策动窝阔台大汗第二子阔端率先“起义”。刚柔相济，致使海迷失皇后所掌控的两大家系也开始土崩瓦解了。至此，这次与草原汗国命运悠关的“忽里台”开得特别顺利，最终圆满地将汗位由窝阔台家系转给了拖雷家系。从而结束了前后两位皇后近十年的监国乱政，成为马背民族公认的汗国历史转折点！

正当举国欢庆之际，首功之臣拔都却早已返回远方的汗国了。

而那伟大的母亲从此似乎也隐没于历史之中。

他们均找准了自己的“位置”……

【蒙哥大汗：一位重振草原雄风的君主】

1251年，即蒙古史称的“猪儿年”夏初。

蒙哥大汗在汗都哈尔和林正式登基即位，是为“也客蒙古兀鲁思”第四任大汗。从此汗位的承袭，彻底转换到拖雷家系。

治国以严，极具其鲜明的个性特点……

史称其“刚明雄毅”，随之便严遵母命开始雷厉风行地重振汗国了。在忽必烈的辅佐下，首先从窝阔台晚期及贵由当政时留下的种种弊端入手整顿朝纲：废“宽纵滥赏”行“严控财赋”；停“政出多门”行“集权一身”；禁“群臣滥权”行“唯遵汗令”等等。更进而任命忠直旧臣镇海与芒哥撒尔为统领大臣，从而很快便恢复了成吉思汗之“札撒”（法令）和“必力克”（语录）所规定的秩序。蒙哥大汗的做法所以能“立竿见影”，史称关键均在于他“以身作则，律己甚严”。不仅“不乐燕饮，不好侈靡”，而且还常常“日理万机，通宵达旦”。再加上他自己又天生的“威严寡语”，而他所用的重臣如芒哥撒尔等也均“忠勇偏执，生性严酷”。故登上大汗之位尚不到一年的工夫，蒙哥大汗便将宗室大权、汗廷阁权、“怯薛”军权，集三权为一体牢牢掌控于自己手中。也算是“顺应民心”，突出的成就便是让每一个马上健儿又充满了民族自豪感！

蒙哥大汗

蒙哥大汗为何能迅速地取得如此辉煌的成就？

蒙古汗国帝都——哈尔和林

究其原因，似乎还得从头说起。虽然史书为窝阔台大汗极力掩饰，只称“爱之难舍，遂抱养于金帐之中”。稍长，又称对其“宠信有加，敕建王府，并亲为之选妃成家”。颇为骄纵，致使他几乎忘掉自己“质子”的身份。多亏后来也命他参加了“长子从征”（也有史称这或许是“借刀杀人”），在拔都统帅的“第二次西征”中才逐步开阔了眼界明白了真相。尤其是父亲拖雷神秘之死对他刺激和震动最大，只不该他竟认为这是耶律楚材用中原那一套先软化了父亲的骨头。从此，他不但对窝阔台大汗及六皇后“久蓄异志”，而且也对儒家学说“深恶痛绝”。同时，在他成为“西征英雄”之后，即已开始选用追随自己征战的忠实将领培植亲信：比如，父亲的托孤老臣芒哥撒尔，自己从小的护卫统领兀良合台，唯崇祖制的悍将阿兰答儿等等。当然，对他影响最大的还是母亲唆鲁禾帖尼。她那和六皇后形成强烈反差的高尚人品、睿智与远见、从容与镇定、善良与坚韧、柔顺与果断，还有那对丈夫的矢忠与对孩子无尽的爱……这一切均坚定了他力挽狂澜实现圣祖遗愿的决心，一登上汗位便全力以赴地抓根固本重振河山。

有关蒙哥大汗这方面的历史记载颇多，现仅举几例——

其一，史称他“御群臣甚严”：不仅每日命“必阇赤”耶律铸常伴左右，以将众臣功过优劣分记入册作奖罚用，而且对有功之臣也专门下旨训诫曰：“如果汝辈得到朕的奖谕之言，从此就得意忘形志气骄逸，那么灾祸能不随之至乎？汝等诫之！”（原文照录）

“常乐站”铜印

其二，史称他“不徇私情”：就连对自己昔日的统帅、今日之恩公拔都的两项请求，他也只为了“防患于未然”而仅诛杀了贵由汗所任命镇守波斯的统帅野知吉代。却对另一项“奏请降赐白银一万锭以购珠宝”之请求，蒙哥大汗竟下谕驳之曰：“祖宗所积之财富，岂能滥赐于诸王？现送上白银一千锭，尚须充今后岁赐之数！”而有史称，拔都接谕旨后也哈哈大笑道：“果不愧为吾选中之大汗也！”

蒙古军攻城图

其三，史称他“严崇祖法”：虽说斡赤斤·铁木哥谋篡贵由汗位时曾“互为对手”，但在他继位之后却唯遵“札撒”和“必力克”。不仅以“敬长之礼”恢复了斡赤斤·铁木哥的封国，而且召其孙塔察儿继承了王位。迅速平息了圣祖诸子与诸弟的对立，受到东道诸王极大的拥戴。并因此激发了塔察儿对拖雷合罕“丰功伟业”的怀念，遂率领东西道诸王跪请追谥拖雷为第三任蒙古大汗（史称“睿宗”），并追谥唆鲁禾帖尼王妃为“圣母皇太后”。蒙哥大汗虽此时也“有暇顾私”，但直到母亲逝世之后才敢“纳议追谥”。

其四，史称他“事必亲躬”：虽然说他也“藐视汉制”，一封皇后就是四五个之多，但他的更多时间却往往独宿于窝阔台时期建成的“御书房”里。只不过把陈列于书架上的儒家经典和中原史籍统统撤掉——他认为此皆父罕被害之祸源——改为一张卧榻以供夜眠。《元史》之《宪宗纪》对他的“事必亲躬、日理万机”曾有过这样的描述:“凡有诏旨，必亲起草，更易数回，然后行之。”这在蒙元大汗中是绝无仅有的，后人曾有过“与始皇帝（指秦始皇）之躬决大政相比，有过之而无不及”之说。况且蒙哥大汗尚有夜读圣祖“札撒”与“必力克”的习惯，常持卷沉思通宵达旦。是已微露从一个极端走向另一个极端的倾向，但其“励精图治”的精神还是震撼了朝野。能不“上行下效”吗？随之便是“朝纲大振”，草原汗国又现昔日雄风。但他似乎还不满足，为彻底尽除乃马真皇后到海迷失皇后“祸乱宫帏”之根，他竟首先从自己的后宫下手了。

同样也绝不手软，而且是“一石多鸟”……

有史可查，这一日蒙哥大汗竟将深宫后妃齐聚内殿，并命诸弟也携妃妾均来参与。在旁观者看来，这显然是一次皇室内部的宫帏亲情相会。却谁料大出意外，亲情未现竟先见到两个神情严肃的“外人”：文的即因“报讯有功”继续留任的“必阇赤”耶律铸；武的即随后将更加“赫赫有名”的亲信悍臣阿兰答儿。文的倒也继承其父耶律楚材之遗风，举止温文尔雅颇显谦谦君子风；而武的就不一样了，昂首而立尽显一脸骄横。也难怪！此时的阿兰答儿已绝非仅为战将的阿兰答儿了。地位越来越高，不仅成为蒙哥大汗的亲信重臣，而且也是审判海迷失皇后谋逆案的主审官之一。海迷失皇后是又一个死不悔改的皇后级的女人，正好拿她当作反面教材！原来，正当蒙哥大汗与众宗王贵族在怯绿连河畔举杯欢庆大局已定时，海迷失皇后仍然不甘心失败而大搞阴谋。唆使皇孙失烈门暗中策划谋篡行刺，并伪应之成功之后由其入继汗位。武器均密藏于车内，伪装成进贡食物，士兵也手无兵器改扮成进贡的牧人。眼看渐渐接近宫帐大事就要成功，据史载却被一个叫克萨杰的鹰夫偶然发现遂致彻底暴露。随之，即派出重臣芒哥撒尔率阿兰答儿前往平叛，剿灭后又命二人继续审理此案。追来查去终于揪出了幕后元凶，还是这位“蠹国乱政”的海迷失皇后。取供的方式相当残酷：先用湿牛皮紧紧裹扎其双手，而湿牛皮遇晒则越缩越紧。一个女人娇嫩的双手怎么能忍受由此产生的剧痛，故也只能任人牵着饱受折磨。后又进而剥光了她的衣服，让她赤裸裸地当众受尽羞辱。虽然海迷失也曾哀叫抗议：“我之肌肤只能裸于贵由大汗面前……”但无用，后为求速死，似也只能“尽皆招供”。最后，海迷失与失烈门之母两个女人被用一张大毡裹将起来，“命人托举抛之于大河波涛之中，以谢罪于天下……”这一切均是阿兰答儿引以为傲的“杰作”，而且也是蒙哥大汗将其招至深宫大内的重要原因：命其向拖雷家系的后妃们绘声绘色将海迷失的下场详述之，并在后妃们听后的一片战战兢兢中，又当即命耶律铸宣读事前专为后妃们立规矩拟好的三条谕旨——

一、后妃们不准干政，更不准私下擅权，违者当以海迷失下场自省之！

二、后妃们之衣食消费，均应自律并严加限至，绝不允许恣意挥霍，违者当以海迷失下场自警之！

三、后妃们均轮幸入宫侍奉，非应诏者不得擅自返回。平时均住守于各自在草原之“斡耳朵”统领属下诸臣，以教习子孙熟读圣祖之“札撒”与“必力克”，并娴悉弓马为己任。

此举是显得有些冷酷和偏执，但蒙哥大汗能先从自己的后宫入手彻底解决后妃们擅权乱政的问题，似仍不失为一位草原君主刚毅之举。至于说到“一石多鸟”，让诸弟带着王妃们来“旁听”，似目的也已经达到了。一方面“以身作则”告诫诸弟要活得更男子汉气概些，一方面又“旁敲侧击”警示弟妃们不得祸乱皇室行挑拨离间之事。总之，蒙哥大汗整肃后宫之举一经传出，他在朝野上下的威望又在急骤升高。可也就是在此时，那早已隐没于幕后的伟大母亲终于悄然去世了，临终只留下了一句话：“不许你手上再沾上兄弟们的血……”原来母亲并不完全放心，或许是她老人家已预感到了什么。史称蒙哥大汗“事母至孝”，他当然明白母亲遗言的深刻蕴意。

其实，他也早已预防着此类历史悲剧的重演……

当历经家族种种劫难兄弟们重新团聚后，他似更理解了什么叫“手足情深”；当历经种种波折家族齐心重新夺回汗位后，他似更理解什么叫“兄弟合力能断金！”应当说，他除了深深地挚爱着诸弟外，对其间每一个人进而是非常了解和颇为宽容的。比如，对老二忽必烈的“纳儒习儒”虽不以为然，却尚能睁一只眼闭一只眼“广纳其议”，史称“大率言听计从，赐允施行”。而对老三旭烈兀的“欲学拔都统帅，异域自辟封国”却大为赞赏，竟公然予以肯定、鼓励和支持，史载其赞曰“此乃我圣祖真子孙也！”唯对幼弟阿里不哥从小那“骄纵任性、自以为是”有点头疼，但由于偏爱却也能常带身旁施之于教，史称兼显“对幼子守灶之不忘”……总之，当一个杰出的大汗是难，当一个好的兄长似更难！只不该思来想去，竟又把彻底解决的办法“皈依祖制”。然而，这重新再提古俗古风尚需一个重要的前提：以圣祖成吉思汗的遗愿为号召，继续发动征服战争！为此，便有了史书记载的这一幕——史称蒙哥大汗喜“走马田猎”，随之便召集诸弟狩猎于野性勃发的草原与林莽深处。带头

元上都——南城门

元上都——东城墙

石像

纵马猎射，所获猎物颇丰，遂有了他那段在蒙元历史上颇为有名的论述——

吾等的父兄们，过去的君王们，每一个均建立了自己的功业，攻下了某个地区，在人们中间提高了自己的名声！没有战争哪有大蒙古，没有大蒙古又何来吾等？成吉思汗的每一个子孙都应是天生的征服者，为大蒙古继续开疆拓土将是吾等永远的天职！

极具煽动性！一经传出，便当即引得马上健儿又是一阵阵狂热的欢呼。也难怪！两位女性监国先后擅权乱政将近十年，都快使圣祖所创的伟业毁之殆尽了。而蒙哥大汗所提及的“天职”之说，顿时便又激发起马背民族“群体性”的热血沸腾。更何况！随后便又传说大汗又有谕旨：“每一个蒙古人一出生就是：战士！终身的职业就是：战争！”从此草原上便只闻磨刀霍霍战马萧萧，无数铁骑均亟待着重新冲出草原！

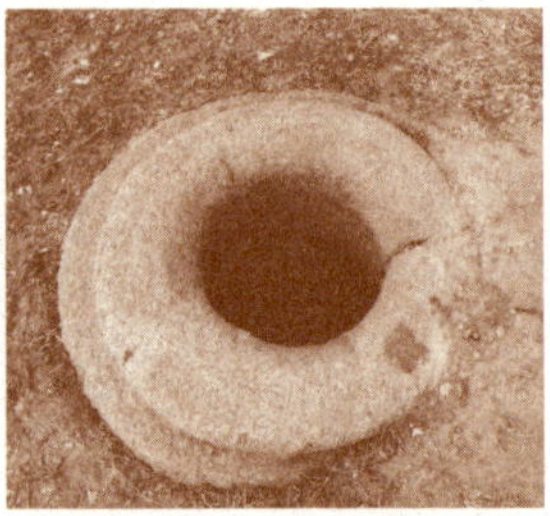

采用圣祖最初“以战治乱”之策，“文治”也就此告一段落……

由此可见，蒙哥大汗虽被史称“刚明雄毅”，却绝非是“有勇无谋”。在向亲兄弟们透露之前，即作过长时间的思考。围猎之后又作过周密的布置。如旭烈兀颇具统帅之才，他就为之配足兵马。于东西道诸千户中每十人抽二人，以充实军力迅速突袭波斯并不断扩大战果。而忽必烈则擅长运筹帷幄，他便为其广选良将。由于漠南汉地情况颇为复杂，又兼是草原腹地的粮食与银库，他又授权忽必烈可见机行事蓄势待发，以最终彻底灭掉“南家思”——即南宋！在顽固守旧的宗亲贵胄看来，这就是蒙哥大汗在彻底“皈依祖制”。先将两个年长的王弟打发出去，而只将幼弟留在身旁辅政，这也可算在确确实实严遵祖俗的“幼子守灶”权。为此，当然又会获得一片喝彩和更广泛的支持！由此可见，蒙哥大汗虽已摈弃儒法，却似仍不忘圣祖遗愿。只不过“入主中华”改为了单凭硬实力，重归无休止的武力征服！

但不管怎样，古今中外的史家尚对他的评价不低——

《世界征服者史》中说:“游牧君主和蒙古大汗的属性，始终在蒙哥身上得到了完美的体现和延续。”

而波斯史学家拉施德则说“他具有强烈的蒙古中心主义和骄傲感”，乃“继成吉思汗之后又一代杰出的蒙古君王”。拉施德，曾以色目大臣的身份亲身经历蒙元几代的风云变幻，他之观点尚是客观可信的。

中国近代学者更总结说，他是“入继中华大统”的探路人。

性格即命运！当然他还会雄心勃勃地去为自己续写“辉煌”。而超越前人的丰功伟业必须先有人去“前仆后继”，即使亲兄弟也不例外！

随之，继旭烈兀率领千军万马冲向了中南亚之后，忽必烈也即将带着他那批“奇形怪状的废物”出发了——

抚治漠南！为大汗武力征服整个华夏先行“搭桥”。

大元王朝仍很遥远，尚犹如“海市蜃楼”般。

但又似在步步走近……

蒙古汗王猎鹰图

第五辑

【本辑提要】到此，游牧帝国的前四任大汗均分别概略介绍过了，但直到此时的忽必烈也只不过是蒙哥大汗“征服华夏”通盘部署的一个“马前卒”。历经四任大汗，似乎汗位和他越来越不沾边儿，当然大元王朝就更无从说起。而且自伟大的母亲去世之后，好像从此他就失去了庇护。由于治国理念等诸多不同，他竟在皇室中日陷孤立。蒙哥大汗更对他由信任逐渐转为猜忌，此次派他抚治漠南就多少兼有考察其“忠诚”之意。果然，未曾出师这第一道难题就已经摆在他的眼前了——

【忽必烈前期的政治角色：马前卒】

到底给他出了一道什么难题？姑且按下暂时不表。为了证实他的前程并不明朗，似尚需回顾一下他那命运多舛的前半生。

起伏跌宕，不堪回首……

好像史书中所记载的有关他出生之种种“瑞兆”均为痴人说梦，就连那“马厩上的雄鹰飞报喜讯”的传说也似无稽之谈。但神话可以不信，而正史确对那“辉煌预言”详有记载：1224年，成吉思汗西征凯旋归来，年刚十岁的忽必烈也曾随大人们一起前去迎接。为让伟大的祖父高兴，他和三弟旭烈兀还当众表演了一场儿童围猎。骑马张弓，角逐草原。忽必烈射中了一只狡兔，旭烈兀射中了一只小野羊。按古俗，儿童们第一次得到猎获物后，长辈是要为他们举行一种名为“牙哈拉迷失”的隆重仪式——即将初获猎物之血涂在长者的拇指上，以示将无愧于马背民族的子孙。但旭烈兀动作粗鲁，把祖父的拇指搞得生疼。而忽必烈却轻轻捧起成吉思汗的大手，极有礼貌地将兔血涂抹在祖父的拇指上。致使野性的仪式在脉脉的温情中结束，成吉思汗当即给予这个懂事有礼貌的小孙孙热情的赞扬。从此，小忽必烈得到了祖父特别的喜爱，常陪伴身旁不离左右。有时还命贴身文侍耶律楚材给这个小孙孙讲些人生的大道理，故这位契丹大儒很可能就是忽必烈认识儒学的启蒙者。史称，耶律楚材为他讲了许多中原历代帝王兴衰更替的故事，其中尤以唐王李世民的为多。后来，成吉思汗虽又去远征西夏，但对这位小孙孙依然关怀备至，并留下了这样惊人的预言："彼将有一日据吾之宝座，使汝辈将来获见一种命运，灿烂有如我在生之时……"圣祖此语一出，似已注定了少年忽必烈必然前程似锦！

却不料圣祖辞世不久，辉煌的预言竟突然化成了一场场噩梦……

1232年，父亲拖雷年方四十岁，便成了实现圣祖遗志彻底灭金的最大的功臣。但正当忽必烈为英雄父亲欢呼雀跃时，却蓦地又传来了父亲神秘死于北返途中的噩耗。在随之而来的草原暴风雨中，母亲似经受不住这意外打击，一直在悲痛的沉思中"与天地同泣"。其时，忽必烈刚刚年满十八岁，但似已从母亲悲恸的泪水中意识到了什么。而他毕竟才是个"初长成"的青年，随之便纵马驰向暴雨乍停的茫茫草原。满腔的悲愤需要宣泄，狂奔中他竟高举双手向着黑暗的苍穹呐喊了："主宰一切的长生天啊！神不是谕示忠诚之人必有好报，为什么我的父王却遭此灭顶之灾啊？"夜幕沉沉，久未见答，他竟又呐喊着质问起祖先："无所不知的圣祖啊！您不是向孙儿的父王预言过'你将拥有许多军队，你的儿子们将比其他宗王们更为独立和强大'！为什么没有应验却反遭如此横祸？"《蒙古秘史》确有记载，但圣祖已不可能答复。蓦地，远方似有什么动静？再抬头望天，便只见云隙中竟闪现出一弯残月。冷光幽幽，又陡然看见凄凉的原野上正屹立着一群狼。但并未发出哀号，而只是莫名地仰视着残月久久地一动不动。第二天他再请示母亲："当如何应对之？"谁料母亲木然间只回答："继续忠于大汗……忍耐、等待……"言简意深，致使青年忽必烈一夜间便骤然成熟起来。

也就是在此时，他才彻底理解了久久不见长兄蒙哥的原因……

为尊重大汗的威严，母亲从来就是为尊者讳的。原来，早已把长兄当作"人质"，化作笼头牢牢控制着忠于圣祖遗愿的父亲，难怪父亲会喝下那杯

忽必烈像

萨满的巫水“以弟代兄”而死。但并没有换来“质子”的解脱，却反倒迎来了接踵而来的劫难。似目的不仅在于人，而是圣祖分封给幼子那高出其他诸子的雄厚实力。没有任何人敢公然去改动成吉思汗生前的安排，即使包括新汗在内稍有妄动也会被马背民族视之为大不敬。况且拖雷在游牧帝国中威望又是那么高，要想夺取他那遗留的实力似必须变幻手法。随之，忽必烈便在质兄、丧父之后，又相继经历了削兵、激反、辱母、柔性吞噬、变相灭族等等种种屈辱……应当承认，主要是凭着母亲那圣洁的忠诚与睿智、高尚的柔韧和坚强，带领整个家族度过了一道又一道难关。但也不可否认，刚刚十八岁的忽必烈在其间所起的作用。因为两个弟弟尚小，似乎他就必须“提前成熟”以代替父兄维护家族的生存。整日里为统领部将、联络千户、听候母亲的调遣往返驰骋奔波于茫茫的大草原上。完全可以这样说，这阶段他是在劫难中奋起，在屈辱中成长，同时也在悲怆中痛苦地思索着自己和汗国的未来……好在那柔性的吞噬竟突然不了了之了——当然忽必烈并不了解内幕——因为他正遵母命完成他的第一次婚姻。天哪！虽来自一个小贵族家庭却美貌绝伦贤惠无比。她的名字叫：帖木古伦！这是一段相对幸福的生活，竟使他试用耶律楚材所讲中原帝王治国之法管理部众颇有成就。史称，好像也是由于这位契丹大儒的引见，他的大帐里第一次出现了一位汉儒：晋人赵璧！但他的噩运似乎并没有到头，随之迎来的便是对他个人情感生活的连续打击：好不容易盼来的第一个胖儿子，刚满六个月就不幸夭折了。这还不算，到第二年帖木古伦再次临产时，又因难产大人和孩子竟一起全没了。失去爱妻帖木古伦几乎使忽必烈精神崩溃一蹶不振，致使草原汗国到处都在传说拖雷的二儿子原来是个倒霉透顶的人。

后来，多亏母亲把他的注意力引到治理封地上……

而忽必烈原本就是个极具雄心壮志之人，为了彻底忘却丧妻失子之痛也就更全身心地投入到重振家族之中。在年轻的汉儒赵璧帮助下累试新法，致使拖雷家族日渐摆脱了濒危的困境初现了昔日的雄风。而此时的兄弟四人面对内忧外患确实也能“合力齐心”，就连长兄蒙哥“西征荣归”汗廷后也在暗中对他鼎力相助。比如，忽必烈的第二次婚姻，就是长兄蒙哥出于稳固和扩大家族的实力撮合而成的。这在蒙元转型史上可算得一件大事。这里似必须先插上一笔补叙之：弘吉拉草原，成吉思汗大皇后孛儿帖生身之地。不仅以盛出美女而闻名，而且在历任大汗的心目中均具有特殊崇高的地位。就拿窝阔台大汗来说，登基后“为报母恩”又曾对弘吉拉大加封赏。不仅将母亲的幼弟晋封为王爵，赐号“国舅”，而且尚与其相约“生女当为后，生男尚公主”。尤其在拖雷不明不白猝死之后，似对母亲深感愧疚更对弘吉拉“宽纵滥赏”。致使按陈王逐渐成了外戚之首，在皇室宗亲中有着极大的影响力。而更重要的是，蒙哥早已探知忠直的按陈王对外甥拖雷神秘之死也颇有看法，悲痛间曾表示将极力扶助遗孤。而蒙哥正是看准了窝阔台大汗晚年的从不问政，趁机秘密向按陈王提出了“联姻”的要求。史称“王尚犹豫”，却谁料他那“回眸一笑百媚生”十七岁的小女儿却因“深知忽必烈累遭不幸”，竟出人意料地“挺身而出”“劝父应允”。按陈王这个极具远见的小女儿名叫：察必！一位即将为改变蒙元历史进程作出杰出贡献的女性……此后不久忽必烈终于又有了个“家”，而唆鲁禾帖尼也平添了一个贤能的小助手。虽后世也有史家称“蒙哥不纳，畏引火烧身也”，而将由“生女当为后”可能带来的猜忌转嫁于一个公认的倒霉蛋儿身上。似仍不失为一种“既可避祸又可结盟”的两全之策。但不管怎样，这个阶段兄弟四人为家族的崛起确是齐心合力的。

而在这时，窝阔台大汗也正好“驾崩”于万安宫中……

按说，再无人顾及这桩可疑的婚姻了，而这也正是重获幸福的忽必烈施展身手的好机会。因为，就连“六皇后”这时也发现自己有点“操之过急”，虽汗位是空置以待，但没有了丈夫前期功业所形成的权威也再难拉虎皮作大旗了。正如前面所讲过的那样，为扶植长子贵由成为“傀儡”以达永享权瘾之目的，似乎也只能改为“权力交易”了。随之，拖雷家系的长子蒙哥才得以以解脱“人质”的身份回到了母亲身旁，但这一切就意味着忽必烈的地位必须会被“西征英雄”取而代之。从此再不能依托广袤无垠的吉里吉思大草原再试自己的种种设想。但他对母亲这种极具远见卓识的安排还是极为敬佩的，因为他已深知长兄那赫赫战功能对部众产生更大的威慑力、凝聚力、号召力。随之他的命运就又发生了根本的改变，从一个对家臣家将的统领者又迅速转变成为一个唯命是从的“马前卒”。再后来，长兄又以为壮大家族实力难以脱身为借口——其实是怕“六皇后”暗下毒手——竟干脆让他远离家族权力中心而到汗廷去应对种种不测。日久天长，窝阔台大汗为长兄事先建的藩邸竟成了他久居之所。历经“六皇后”到海迷失皇后的“擅权乱政”的全过程，他竟因左右逢源而混得个“贤王”之名。其实对于马背民族来说这也不无贬意，只有那些无兵、无马、无战功的宗亲出于无奈才求这种“好名声”。其间，他曾想为新登基的贵由大汗助一臂之力，没想到“三把火”没点完就受到长兄蒙哥的警告。命运蹉跎！如果对一般人来说早已“三十功名尘与土”，再何谈实现圣祖成吉思汗的遗愿和预言。

但忽必烈毕竟是忽必烈……

果不愧史称他“度量弘广”，似十年来竟甘愿诚惶诚恐地扮演好一个“马前卒”的角色。尊兄敬母，顾全大局、忍辱负重，唯命是从，似只知为拖雷家族之强大和崛起而无私奉献。难怪他那首位召纳的贴身文侍赵璧常对外帮他宣示曰：“人言，三十而立，四十而不惑，吾主则三十已知天命不可违也！”效果颇佳！总算维系了拖雷家族“兄弟合力能断金”的局面，彻底实现了母亲的最后心愿：最终将汗权由窝阔台家系转归了拖雷家系，蒙哥也从而登上了大汗之位。

虽为兄弟，但作为人臣他似乎活得更战战兢兢……

也难怪！史称蒙哥大汗“刚毅雄明”，其实他早从自己归来前的诸多政果上看出了忽必烈的“出手不凡”。但越是这样，他就本能地越加提防，日久天长竟将忽必烈在诸弟间视之为“异类”。多亏其时母亲尚在，似也只能“广纳其策”以示信任。除此之外，还在登基之后将忽必烈改称“皇太弟”以示尊宠。但实际对待他却与另外两位兄弟大有差别：幼弟阿里不哥依祖制“幼子守灶”承袭了吉里吉思的草原封地和大量的千户与部卒；三弟旭烈兀为准备向中南亚扩张也统领了众多的猛将与铁骑；唯有忽必烈未封寸土尺地一将一卒，似仍只能依旧留在汗都的藩邸继续扮演那“贤王”的角色。

好在忽必烈始终是那样无怨无悔唯命是从……

所幸蒙哥大汗胸中那壮怀激烈的征服大计终于形成，久经考验并一贯恭顺的忽必烈才终于得到个“外放”的机会：未雨绸缪，利用其习儒之所长，受命抚治漠南，为最终跨江征服“南家思”一统天下而“搭桥”。

却谁料，闻风后他已命儒僧刘秉忠带几位家臣赴漠南选定驻跸之地，但眼前却只有大汗任命的诏旨并没有开拔的日期。

蒙古汗国哈尔和林宫殿根基

显然在这道难题下还隐没着个更深层次的原因——

有关那群“奇形怪状的废物”……

【忽必烈早期的“纳儒与习儒”】

确实形象欠佳，而且影响不好……

这不仅仅伤害了“唯崇祖制”蒙哥大汗那引以为傲的民族自尊心，而且也引起了汗都哈尔和林的一些宗亲贵胄强烈的不满。这算哪家的皇太弟？不思弓马，不思征战，成天尽和一群“奇形怪状的废物”搞到一起？

确实如此，这就是早期儒者留给草原都城的印象……

有史可考，经赵璧四处代为“招贤纳儒”，早期出现在忽必烈藩邸里这批侍从谋士确实颇引人侧目：有的着僧衣，有的着道装，有的披蒙裘，有的穿汉服，有的衣着半蒙半汉，有的穿戴似文似武。有的光头，有的长发，有的嘴上无毛，有的却蓄着浓须。即使连蓄须也分门别类：有的仅上唇留八字胡，有的则是蓄五绺长须，有的乃中原式浓密的络腮胡子，有的乃西域人经修剪的连鬓短须。而且他们还：有的白眼看人，有的则低眉自吟，有的高傲寒酸，有的则摇头晃脑。但也有一个共同点：肩不能挑担，手不能提篮，既不会放羊，也不会牧马，更不会拉骆驼。其中大多数为中原所来汉人，但又绝不乏女真人、契丹人、畏兀儿人，甚至蒙古人等。故将忽必烈这批藩邸侍臣称之为“奇形怪

汉白玉像

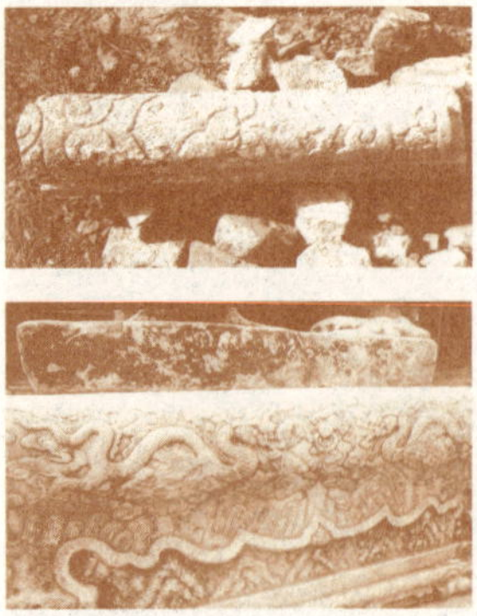

建筑构建

状”，也似并不过分，但“废物”却未必。

但确是显得和新兴的游牧帝国的都城格格不入……

须知，哈尔和林发展至今已颇为繁华了。除巍峨的万安宫外，各宗王贵戚的豪宅也纷纷竞起。而与之相适应的酒肆、饭店、珠宝铺、脂粉店、粮行、柴市、盐帮、茶庄，甚至连青楼妓院也随这应运而生。唯和中原城市不同者，城郊则是里三层外五层密密麻麻的蒙古包。而稍远尚不乏一座座宗王级的“斡耳朵”。这说明城里府邸只为摆谱，此才真正为享受之地！虽多有中原制式建筑，仍是典型的草原蒙古城市。故这群“奇形怪状”之人物，确实与行走在闹市间的宗亲贵胄、“怯薛”行伍、文武官员、行商臣贾、王孙公子、贵妇小姐、侍女仆从等等来往人众间，特别显得“异类”而且引人注目。为此，大多人皆同意阿里不哥宗王之说，一群“奇形怪状的废物”！更有甚者则称此乃“贤王贤痴”，养了这么一批专门靠嘴皮子混饭吃的文人叫花子！

而忽必烈却暗中视之为“国之瑰宝”……

确也如此，这批人中是出了不少日后大元王朝的开国勋臣。但首先应提到的即1242年就成为忽必烈贴身侍从的赵璧。赵璧，汉族，今山西怀仁人。金末活跃于北方之年轻名儒，忽必烈一直昵称他为“秀才”。并命察必亲手为其缝制皮裘，肩负重要使命之一便是“驰驿出使四方，广诏天下名士”。故这批“奇形怪状的废物”之出现，大多均与他有关。忽必烈并命他习蒙语蒙文，在马背上译讲《大学衍义》。入元后曾在一封诏书中这样夸他：“素闲朝政，久辅圣躬，柱石庙堂，经纶邦国！”此是后话，但当时却确为这帮“奇形怪状的废物”之统领。由蒙哥大汗入质期间先在封地内的“小打小闹”，到后来被遣汗廷趁朝政混乱之“广招广纳”，借宗室间争权夺利无暇他顾之机，先后在藩邸之内招揽了一批此后必将影响蒙元历史进程的人才：如亡金状元王鹗、金末理学大师许衡、中原儒学名家窦默、涉身于儒释道三教的和尚刘秉忠，以及诸如姚枢、廉希宪、张德辉、郝经、张易、李冶等一批名闻一时的文人与墨客。

虽可谓“群贤毕至”，但也只能仅挑三位略加介绍——

姚枢，汉族，今辽宁朝阳人，却生于今山西汾阳。自幼即苦读儒学经典，青年便有名儒称其有“王佐之略”。窝阔台大汗与海迷失后时期曾两度应诏北上，后均因“未得明主”弃官而归。虽仍“戎服虬髯”，但隐居中却以刊印儒家经典为己任。广络知友与门生，是为北方理学领袖之一。此次应诏随赵璧北上，见忽必烈“聪明神圣，才不世出，虚已受言，可大有为”，就留于藩邸甘为谋臣。又因其通晓蒙语，并能兼顾蒙古宗王的认知与接受程度，忽必烈“奇其才识”颇为倚重。史称“动必见询”，很快便难离宗王左右了。

廉希宪，畏兀儿人，世代贵族。其父孛鲁海牙随国主降附成吉思汗后，遂举家移居于燕京。虽笃信伊斯兰教，但儒家学识也颇深。因孛鲁海牙曾任“燕南诸路廉访使”，故择“廉”为姓，生子取名廉希宪。而史称廉希宪“自幼魁伟，举止异凡”，“因其父崇尚儒学，故广延名师教其读经”。1249年随其父赴汗廷述职，经赵璧举荐入侍于忽必烈的藩邸。时年十九岁，已蓄连鬓短须。因其伴驾之余总是手不释卷，故得到忽必烈的嘉许并称其为“廉孟子”。史载此称“广为传播，伴其终身”。然其武功也非同小可。有一次近侍们在忽必烈面前校射，欲取其腰插三矢，廉希宪喝止曰：“汝等以为我不善射乎？”遂取强弓一试，谁料三箭皆中。忽必烈赞曰：“文武全力，吾又得一儒将也！”后果在大元王朝创立时，文武均能独挡一面，累建奇功。

郝经，汉族，今山西陵川县人。自幼即“好学敏思”，不尚程朱性理之学，似乎是一个传统孔孟儒学的探索者。金亡之后客居保定，好像仍想在中原“择主而事”。曾在汉族世侯张柔家塾任教，但不久便大失所望弃之而去。幸遇赵璧奉忽必烈之命来请元好问漠北一见，遂随同这位北方文学巨擘来到汗廷。一见忽必烈竟如姚枢感受一般，送别元好问后便单独留在了藩邸成为重要儒僚之一。虽尚年轻，史已称其“上溯洙泗，下迨伊洛诸书，经史子集，靡不洞究”，但忽必烈却尤喜其“不学无用学”，“不作章句儒”之说。而其也曾面对宗王慨言自己的抱负：“务为有用之学，以复兴斯文，道济天下为己任！”故有相见恨晚之感。果然，在日后献策中“上下数千年，旁征博引，援据古义，多为救弊更化之良策”。而忽必烈则也“喜其所言，凝听忘倦”。后在大元王朝大一统华夏之中，郝经确系功不可没的重要谋臣。

一时间，忽必烈竟成了他们凝聚的绝对核心……

也难怪！往上且不说，仅辽金两代就已经入主长江以北数百年了。契丹皇帝女真皇帝轮流坐庄，早已使北方的汉族儒生士人习已为常了。好像是在明代后才又特别重提“异族入主”，而在当时大多数儒生却早已“择主而不择族”了。契丹人完了，女真人完了，现在又来了蒙古人，当然这回儒家门徒也只好押宝押在某位可称“贤”的蒙古宗王身上了。还应当指出，从全球范围来看，自汉武帝“罢黜百家，独崇儒术”以来，儒家学说历经千余年，早被历代封建帝王规范成为一种行之有效的统治之道。经久不衰，挥之难去，这在世界史上也是独一无二的。难怪忽必烈竟如此珍视这批“奇形怪状的废物”，这起码说明他仍对“入继中华大统”若有所思、若有所图，只不过后来已将其改称为“思大有为于天下”罢了。

但儒者也有自己弱点，总在寻找主心骨，还常被统治者捏来揉去演出“变形记”。再加上“文人相轻”也是儒生们常演的好戏，故忽必烈的幕僚们又渐渐分化为：邢州术数家群、程朱理学家群、金源文学群、经邦理财群、宗教僧侣群、王府宿卫群种种。这倒不坏，绝对有助于维护忽必烈至高无上的核心地位。

祖父的武功曾震撼世界，为何孙子却突然转习孔孟之道？

除前面已说过的种种原因：是由于受祖父的特殊钟爱过早地得到过什么

信息？是由于和耶律楚材的接触过早地从他的故事中受到了某种启示？还是由于从父母忧国忧民的交谈中过早地受到了某种感染？……似乎均兼而有之，却又不够全面。难怪有关他的中外史籍中均这样总结道：劫难！主要原因是劫难！事实也确如此！从质兄、丧父、辱母、变相的夺权、柔性的灭族等自己亲历的劫难中，使他突然意识到一个严重的问题：一个最辉煌的家族可以由极盛的顶峰突然跌向黑暗的谷底，难道伟大祖父开创的庞大游牧帝国也要重蹈这种复辙吗？为此完全可以这样说：是劫难使青年忽必烈开始思考，是劫难使他开始求索，也是劫难使他的毡帐里罕见地出现了一位年轻的儒者——晋人赵璧！此时长兄尚在“入质”，两个弟弟又均年幼，只有靠他这个“男人”出面全力维系着岌岌可危的拖雷家族。多亏幕后有伟大母亲的操控全局，并且全力支持他继续引进“高人”以探索一条全新的出路。为幼子阿里不哥聘请中原真定名士李槃为师，就是最为明显的一例。再加上又娶回的按陈王那小女儿察必，虽然年龄差不多比他小十多岁，却越来越显出“生女当为后”的那种贤惠人品和卓越见识。不但代他接待新来投奔的秀才和儒生，而且坐而旁听，对儒家治国之道竟也能触类旁通。

元上都汉白玉雕像

五子登科浮雕石板

拖雷家族日渐转危为安，就连长兄也被放归了……

果然不出忽必烈预料，为顾全大局似也只能听命运安排赴汗都改任蒙哥“驻京办事处”的代办了。虽被逐出家族的权力核心，但倒也落得个更大的自由空间。长兄蒙哥鞭长莫及，汗廷两位相继擅权的女监国也决不敢轻易触动一支强大皇族的代表人物。故而，国家越乱，他便越广纳群儒，似急不可待地要为治理天下寻找到一条出路。为此，外头人竟只看见藩邸内养了一群“奇形怪状的废物”，却不知这位“贤王”成天和这些“废物”到底聊些什么？

《元史》倒有详载，仅择录两段以见一斑：

一段为与河东交城名士张德辉的夜谈，忽必烈似乎又犯了“学而不厌”刨根问底的老毛病——

忽必烈首先发问道：“孔老夫子辞世已千余年矣，时至今日他那精神还能存在于当今乎？”

张德辉当即答之曰：“圣人与天地同始同终，只要天地存，圣人即无所往而不在。如若宗王能奉行圣人之道，宗王即为圣人，而圣人之精神也就固在此帐殿中矣！”

忽必烈又问：“那为何尚有人谓‘辽以释废，金以儒亡’？若有其事，当如何解释？”

张德辉答之：“辽代之事臣未经历，故有关佛教之事不敢妄加评说。而金代乃臣之所亲历亲睹，为此尚可为儒家一辩。纵观有金之一代，虽然内阁中也用一二儒臣，但余者大多为马上打天下之武弁世爵。若论军国大计，这一二儒臣又难能参予。再看其内外杂职，以儒生入仕者也不过三十分之一。而且大多只不过用于阅簿书记与听讼理财而已。国之存亡自有应负责任的当权者，怎么能归咎于儒家学说呢？”

忽必烈有感而发：“然行儒家事何其难也？”

张德辉未解原因，却应对说：“锲而不舍，常思大有为于天下，此乃圣人之道之精髓也！”

忽必烈释然了，重启话题：“祖宗法度具在，而未设施者甚多，将如何相待之？”

张德辉知话题已转入汗廷，似也只能借案上银盘以喻之：“创业之先祖如制此器，亲选白金与良匠精心规划而使之成形。欲传于后辈，世代无穷。今当传谨厚者司掌，使其日臻完美永为宝用。否则错择其人而传，不仅可能缺坏，而更令人不堪设想乃被人窃之以代。”

忽必烈听后思之良久而言道：“此正吾心所不忘也……”

另一段系与真定栾城名儒李冶之长谈，却直奔主题专论儒家“治国用人”之道了——

忽必烈刚待落座，便迫不及待地请教于李冶：“当今天下，应如何而治？”

李冶也颇有个性，竟如此作答：“不过立法度、正纲纪而已！”以简对简，一言中的。

忽必烈竟不见怪，又问道：“魏征（唐之名臣），曹彬（宋之名将），汝如何评价之？”

李冶慨然应对：“魏征忠言进谏，知无不言，以唐代诤臣总观之，其当位列第一。而曹彬南伐后唐，尽收其地且未尝妄杀一人。仅此而言，汉之韩信、彭越、卫青、霍去病，均可在所不论也！”

忽必烈又问：“今日众臣有如魏征者乎？”

李冶答曰：“天下从来未尝缺少人才！求则得之，舍则失之，此乃世人皆知之理也！当今儒者如元好问、王鹗、姚枢、郝经、许衡等人，均堪当大任，举而用之，何所不可？但唯恐用之不尽，逆耳则弃之也！”

忽必烈再问：“回鹘人（泛指：畏兀儿人）可用否？”

李冶再答道：“汉人中有君子有小人，回鹘人中亦有君子有小人。俱存矣，全在国家择而用之耳！”

忽必烈大笑曰：“吾尽知矣……”

总之，在草原汗国皇族间明争暗斗的这段岁月里，忽必烈却能“超然物外”潜心研究起儒家的治国之道。韬光晦略，在外人看来他似已成了个“舍弃弓马、抛弃武功”之“废王”了。但《元史》却有诸多史料佐证，也就在这段混乱时期，他不仅在自己身旁汇聚了一批“亡金诸儒学士及一时豪杰知经术者”，而且还组织蒙汉兼通的色目学者，将一些汉文的儒家经典和历代明君治国之道均翻译或汇编为蒙文。更有甚者，当亡金文学巨擘元好问北上访友时，曾与张德辉等藩邸儒僚共同尊奉忽必烈为北方“儒教大宗师”，史称他也“欣然接受”。而更在此前，忽必烈就曾支持过亡金状元王鹗“携孔子画像举行释奠礼”（祭祀孔子的仪式），并且“尚与左右饮食其胙物”（祭品）。由此可见，在这阶段忽必烈为草原引入儒文化真可谓“不遗余力”。成果之一，便是他那别具超人智慧和见识的小王妃察必，竟也饱读经书子集逐渐成为了一个颇为卓越的“儒家治国论者”。但从此忽必烈虽心中仍“唯崇唐王李世民之功业”，避嫌却绝口再不提“大皇帝”兼“天可汗”，而仅剩寓意颇深的此类感叹了：“孔子言三纲五常：人能自治，而后能治人；能齐家，而后能治国！”（摘于《元史》）不可谓不深。但也必须指出，忽必烈也不是那种“玩儒上瘾”而辜负母命之人，最终他还是“纵横捭阖、里应外合”，使汗权彻底转归到拖雷家系。

终使长兄蒙哥来到哈尔和林，成为游牧帝国第四任大汗……

史称，蒙哥大汗“鄙弃儒学”，是一个典型的“民族主义者”，一登基就“自谓唯尊祖宗之法，不蹈袭他国所为”。显然与忽必烈的所作所为大相径庭，兄弟二人必将产生矛盾。难怪后人有评曰：“一个思大有为于蒙古，一个思大有为于天下，日久必生隙也！”多亏了当时母亲尚在，而忽

蒙古汗国帝都—哈尔和林遗址

必烈也的确助兄登上汗位有功。比如，他那另两位王妃——伯要·兀真与塔腊海——就是蒙哥在登基前为“政治结盟”一次次强加于他的。但忽必烈不但能“逆来顺受”，并且还能承袭祖父的男性雄风使其一个个服服帖帖“为我所用”。但母亲辞世之后，矛盾便似乎不可避免了。好在蒙哥大汗又重提圣祖遗愿，藉以跨江征服南中国而成就盖世伟业。权衡利弊，最终他还是派遣忽必烈前去抚治漠南，提前为征服大业“搭桥”去了。漠南是个什么概念？即围绕汗国母地四周的今之内蒙古、宁、甘、陕，直至新疆的广袤地带。历史上便是汗国的“金库”和“粮仓”，故从中仍显示尚含一定的“手足之情”。但从另一个方面讲，离汗国最近，鞭长可及，附近之燕京等地又有自己的亲信重臣坐镇，量他也只能继续规规矩矩当好自己的“马前卒”！

还是“马前卒”，但这也足以使藩邸激动不已了……

似并没有什么大汗留下的难题，反倒是圣旨上明白写着漠南的军政大权均归“皇太弟”一把抓！但正当几天后众儒才知举杯齐向忽必烈祝贺时，却只见得唯独智囊姚枢一人仍面带愁容。忽必烈忙停杯询问缘由，姚枢沉思片刻反问道：“敬请贤王思之，今天下土地之广，人民之殷，财赋之阜，有超过贤王

元大都遗址公园里的元大都地图浮雕

所受封之汉地乎？”忽必烈答：“大汗也曾多次提及……”姚枢进而言道：“此正乃我所虑也！军民吾尽有之，天子何为？异时必有奸佞借此离间，而天子也必悔之而加以剥夺。今日只顾弹冠相庆，他日必失君臣大义！”忽必烈忙问：“吾当如何？”姚枢回答曰：“依臣所见，财富尽献天子，贤王唯掌兵权足矣！兵马之须求，当由汗廷加以解决。此乃‘供亿有须，取之有司’！处理得当，则‘顺势理安’！”王鹗当即拍案叫绝：“姚枢所言，可驱凶化吉！”忽必烈沉思片刻，突然掷杯在地，慨而言道：“所幸姚枢及时提醒，不然将为此误我大事！贤王虚名，谏臣实谏，此乃天赐姚枢予吾！哈哈哈哈，罢宴！”

一道隐含的难题就这样“迎刃而解”了……

果然，次日再奏禀蒙哥大汗便迎来了“龙颜大悦”，再不拖延而准其“择日出发”。明摆着嘛！忽必烈从未统率过兵马，却偏自请“唯掌兵权”，而忽必烈身边汉儒颇多，却偏又自请“卸去政务”，似将自己身上已经放松的缰绳重又交在大汗手中，显然要比空口白牙地高宣忠于大汗更能打动“圣心”。更何况！从这份奏折中只能看到使酸儒们失去“用武之地”，而让忽必烈把他们尽快带走也有利于清除他们对“草原的污染”。随之，蒙哥大汗又将自己昔日的潜邸彻底赐予忽必烈为王府，当夜便在万安宫内大摆皇室家宴为“皇太弟”饯行。

忽必烈终于平生头一次跨出了草原母地，但在新赐的王府内也留下了“牵挂”。从古俗，他只能带走察必王妃，而另外两个小王妃似也只能留在汗都“固守”了。

更令人揪心的是，察必为他所生的次子芒哥喇，方才五岁，胖嘟嘟的十分可爱，也依过去的“故事”被留在万安宫内了。

诸多遗憾，诸多惆怅，诸多不可知的未来！

但总算迈出人生关键的一步……

【忽必烈抚治漠南初试汉法】

忽必烈之“自请唯掌军事”，显然避免了兄弟间权力冲突的过早发生，为他于中原一试身手带来了宝贵机会。

却谁料刚等他跨进漠南来，面对现实就深感失望了……

原来，眼前的漠南汉地绝非是“沃野千里，人寿年丰”，反倒是“民不聊生，满目疮痍”。再一打听，方知黎民百姓竟受着三重盘剥：最高层为大汗派驻于燕京的“扎鲁忽赤”（大断事官），多为大汗的亲信重臣，负责中原汉地的税赋及征收各种战备物资；中层为诸王宗亲派驻中原的家臣，因其主子均在汉地也有分封的“食邑”，故其职责就是代主追讨贡物和税银；最下一层便是历任大汗所分封的汉世候，唯听汗命，称霸一方。不仅军民兼管，而且世袭罔替。大有唐朝末期藩镇割据之势，同时尚不时因争夺利益发生“火拼”。再加上凡到此主政的高官与家臣谁又不想藉权大捞一把，随之横征暴敛与贪腐之风日盛，黎庶小民似也只能生活在水深火热之中。

木华黎与耶律楚材前期的改革功业早已毁之殆尽……

故《元史》上才有了这样的记载：虽和尚刘秉忠已于金莲川之龙岗为忽必烈选定了漠南驻跸之地（今内蒙古正兰旗一带，古属幽燕之地），但他却面对着新搭建起的毡包王城犹豫起来。恰好此时有木华黎之孙霸突鲁来访，因二人还是连襟，忽必烈便私下对其一吐心思曰：“今天下稍定，我欲劝主上（令我）驻跸回鹘，以休兵息民，如何？”回鹘，系指畏兀儿或突厥后裔所居西部游牧之地。表

阿拉伯文金幻方（是伊斯兰教徒配以护身的信念物，带有一定的神秘性）

汉白玉石狮

面看起来是忽必烈不习惯于汉地生活，仍留恋草原游牧民族间那种特有的亲和性。但其实不然，他是面对如此严酷的现实唯恐陷入“不可自拔”的困境：大汗钦命的驻燕京之封疆大吏，“食邑”家臣背后的诸王贵胄，手握重兵的割据世袭汉世候，哪个方面是自己这个“马前卒”轻易能惹得起的？何不远避回鹘，以防止“窝阔台家系异动”为名另谋“东山再起”？显然是因为一时的心烦意乱，竟忽略了自己“皇太弟”的特殊身份，也忽略了皇室内争尚未为外人所知的现实，更忽略了姚枢建言“唯掌兵权”其中突显的儒者大智慧。

多亏了木华黎之孙霸突鲁一直生活于中原汉地……

听忽必烈发出“欲驻跸回鹘”之问后，当即慨然而答：“幽燕之地，龙蟠虎踞，形势雄伟。南控江淮，北连朔漠，且天子必居中以受四方朝觐。大王果欲经营天下，驻跸之所，非幽燕不可！”忽必烈闻之一振，再经霸突鲁点示其“皇太弟”身份及手握之“漠南兵权”之种种优势，遂拍案而起感叹道：“非卿言，我几失之！”

史称“顿感神清气爽，毅然驻跸于幽燕之地”……

而驻跸于金莲川毡帐王城后的第一件事，便似为奖赏姚枢和刘秉忠等诸儒之卓识和远见，开始筹建自己的“参谋本部”——即史书上所称的“金莲川幕府”。此地原名曷里浒川，因夏季盛开金莲花而由此得名。正是由于这批“亡金诸儒学士及一时豪杰知经术者”之汇聚，因此才得以青史留名。当然，也不能成天尽听酸儒们的穷嚷嚷，关键还在于如何“量才而用”。为此，忽必烈除将一批高级智囊如姚枢、刘秉忠、王鹗、许衡、窦默等人留在身旁外，便很快又将一批久经考验的藩邸旧臣如廉希宪、商挺、张易、郝经、赵璧以及王府宿卫蒙将昔班与阔阔等，分别遣于从东到西漠南的阔长辖地去掌控兵权、下达王命、安抚庶众，严禁横征暴敛……其实，早在七百多年前人们业已知“战马蹄下出政权”，故这时忽必烈更深感姚枢之“唯掌兵权”建言是多么高明了。果然效果奇佳！由这些儒臣这么纵横捭阖地暗施汉法，故漠南周围的中原地带竟纷纷传扬出这样的声音：老天保佑！草原“贤王”现身汉地了！

而在此时，忽必烈却又在充分利用他那“皇太弟”的身份……

因为就在此前新锐文侍郝经与商挺等均向他建言：大王不应只困囿于驻跸之地，而应以皇室之特殊身份跨出幽燕主动“巡幸”燕京。燕京者，辽金两朝故都，今汗廷之掌控中原汉地之中枢。如得燕京民心，则尽得中原汉地民心矣！”同时也提出，只要大王“依托‘札撒’，言必称大汗、行必尊大汗、功必归大汗，则可后顾无忧也！”忽必烈焉能不知其间“奥妙”，遂轻装简从以皇太弟身份“巡幸”燕京。谁料进城当日即闻一事：蒙哥大汗新任命的大断事官布只尔与亚剌瓦赤，上任第一天即以“大开杀戒”树立自己的威严。史称：“仅一日便诛杀二十八人。其中有一名盗马人犯，本已施杖刑而释放。恰好有人献上环刀，布只尔便令人追回，为试刀锋亲手而斩之！”忽必烈详查后当然不会放过这个机会，遂在召见时当众对两位封疆大吏严词斥责道：“凡死罪必详献而后行刑，尔等一日杀二十八人，必多非辜！既杖复斩，此何刑也？”布只尔听罢错愕无言，又唯恐上告触犯“札撒”里“构乱皇室者处死”之大罪，故日后对忽必烈大多是“唯命是从”。随之，便是面对豪华接风盛宴上那更加出人意料之举，竟似“不忍卒看”落泪道：“当今大汗，一日三餐也仅不过是一碟沙葱，数把炒米，几块干酪，一壶奶茶而已！今日之如此奢靡，吾难以下咽！”遂离席“罢宴”而去……颇得儒家之精髓！上述二事一经传出，顿时震动了燕京全城。致使忽必烈更加“贤”名大噪，一些早不满现状的汉世侯与前朝遗臣也纷纷投靠于他。其中最具代表性的人物便是：颇具实力的汉世侯史天泽，太极书院的掌门人、燕京大儒杨惟中等等。据说，蒙哥大汗闻皇太弟在外仍处处高宣“大汗圣明”也多有感慨，随后竟依祖制将忽必烈手下的一员色目家臣孟速思，也轮派到燕京担任“扎鲁忽赤”——大断事官。大汗感慨待考，但此项任命确见于史。

真可谓“旗开得胜”，却似少块“试验田”……

也难怪！面对现实，又经众幕僚引经据典的多方面的开导，忽必烈早彻底明白了一个真理：要想“思大有为于天下”，再仅凭马上的功夫是绝对不行了。中原世代依农桑为生，焉能再用游牧方式加以治理？而一统天下所需的粮秣、弓矢、鞍辔、兵器、棉帛、军备物资等等均无不来自于汉地农耕地区，再加上务农者百数倍于游牧者，似只有得此民心方可得天下。而如欲显胸中雄才大略也唯此途可行：即广施儒术，汉法治汉！然而，忽必烈虽决心已定，却苦于自己只统领漠南军务很难在“天子脚下”名正言顺地“蹈袭他国所为”。为此，他曾打过一片尚无人问津之“千里赤野”无人区的主意。原来，在灭金之后，汴梁之南至长江北岸广袤地带，因蒙宋隔江对峙不时相互袭扰，且蒙将不知农耕之重攻防间又大肆对边民劫掠。致使民户背井离乡四散逃生，日久天长便形成了赤野千里的无人区。忽必烈为“英雄有用武之地”，遂上书汗廷向大汗建言：“为一统天下计，当招抚流民，令兵将屯田戍边，恢复农桑以使其成为陛下之前沿粮仓械库……”一句话：即以为圣上灭宋隔江“搭跳板”为名，行自己欲一试“汉地汉法”之实。只可惜此奏后来竟如“石沉大海”，至今仍毫无反应。中原大地茫茫，但均各有其主，何处才是自己施展身手之地？谁料正当他大失所望时，竟会有人主动把“实验田”送上门来！

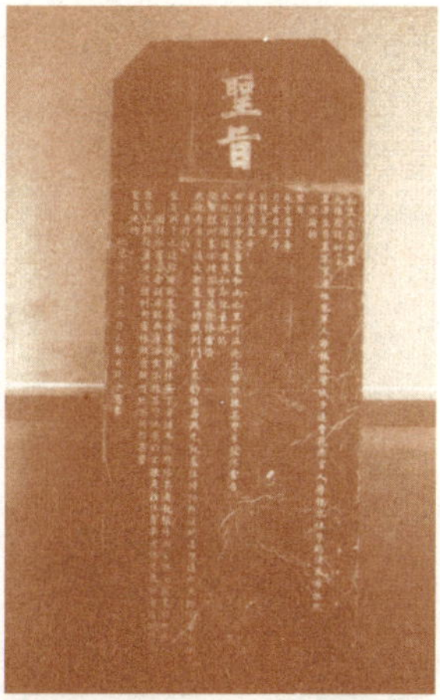

而且是不求有任何回报，还是亲自上门跪地哀告……

前来觐见者乃一位“异类”贵族，史称“塔剌罕”。皆因“救驾有功”受此封号，并享受一切贵族待遇。而此次前来觐见的塔剌罕之祖先，曾在危难之中救过圣祖之驾，故封赏更厚，遂在中原也有了封地。来人因久居汉地，人们已不记其名，只取谐音仍将其称为“答尔罕”。答尔罕祖先之封地邢州原属黄河以北富庶之地区，下辖十数县，人口超过一万户。且地处交通要冲，来往商贾不断，本应是个天然的聚宝盆，然游牧民族侵占后却根本无视先进的农耕文明，似作为征服者只顾了横征暴敛。加之这里又是驿站枢纽，使臣也随意到此敲诈勒索，上下夹击，遂使这里庶民百姓受尽凌辱惨遭冻饿。苦不堪言，难以忍受，最终也只能背井离乡逃往他处谋求一线生机。据史载，到了答尔罕这一代，短短不过二三十年，邢州地区之人口便由原来的“一万户”急速下降到“五七百户”。答尔罕又并非真正的黄金家族成员，绝对无力面对这种势态。故一筹莫展束手无策，致使越来越空的“聚宝盆”，突然间竟变成了他越来越沉重的包袱。此次闻听贤王忽必烈渡大漠南来，遂带家臣跟踪而至。当然，答尔罕绝不会言自己的“苛政猛于虎”，但忽必烈闻后已叹之曰：“又是一片水深火热民不聊生！”而答尔罕也直白讫告说:“早闻皇太弟贤名，故恳请救我于水深火热之中！请务必看在圣祖的面上，或请大王代管，或请大王抚治，或请大王接收，或请大王转奏干脆收回这块封地也罢！”

古京城水地图

显然是一根没肉的干骨头，然忽必烈竟慨然应允了……

排水兽

随之便命其上报汗廷，以待御笔亲批。更出群儒意外的是，蒙哥大汗对忽必烈的“亲情”又在突然升温。按现代话来说，似乎是距离产生了美？反正是有章必批，有奏必准，信任有加，包容一切！不仅钦准了塔剌罕“抚管邢州”之请求，而且还对那“石沉大海”有关屯田戍边的奏章也突然有了“准奏”之御批。甚至就连跪别大汗时偶尔提及的南下需建“王城”之事，此次竟也顺便下旨宣示“可于漠南择地而筑之”！真可谓圣明到不能再圣明，大度到不能再大度！难怪谋士姚枢当即忧虑忡忡感叹道：“圣上恩泽如大网般撒下，大王尚需谨慎应对！”但圣明依旧圣明，大度依旧大度。1253年，蒙哥大汗大封皇族，又将“南京”（汴梁一带）与关中（今陕西西安一带，西安古称京兆），命皇太弟二者择其一为自己的食邑封地。忽必烈又是听从了姚枢之建言，为回避汴梁乃“后金帝都”之嫌，而选中了“厥田上上，古称天府陆海”的关中地区。有求必应，恩宠有加！就这样，原先忽必烈只嫌“英雄无用武之地”，这一下竟突然多得“目不暇接”！漠南、邢州、汴梁、关中，甚至还涉及燕京，竟一时间均成为他施展身手一试“汉法治汉”之地！

至于蒙哥大汗为何对他如此放手？到时便会自见分晓……

这里必须先插叙几句：1225年，蒙哥大汗为完成其“迂回包抄”南宋的战略部署，又命令忽必烈统帅蒙古铁骑避开南宋锋芒绕道而南下先取大理国。而于1253年却还在为他加封食邑封地，至此前前后后他那“实验田”加在一起似乎也太多了吧？按常理来说，这铺开的大摊子总得理出个头绪再远征吧？但蒙哥大汗似乎偏就要这样“宠信有加”。再说了，依祖制你成为统领漠南之宗王，也绝不能因为“家务繁忙”就不再接受“外差”了吧？悠悠万事，唯此为大！忘了征服即忘了根本，还是得依从圣命以皇族荣誉为重！但有史可考，忽必烈虽统兵已踏上南下征途，却仍能在各地试行“汉法治汉”，均有所成就。究其原因，似可综合中外相关史料找出下列原因——

其一，由于其推行“汉法治汉”乃至“汉人治汉”，在中原汉地大得人心，不仅精英豪杰纷纷投靠他的帐下，而且就连一些尚存良知的汉世侯与留守中原的蒙古贵胄也先后追随于他。故手下人才济济，于各地一试汉法绝不乏能臣干吏。

其二，南征初期，由于汗廷调动等诸多原因，直到1253年才得以进驻六盘山。由于离漠南较近，一年多的时间内忽必烈绝对可以从容加以指点和部署。再加上他早已命亲信文侍赵璧专门组成一支快马轻骑的驿使队，日夜疾驰于各地——尤其是金莲川——负责通讯联络以及下达王令等重任。

其三，乃最重要的一个原因，即察必王妃那日渐突显的杰出政治才能。从十七八岁嫁给忽必烈之后便伴其在一起“纳儒习儒”，十余年后早成为一位深谙儒家治国之道的贤内助。颇有婆母唆鲁禾帖尼的遗风：内刚外柔，极具亲和力与凝聚力；睿智果断，更让毡帐王城臣僚皆服而无不争先效命。故有她坐镇金莲川，忽必烈似完全可以放心和放手远征大理。

为何以上非要交叉道来？……

为何放着轰轰烈烈的战争不讲，却只顾反复解释这些？

其实目的只有一个：为了能不受干扰而更集中地讲述远征的故事，那就必须先对忽必烈在“文治”方面的建树有个“全景式”的交待。要不然东一榔头西一棒子交叉着进行，将很容易使人瞻前顾后地被搞糊涂了。而现在总算从史书中理清了这个特殊的历史大背景，那就先将忽必烈初试汉法经略中原的概况大体讲清楚了再说。有史可查，分为三地：

一、邢州治绩——

1252年秋十月，忽必烈便传谕任命赵良弼为“安抚司”幕长（兼），以张耕为安抚使，以刘肃为商榷使赴任后，历经脱兀脱之抗命（藩邸蒙将，因勾结当地蒙吏作乱，后被遣回严惩），以及春播时之艰困等种种危难，邢州终于迎来了流民复归后的第一个丰收年。史书称，这批干练之儒臣在此期间还“兴办铁冶，充实官府财用；印制纸钞，满足民间贸易流通；整顿驿站，严控横征暴敛；修官廨馆舍仓廪，力挽颓败之象；对不法官吏，诛尤为民害者一人，其余或黜或降；申严法禁，使文书钱谷奉行严谨，无所奸欺；又在州之北廓新建石桥，以便官民通行；遂“流亡者复归，户口增至十倍；诸路州考课时，邢州为最”。（以上政绩均摘自《元史》）史书又称“新政大兴”故“邢乃大治”。若以现代目光来看，这当属忽必烈推行“汉法治汉”之第一块“试验田”。难怪这位远征途中之皇太弟接驿使快传后，竟激动地立即召见姚枢、刘秉忠等随征诸幕僚曰：“儒者，有为也！汉法，济世也！若二者兼用，天下则可大治也！”

二、河南治绩——

1252年春，在蒙哥大汗批准他治理那汴梁以南的无人区后，忽必烈即将其扩大于河南全境，故史书也称为“河南之治”。先在亡金故都汴梁设屯田经略司衙门，并任命四位顶级精英人物：藩邸首席蒙将忙戈、汉世侯史天泽、燕京大儒又曾为汗廷中书令的杨惟中、自己的贴身亲信赵璧（专门从驿传使位上调来）为经略使，陈纪与杨果为参议。除蒙将忙戈显然是为“充门面”之人物外，其他三位经略使都是有胆有识的大实干家。果然，在忽必烈远征鞭长莫及之情况下，治理经略河南却日见成效。据史载，赵璧受命重返河南后即将境内军队“分屯要地，且耕且战”。而经略司也向所属州县“派设提领，严察奸弊；均平赋税，以纾民力；更新钞法，以通贸易；修筑城堡，保全边民；整肃吏治，诛杀奸恶……”等，从而以全方位推行“仁政”。而在“整肃吏治”方面，史书上更有许多详实的记载。如经略使杨惟中在此前仅为燕京名儒，而赴任后竟敢面对为虎作伥的河南道总管刘福，历数其“贪鄙残酷，害虐遗民二十余年”之种种罪恶，当堂“手握大梃（权杖），击杀之”！此事影响极大，不仅大快人心，而且震惊燕京。致使掌控中原税收大权的亚剌瓦赤闻之股栗，而

北元时期的美岱召壁画

忽必烈之王府侍臣孟速思则迅速地掌控了燕京之军庶大权。几乎与此同时，赵璧又将亚剌瓦赤在河南之爪牙董主薄（史无详名），以“强娶民女三十余名”问罪斩首。这使亚剌瓦赤受到了更大之打击，遂忧恐成疾终致一病不起，一年多后便死去了（卒于1254年）。至此，史称“河南大治，流民争归”。

三、关中治绩——

关中，即指今日之陕西西安一带，辽金时称京兆。这可和此前的“托管”、“代治”大为不同，因为忽必烈至此才总算在中原有了属于自己的食邑和封地。当然会更加珍惜，倍加重视对这里的治理。京兆，也曾是中原一座历史悠久的著名古都。下属八州十二县，计有三万三千余户。因文化积淀极厚，故选用官吏更加注重贤能。1253年，忽必烈尚在南征途中，即命“王府尚书”姚枢前往设置宣抚司、从宜所、行部等各种机构加以管理。随之便任命王府习儒的蒙臣孛兰、急从河南调来的杨惟中任宣抚使，商挺任郎中，赵良弼与

战争场面

杨奂任宣抚参议。孛兰和杨惟中到任后，史称主要政绩是“提拔贤良、锄暴黜贪、制定规程、印制纸币、颁发俸禄、薄税劝农”等等。尤其对诸军将的“横侈病民”更绝不手软，史载“郭千户杀人而夺其妻，杨惟中戮之以徇”就是一例。事后杨惟中还公然宣称：“非吾好杀，国家纲纪不立，臻此辈贼虐良民，无所控告。不去不仁，何以为仁政乎？”后杨惟中因病回家疗养，即由畏兀儿族儒将廉希宪前来接任，商挺也升任为副宣抚使。仍广施仁政，继续推行“扶贫弱，摧奸强，去‘羊羔利’征取之弊，行本息对偿”等诸多史载惠民之策。后来更为“多重教化”，又举荐一代大儒许衡为“京兆提学”（类似今日之教育厅长），并且还“释为奴文士而附之儒籍”，更可见施行汉法之彻底……这还不算，1254年忽必烈还曾特别委派姚枢为劝农使，“负责关中的劝课农桑事”。而《元史》中也称，姚枢曾“躬自遍历京兆所属八州十二县”，亲自宣示忽必烈“重农桑之旨意”。综合上述似可以看出，一位蒙古族的宗王在远征途中竟能如此而为，足以可见他那“文治”与“武功”齐头并举之“雄才大略”绝非同一般！

但绝不仅仅是为“泽及三地”……

事实也确如此，当忽必烈于邢州、河南、关中初试“汉法治汉”大获成功之后，其影响早超越了三地之范围。不仅使幽燕之汉世侯纷纷归心于他，而且就连远征途中所结识的诸多汉世侯也个个求其“庇荫”。这样一来，致使他的势力已于无形中从漠南向秦陇以至陕、川、青、康等地延伸。尤其更值得提及的是：忽必烈在三地的施政已开始不分民族，竟逐渐由“汉法治汉”更进而大胆改为“汉人治汉”。大得人心！受到中原士大夫的普遍赞誉。元代史籍《陵川集》卷三十七就有这样的记载：士大夫均称忽必烈为“贤王”，并认为他“能用士而能行中国之道，则中国之主”！

当然，察必王妃在此期间也“功不可没”。主政于漠南毡帐王城，代行着忽必烈统领诸地的王权。按现代话来说，她既是“后勤部长”又是“组织部长”，还暂代行“总理”之职。在忽必烈远征大理这个阶段，她越来越显示出一个卓越蒙古族女政治家杰出的理政才能。

蒙哥大汗在遥远的汗廷也越来越加大度，越加沉得住气，更进而越加放手。

忽必烈仍在漫漫的征途中艰难地跋涉着。

目标：大理……

【忽必烈迂回包抄远征大理国（上）】

再回头说起：忽必烈是如何第一次担任军事统帅的……

1251年底，初登汗位的蒙哥大汗已不满足于“重振朝纲，唯我独尊”之诸多成果了。在重新激起朝野狂热的征服欲之后，一个雄心勃勃规模空前的战略部署终于完成了。先是命三弟旭烈兀统兵西征攻入中南亚，后又命归顺的窝阔台次子阔端继续荡平“乌藏思”（西藏）。目的明确：一方面为转移或迷惑南宋的注意力，使其认为蒙古铁骑只会重复西征或南掠土蕃；一方面为扫清障碍，准备让忽必烈统兵去“迂回包抄”先行灭掉大理国。终极目标只有一个：南北两面夹击彻底灭掉南宋，以实现一统南北征服天下之大梦！当然，这一切也只能算作前期的铺路，而完成最后一击的还应是他这位“前无古人的伟大征服者”！

历史已经证明，这是历代北方少数民族摆脱不了的历史宿命……

就是在这种大背景下，忽必烈是于1252年六月“授钺专征”大理的。大理国，古称南诏国。所属面积大体为今之云南全境，东稍及云贵，西稍及川康一带。史称当时“国主段兴智孱弱、奸相高祥专权”，看来似乎也是个因腐败必亡之国。但毕竟地北天南，相距遥远，千山阻隔，万水横截。而且尚不能与宋军正面冲突，为保存实力似也只能专挑危途险径而行。从而使万千铁骑顿失奔袭优势，似比旭烈兀与阔端的出征还要艰险莫测。再加上阔端平藏因受汗廷岐视已草草收场，致使必经的藏人区尚处处深藏着隐患。也难怪！阔端至今仍在凉州挟持着人家视之为神的藏传佛教教主萨迦班智达——窝阔台大汗初期应邀北上与汗廷谈判的——至今仍把他作一张手中的“王牌”向大汗讨价还价……总之，困难颇多，艰险颇多，感慨也颇多！但忽必烈毕竟是圣祖所钟爱的嫡孙，似乎天生就遗传有一种特有的军事统帅之基因。且不说现实已绝不允许他抗命，就单单一提战争那也会使他本能地热血沸腾。更何况！这也是他“思大有为于天下”的重要组成部分，而且早已与察必王妃达成一种共识：是要坚持试行汉地汉法，但作为一个蒙古宗王，也势必尽快补上“武功“这一“课”，“文武之道，一张一弛”，缺一焉能知自己是否有匡扶天下之雄才大略?

为此，临行前还曾将众多儒僚蒙将作了特意安排……

据《元史》记载，除留下王鹗、许衡、窦默、张德辉、郝经、李冶、阔阔、昔班等众多儒臣蒙将辅佐察必王妃坐镇金莲川外，自己只带走姚枢、刘秉忠、廉希宪、张文谦、赵秉温、郑鼎（乃藩邸唯一巨无霸似的宿卫汉将）、孛儿速等十数人随军南下。其中董文炳、董文忠兄弟还得负责督办粮草与襄赞军务。虽史称“此乃忽必烈总领漠南后承担的第一项重大军事征伐”任务，

战争场面

但为在蒙哥大汗眼前避嫌，他还是尽量少带汉族的儒臣谋士。谁料就在这种境遇下，王府尚书姚枢却偏向他大讲起宋太祖遣曹彬取南唐未尝杀一人的故事。曹彬，宋初名将；南唐，即那位“问君能有几多愁”的诗人皇上李煜李后主所掌之国；未尝杀一人，系指用“仁义之师”终使其开城请降。姚枢在南征前夕大讲这样的历史故事是大有深意的，意在提醒忽必烈不但能在文治上施“仁政”，而且也必须在此次远征中一改马背民族原始的攻略方式。二者相辅相成，不然则可能徒有“贤王之名”而前功尽弃……但忽必烈却闻之久久未语，似有什么难言之隐。

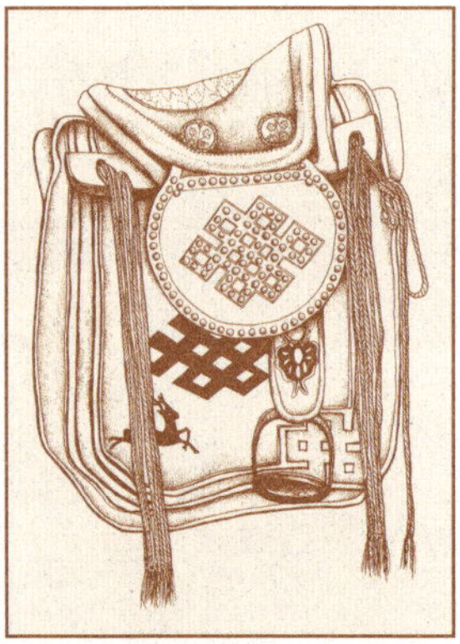

军用马鞍

显然，他在此时已很难独自作主了……

原来，就在前不久，蒙哥大汗似为体现对皇太弟“无微不至”的关怀，特为他远征大理又加派了一位“得力助手”。但忽必烈刚一听“兀良合台”这个名字，顿时竟把充分展示统帅才能的激情冷却了一半。原因何在？听听下面介绍便知道了：兀良合台（1201—1272），乃成吉思汗之“朵儿边·那孩思”（直译“四犬”，但绝无贬意，在马背民族这里只寓意忠诚与勇猛）之一速不台之长子。其家族隶属成吉思汗统领，曾受托抚养过幼年之蒙哥，故蒙哥成年后兀良合台便又为其执掌王府卫队。骁勇善战，累建奇功，曾在“长子从征“中追随蒙哥大败波兰与日尔曼联军于多瑙河畔。后又在拥戴蒙哥登上汗位中作用非凡，故和当今大汗关系相当特殊而又非同一般。忽必烈深知这段君臣

攻城图

史，因而也清醒地意识到当今大汗拿出此张“王牌”的复杂心态：既要张扬拖雷家族汗位的正统性和权威性，又唯恐自己无能或怀有异心。而面对这样一位具有特殊背景的前辈勋将，自己岂不也只能扮演“九脚白旄纛”一样的幌子角色？好在他已深得儒家学说之精髓，对“小不忍则乱大谋”从少年起就深有体会。也就主动给汗兄台阶下，几次谦逊让“帅”。最终不仅使蒙哥得以从容安排：“大将兀良合台节制管领，皇太弟居上统辖”；而且也使兀良合台深感“贤王果贤”，竟建议大汗补授予皇太弟远征途中“生杀大权”。

有史可考！后来蒙哥大汗也果然补而授之……

1252年七月，远征大军从漠北的玛牙祭旗出发，从此踏出了草原母地向远在天之南的大理国缓缓进发。此时忽必烈跨在白鬃烈马之上，已可以扬鞭兴奋地向姚枢呼喊回答曰：“汝所言曹彬不杀者，吾能为之！吾能为之！”这可以说是彻底改变蒙古族征伐史的一声震聋发聩的呐喊，从此马背民族之用兵便更多了理性的掌控和思索。而忽必烈之所以敢于这样纵马公然宣示“我能为之！我能为之！”却全在于一代名将兀良合台的老诚持重。他早从忽必烈的种种前期部署中，看出忽必烈果不愧成吉思汗的皇嫡孙，似天生就是个杰出的军事统帅。比如：他已经早暗中派出小将玉律术携王君侯潜赴云南进行打探；再比如：他对随征诸王和汉世侯的“探马赤军”之调动又显得那么从容不迫。总之，绝少蒙古宗王在征伐中那种骄横颐指的威喝怒呼，更多的却是凭个人那种特有的人格魅力来凝聚军心。再加上忽必烈已把自己的儿子阿术提拔为帅帐主要将领，至此兀良合台心服口服早已甘作“副手”了。

远征大军还在稳扎稳打中向南行进着……

据拉施德在《史集》中记载，此次远征云南的大军“计有十万之众”。其中包括有诸王抄合与也只烈所率的蒙古铁骑，兀良合台的部下千户军、汉兵组成的“探马赤军”，以及忽必烈藩邸随从所组成的宿卫军……可能有人会问：蒙古铁骑擅于长途奔袭，为什么这次行军竟十分缓慢，半年以后才东渡黄河来到盐、夏二州（今宁夏一带）？这除了应问蒙哥大汗当时是如何“居高临下”指挥调度的之外，似也必须扭转一种错误的印象：奔袭、奇袭、突袭均为到达目的地之后的一种战术，如果从草原开始即长途奔袭直穿整个中国而到达云南那是不可能的。不但古代不行，就连当代率“十万之众”也很难做到。更何况此次强调的是“迂回包抄”以避免“打草惊蛇”，当然就更不能只顾“长途奔袭”了。否则，未达目的地人马早就全累毙了。

战争不是猎奇！历史也不能靠“好玩”来续写……

据史载，1253年春，忽必烈才率军穿过西夏腹地盐、夏二州。夏四月，才出萧关，驻军六盘山又不动了。但绝非是“将在外君命有所不受”，而实乃是实施全盘战略部署之重要之举。而此时老帅兀良合台已和这位皇太弟磨合得十分默契。不仅近距离地越来越体会到了忽必烈那种非凡气度，而且确实看到了他那种圣祖子孙与生俱来之统帅才能。驻军六盘山更体现了他之深谋远虑，此举将决定远征大理之走向和前程。须知，目标不仅仅是大理，而是包括吐蕃在内的整个南部中国。十余年来，蒙古铁骑对南宋的进攻因在江淮和四川遭到顽强抵抗，若此次直插近道或急欲求成必然会遭遇重重阻截而重蹈覆辙。舍近求远，离坦途而择险径绝对是英明的决策。但窝阔台家系的阔端大王却因遭受封赏供给不公等种种歧视，对吐蕃掠夺一空后竟返回自己封国去了。只留下自己的长子在甘肃凉州遥控，笑看皇太弟如何通过危机四伏的藏人区。就这样，藏区与汉地变得同样艰险，致使兀良合台老帅眼见得远征大军面临两难抉择而忧心忡忡。这时又多亏了皇太弟之汉臣幕僚中确有高人！只见经那位秃头和尚刘秉忠窃窃私语一番，忽必烈竟豁然开朗重又面露笑容。随即派出文武全才之能将廉希宪亲自前往凉州，依高人指点去寻找一位藏传佛教萨迦派的圣僧。

六盘山上高峰，旄旗漫卷西风……

渐至盛夏，但忽必烈却等待得是那么潇洒，那么耐心、那么超凡脱俗。只不该贤王之名远扬，竟难得清静。虽久等刘秉忠推荐的萨迦圣僧不至，却引得八方拜谒者络绎不绝。据史载，大多是就自己“官资之崇卑，符节之轻重”，请求皇太弟“开恩庇护”。唯有延安兵马使袁湘，面对忽必烈如实禀告本路军户“困乏之弊”并力陈“改除之法”。而这位皇太弟竟也能分别待之：对于袁湘不仅采纳了他的建议和意见，并予以极力的肯定和赞扬；然对其他“言私不言公”之官员或要人，则一概“责备训诫”。随之，巩昌统帅汪德臣也赶来觐见，当面禀告新城益昌“民生多艰”应免除“赋税徭役”事宜，忽必烈也欣然批准并与其结为知交。故贤名越发远扬，一路上远征大军颇得汉地民心。姚枢首先向他祝贺曰：“大王果然‘才不世出’，一路已将‘汉法治汉’推展于广交汉臣汉世侯矣！”而忽必烈竟也能谢而答之道：“本王岂能忘出征初衷：行军一路施一路仁政，纵马千里得千里民心？”

终于要把能“化解危难”的圣僧盼来了……

须知，藏传佛教早已在吐蕃地区影响深远，在“乌思藏”（今西藏拉萨一带）已逐步形成了“政教合一”的统治架构。而萨迦班智达即一位颇孚众望的藏传佛教圣僧，在藏族人民心目中有着极高的威望。1246年，应窝阔台大汗之诏赴凉州商谈如何避免“兵灾血祸”，谁料未能觐见大汗却被其子阔端软禁于凉州，“一心礼佛”至今。但其影响却在藏臣更加深广，信众得其一语往往视之为“神示”。儒僧刘秉忠向忽必烈推荐他的意义就在于此，有他的出面在川康藏区绝对“通行无阻”。而忽必烈在六盘山驻军的耐心等待，也正是欲借这位圣僧之“高宣佛号”，以图不损一兵一卒而完成这次“迂回包抄”的战略进军。却谁料就连廉希宪这样文武全才精明干练的能臣也未能请得动这位圣僧，老人家仅派了一位少年弟子代表自己前来觐见忽必烈。看来这位少年僧人顶多也不过二十岁，却双掌合什颇为自尊。一脸庄严法相，两目微闭若入

壁画局部

蒙古军

无人之境。

此人即后来被尊为“雪域圣僧”之八思巴……

八思巴（1235—1280），原本名为罗追坚赞。因其自幼聪明颖慧，三岁能颂莲花经，八岁能讲述佛本生经，故被人尊称为八思巴（藏语“圣者”），随后八思巴即为其名。十岁时出家于拉萨大昭寺，乃伯父萨迦班智达亲自为其授沙弥戒。由于这层特殊关系，十一岁又追随圣僧谒见窝阔台大汗于凉州。虽未果，却再未返西藏，滞留至今。忽必烈初见之，虽也深感八思巴举止脱俗，气度超凡，但因其毕竟比自己小了整整二十余岁，仍乃一个十八九岁之少年僧人，故稍显怠慢。但转念一想，此分明是年迈圣僧对自己的特殊眷顾，年龄不饶人已难随军解危。看来这少年僧人必定自有不凡之处，否则圣僧也不会遣其代己而来。为此，忽必烈马上“肃然起敬”，而八思巴也竟“受之无愧”地应对道：“毋庸汝语，吾师有言：藏法治藏，大路通天；高宣佛号，法力无边！”忽必烈也乃大智慧者，一听焉能不心灵相通？原来，廉希宪赴凉州去请圣僧，竟遇诸事不顺。一方面萨迦班智达的确年迈而行动不便；一方面阔瑞大王之长子也唯恐有违父命。这不，即使最后萨迦班智达同意让八思巴代己前来，阔端长子也竟相偕前来尾随左右。故这才有了史书上所载的忽必烈之“赠

一百名骑兵以换取八思巴暂留身边”的故事。代价不可谓不大，但刘秉忠却又双掌合什念佛曰：“阿弥陀佛！超凡脱俗，广结善缘！”果然，在忽必烈答应“尊其信仰，藏法治藏”不久之后，八思巴便跨马悄然进入康藏地区“向佛借道”去了。忽必烈闻其业已先行，也当即派文臣张文谦、蒙将孛儿速率少量士卒尾随暗中加以保护。并命二人不得横加干预，唯少年僧人之命是从。

六盘山上旌旗招展，六盘山下鼓角相闻……

八思巴前脚一走，忽必烈后脚便下令准备开拔。王命如山，战马嘶鸣。在兀良合台老帅的总体指挥下，千军万马终于又开始浩浩荡荡向南进发。但也必须指出，似乎战争的节奏一直是在受着遥远的蒙哥大汗的操纵和掌控。突显军事才能的青年将领阿术，早已接过赵璧之任务建立起更加四通八达的驿站。致使与汗廷往来互动不断，与金莲川讯息传递也畅通无阻。显然是蒙哥大汗对皇太弟之战略部署尚大体满意，随着一道道谕旨的到来，战争的节奏显然是骤然加快了。

1253年秋八月，大军抵达临兆……

其间尚有一段插曲可叙：据史载“京兆鄠县人贺贲，修建房屋时从毁坏墙垣下获白金七千五百两”，遂以“殿下新封秦（京兆），金出秦地，此天以授殿下”为名，持其中五千两呈献忽必烈“以助军资”。而当地某军帅（史未记其名）竟以“不先禀白”为由将贺贲下狱。忽必烈闻之大怒，几欲动用“生杀大权”，后多亏“念其勋旧家世饶其不死”。而献金以“助战”之贺贲后被擢用，并送其子贺仁杰“入置宿卫”跟随忽必烈远征。据史载，二十年后，忽必烈“召贺仁杰至御福前”取五千两白金对其曰：“此汝父六盘山所献者，闻汝母来，可持以归养！”贺仁杰坚辞不受，忽必烈笑而不允。足可见其蒙古族君王之特点，颇具信誉且有浓浓之人情味。由此可见，“行军一路施一路仁政，纵马千里得千里民心”还是可信的。

1253年秋九月，大军到达川康交界之忒拉……

忒拉，今甘南迭部县与四川若尔盖县接壤之达拉沟，至此似将要结束从北到南漫长的行军阶段，今后即要转入真正战略性的“迂回包抄”。作为具有成吉思汗基因的天才军事家，忽必烈竟为此下令在忒拉安营扎寨三日以重新进行军事部署。而兀良合台元勋及随征的抄合与也只烈等诸王，也都因敬服于他的人格魅力与指挥才能静候着他重新调遣。而忽必烈却在王帐之内陷入深深的思索，幕僚们早已看出他正在为下一步军事行动进行着大胆的抉择：是严遵大汗部署十万大军继续统一行动？还是面对危途险境分而行军然后再会师于大理通力合击？

明摆着，千军万马再挤“独木桥”是不行了……

好在这时，奉命前去京兆封邑安排治理的姚枢业已赶回来了，不但带回诸多的好消息也带回了该当如何用兵之策。而几乎与此同时，伴随八思巴先行去“向佛借道”的张文谦也归来复命了。据他说八思巴虽然年少，却在藏人藏地无人不知无人不晓威望极高。一经宣示“藏人治藏、尊重信仰”两项王令，似有神佛相助竟不等人至早已远播于千里之外……当然，张文谦所言颇带神话色彩，似乎少年八思巴能飘然而来飘然而去突显佛法无边一般。最终更突然要对宗王不辞而别曰：“大体无碍矣，佛示我速返侍奉多病师尊。若有缘！我当与大王来年于忒拉相见。”说毕竟纵马飘然而去，似也只好命孛儿速尾随继续送往凉州……有缘？忽必烈似感受到了一种莫名的神奇力量，已使他向日后的皈依藏传佛教悄然迈出了第一步。

当然，更重要的还是姚枢助他作出了抉择……

随之，又有了玉律术与王君候“潜探云南”不辱使命的归来，这使得忽必烈更加意气风发了。明知老帅兀良合台身份特殊使命特殊，但他还是准备与这位老帅彻底摊牌了。谁料兀良合台一进得王帐竟直言相问：“大王欲分兵乎？”一语中的，致使忽必烈大感惊讶。老帅却曰：“此乃正常用兵之道，末将也常作此设想！十万大军相随而行，目标庞大，行动缓慢。而我蒙古铁骑，贵在神速机动！如不分兵合击，必难早日取胜，末将甘愿冒大不韪敬听大王调遣！”忽必烈感叹道：“知我者，国之元勋也！然岂能让老帅去冒风险？即使天塌下来也先由本王顶着！”这是忽必烈第一次“将在外君命有所不受”。是夜，在一王一帅主持下即兵分三路。据史载，兀良合台率西路军，诸王抄合与也只烈率东路军，忽必烈亲自率领中路军。并由小将阿术领数十轻骑负责协调联络，不久便分头穿过康藏高原迂回向大理包抄而去。

相互摆脱羁绊，各自大显身手的机会终于到了。

但面对的首先便是风雪弥漫的康藏高原。

神秘莫测，吉凶难卜……

【忽必烈迂回包抄远征大理国（下）】

1253年初冬，忽必烈正取道吐蕃东道艰苦跋涉……

但他的情绪却是振奋的，斗志也是高昂的。须知，他虽已和兀良合台达成了高度的默契，但在这位百战百胜老帅的光环下还是很难“青史留名”的。而现在好了！不但可使老帅和诸王尽显其能，并且自己也能独领着一路征服大军以示无愧于乃圣祖子孙，是平生第一次，却似更有利于激发出源于血脉的那种征服者的潜能。左有廉希宪，右有玉律术，身后还有姚枢、刘秉忠、张文谦等众多高人谋士，致使忽必烈踌躇满志感慨颇多。眼望荒凉的茫茫高原荒野，竟纵马驰骋于万军之中振臂高呼曰：“此乃天助本王练兵也！”一呼百应，声

震旷野，群情激荡，随之便引来了万马奔腾。

谁料，未来的征途比预想的还要曲折凶险……

有关元史资料均有详细记载：“经吐蕃曼陀，涉大泸水，入不毛瘴喘沮泽之乡，深林盲壑，绝崖狭蹊，马相縻以颠死”；“前行者雪三尺，后至及丈，峻阪踏冰为梯，卫士多徒行，有远逾千里外者”。据《中书左丞姚公神道碑》刻载，王府尚书姚枢就曾因“坐骑瘠瘦”而“徒行千余里”。而经雪山时，更因山路盘旋曲折，包括忽必烈在内，也都必须“舍骑徒步”。作为一支马背民族组成的远征大军，现已不得不人马分离甚至“马相縻以颠死”，似已举步维艰陷入绝境。谁料此时，身为统帅之忽必烈偏又足疾突发寸步难行，顿时更使得进退两难军心大乱！而此时却只听忽必烈猛地一声呼喊：“郑鼎速来！吾即钺，负本王前行即奉钺专征！”声震雪岭，回荡冰峰。巨无霸郑鼎闻之早激动而来，背起忽必烈便果真“奉钺专征”了。又闻行进中大王那声声豪之大笑，竟激荡起骁勇们一阵阵欢呼。小将玉律术陪伴左右，遂千军万马又斗志昂扬地跋涉向前行进。

元代地契

从此，郑鼎即成为忽必烈格外关心之爱将……

元代百姓生活

据史载，巨无霸不仅背负自己的大王奋力向前，而且“遇敌军据险扼守”，则将忽必烈交玉律术守护和疗足，自己竟率众又奋不顾身“力战而败之”。忠勇无比，略少智谋。但郑鼎在当时那种特殊情况下，却受到了忽必烈“赐马三匹”之奖赏。后足疾渐愈却背负之义永记不忘，《元史》之中就有多处记载忽必烈对这位“有勇无谋”爱将特殊关怀之举。人情味颇浓，作为佳话流传一时。而忽必烈足愈之功，当首推玉律术！虽远离金莲川万里之遥，但仍不忘王妃之嘱托千方百计照顾着自己的宗王。这里尚需插叙一笔：《后妃传》中称“后亲制皮裘，以寄思念”。这时，察必亲手缝制的皮裘也果然正在发挥了巨大作用，在冰天雪地中为忽必烈捂脚、暖身，更重要的是温暖了一颗孤寂而又激荡之心。

1253年冬十月，强渡大渡河……

据史载，大军“仍在山谷中行进二千余里”，而忽必烈“率领之劲骑始终领军在前”。人与马又能“合而为一”，总管后勤的董文忠、董文用兄弟功不可没。前面就是大理国境，和尚刘秉忠过后感慨颇多曾以诗叙怀（见《藏春集》卷一《西蕃道中》）——

鞍马生平四远游，又经绝域入蛮陬；
荒寒风土人皆怆，险恶关山鸟亦愁。

似远不如七百年后又一首诗“气魄宏伟”，但回顾所历经地点又何其相似乃尔？一个是由北到南：六盘山、草地、雪山、险岭、大渡河、金沙江、直逼大理！一个是由南到北：金沙江、大渡河、雪山、草地，直至“六盘山上高峰，红旗漫卷西风”！当然前半段大不相同，志向也各异。但从这后半程历经线路之重复，似也可称之为某种历史现象之巧合？

姑妄议之，且留后人评说……

1253年十一月初，“入大理境内，行至金沙江畔”。显然云南四季如春的气候，遍野一片翠绿之景象，重又激发了蒙古铁骑的征服欲。据史载，致使忽必烈豪气勃发，单骑驰骋于金沙江边，一跃竟“情不自禁立马巨石之上，俯视波涛汹涌之江水”，烈马扬蹄惊嘶，忽必烈却控缰仰天大笑。情景极为壮观，却又险象环生。多亏小将玉律术忙下马扑上去护卫，才未发生意外。十一月中旬，蒙古大军已“乘革囊和木筏渡金沙江”，并逐个“攻下负固自守之诸多砦栅”。

外围遂步扫清，大理王国覆灭之日近在眼前……

按说，段氏大理王国已雄踞大西南达三百余年，中原王朝均奈何它不得。土地丰饶，就连插根筷子也能长出大树来。只要稍加治理，黎庶之温饱尚且不成问题。加之大理城“依点苍山，傍洱海”，地形相当险要。易守难攻，史称“固若金汤”。如有明君主政，似尚可绵延国祚。只可悲传至这一代“国君段兴智孱弱，奸臣高祥专权”，仅“腐败”两个字，便将这历经三百余年的南诏古国蛀蚀得摇摇欲坠。

大难临头，贪官污吏却纷纷背主弃城而逃……

合围在即，忽必烈在简易王帐里又与众文臣幕僚夜议取胜之策。姚枢首提曰：“当学曹彬仁取南唐，未尝妄杀一人！”刘秉忠更建言道：“应先礼后兵，务差干练使者劝降！”张文谦则附议称：“臣代大王整理文牍，尚有一函留王妃嘱语：不战而屈人之兵乃上上策！”姚枢进而概而言之：“和尚与张公建言极是！先礼后兵，派出使者；施‘不战而屈人之兵’之策，取‘兵不血刃’之胜！大王必将改写战史，鹤立鸡群于蒙古诸帅之上！”忽必烈竟均欣然纳之曰：“出征之前，本王已与王妃有言在先！今决战在即，又岂能食言？本王已打算派出玉律术、王君候、王鉴三人为使……”

随之，三人也果然慷慨进入这座南诏古都！

1253年十二月，忽必烈命令廉希宪统领中路军先行包围大理城。与此同时，老师兀良合台所率之西路军也在攻取龙首关后直逼大理城下。一王一帅之大会师，更使蒙古铁骑声威大振。完全出乎意料，一位身经百战之常胜老帅，竟稍稍落后于一位初出茅庐之圣祖皇嫡孙。再加上，忽必烈已深知对手将有何种阵法，而我方将如何破之？从此，兀良合台更对忽必烈与生俱来之军事才能心服口服，完全听命于这位皇太弟的通盘部署与指挥。刹那间，声震洱海，势逼点苍山，将一个大理城围困得水泄不通。金戈闪闪，呐喊声声，唯等忽必烈一声令下即可破城。而此时这位皇太弟却按兵不动，竟在廉希宪陪同下，新自登临点苍山久久俯看大理城内之动静。须知，尚有爱将与亲信幕僚在城内劝降。谁料一连三日竟毫无反应，似偏要以挟人质逼蒙古大军不战自退。忽必烈显然被激怒了，三日后遂怒指城内果断喝令：“攻城！”是日，大理国主段兴智受权臣高祥之挟持，似不愿被瓮中捉鳖也只能背城一战了。高祥此时手中尚有一张王牌，即象阵！欲驱使上百头盛饰披挂之大象于前，先以此庞然大物吓退从未见过此阵之蒙古大军。然后借大象之掩护亲率精锐扑杀之，大破围困之军于苍山洱海之旁。进而杀国主以代之，凯旋之日即登基之时。谁料兀良合台早听令布下三千强弓手，三千马上健儿，只待忽必烈一声令下。原来，忽必烈从玉律术与王君候探知的消息中，即已知权相高祥会有此举！为此，象之特性，马之所长，早了如指掌！

一场史无前例的马象交战即将开始了……

果然，声声号角响起，在象奴驾驭下百余头大象首先出城了。殿后的一头巨象上撑有华盖，盛饰得格外华丽，上坐者即孱弱国主段兴智！他恐惧战争，似愿投诚乞和。无奈已被高祥爪牙挟持于高高之象帐之内，欲借他号令百姓先求破敌。又是声声号角长鸣，战象已列阵向前开始迈进。高祥奸诈无比，此时方尽率精锐冲出城来。左手执盾，右手持长刀和矛，嗷嗷乱叫狂妄无比。再看蒙古大军，见庞然大物上载武士挥舞兵器步步逼近，也真似“惊恐万状，

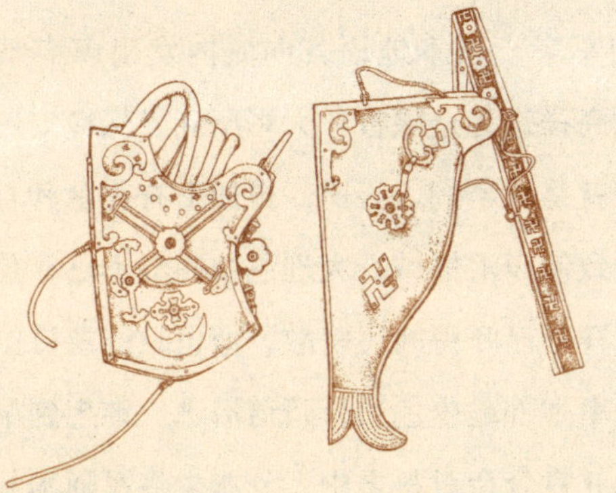
十字花纹弓箭与箭囊

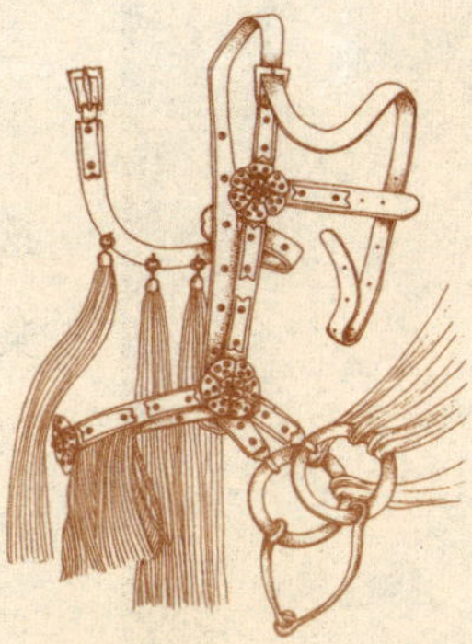
银马嚼子

节节败退”。就不该！前沿刚刚闪出一片空旷之地而任高祥挥戈叫骂之时，便见得忽必烈一声号令，无数支强弓利箭已经密集射出了。专射象奴，专射上面武士、专射巨象诸如眼睛等薄弱之处。一波又一波的矢风箭雨，刹时间便使象阵大乱。还不等高祥控制住阵脚，却又见得小将军阿术率数十轻骑，已冲入象阵展开了第二波近距离穿袭。巨象毕竟动作拙笨，而轻骑似乎早已人马合一。近距离的骑射，近距离的劈杀，小将军阿术率轻骑穿梭于大象之间如刀搅对手心脏一般。再听忽必烈一声令下，廉希宪已率成千上万蒙古铁骑尽将高祥的残兵败将围困于城门之下。本可一举破城，但忽必烈却命小将阿术纵马喊话：“限半日之内，交出使节、献城投诚，大王将确保王族及全境黎庶平安！”而高祥却挟持国主段兴智伪作允诺，趁势率部分亲信爪牙逃回城内。紧闭城门，竟置绝大多数残兵败将与大象任蒙古铁骑俘获。

元代歌舞图

忽必烈又再次登上点苍山俯瞰大理战况……

此时天色渐晚，却又见廉希宪已组织起被俘之大理军卒，用本地语言向城内发出声声呐喊：“只擒高祥，为众除害！大军所到，保境安民！”这本来就是兵卒们之心愿，再加上有美食和甘泉之奖励，致使声浪摧城，大理危城震颤不已，是夜，权臣高祥早已吓得魂飞魄散，似也只能挟持国主段兴智，率残部趁夜色另择暗道潜逃。谁想到早在忽必烈与兀良合台意料之中，分派少将军阿术与王府猛将也古率轻骑追击之。野史称，高祥于半途“欲

蒙古汗王夜宴图

杀国主窃王印而去”，所幸少将军阿术及时赶到“救之，并夺回王印”。而正史却只记载“大将也古领兵追击，擒杀高祥于姚州”。次日，大理城不攻自破，忽必烈命老帅兀良合台领万军驻扎城外，自己亲率众幕僚仅带百余骁勇入城。虽已大获全胜，但忽必烈却忧心忡忡地对众幕僚言：“破城而我使不出，计必死矣！”即将功成名就，却仍不忘玉律术、王君候与王鉴等三人。对于一位蒙古宗王来说，这在当时实属难能可贵。

随之，除安民抚众之外寻找三人踪迹便成了首要任务……

据《元史》载：忽必烈即“命令姚枢等搜访大理国图籍，搜访之际发现了三使者之尸体。”在四周一片悲泣声中，忽必烈闻讯赶来，泪眼中渐渐开始冒火。随着那浑身野性烈血的沸腾，顿时便是一声惊天动地之呐喊：“屠城！”阿术等小将听后一跃而起，拔刀在手狂怒中就欲去“大开杀戒”。此时，多亏了廉希宪命人将其一把拉住，而姚枢、刘秉忠、张文谦等众幕僚又及时跪阻，和尚曰：“冤有头，债有主，切勿滥杀无辜！”张文兼则说得更明白：“杀使拒命者，其国主尔，非民之罪！”而姚枢更进谏道：“即使国主，也应审清论处！且尚需用其上达汗廷，下平云南全境！还盼大王三思而后行，以告慰小将玉律术等人在天之灵！”史称忽必烈竟也似恍然大悟而“从谏如流”并“特免杀掳”。而且似仍嫌不够突显“贤王”之“仁义”，竟特别下令姚枢“尽裂所携之帛为帜，书写止杀之令，分插公布于街衢”。这样，蒙古大军才一概不敢进城抢掠，大理黎庶的身家性命及官民财产才赖此得以保存。

随后又对玉律术、王君候、王鉴，各“另赐民户数十，抚恤死者遗属”。以上《元史》均有详述，岂容妄加杜撰？一句话：忽必烈已从原始的征服战争中跨出了关键性的一步！

最终，被俘的大理国主段兴智也彻底归降了……

曲折艰险的漫漫征程，波澜壮阔的战争场面，致使晚年的忽必烈每当回忆起仍激动不已。1304年，相隔半个世纪后，忽必烈之孙元成宗遵其遗命在其曾登临俯看大理的点苍山崖上，终于镌刻完成了“平云南碑”以志其丰功伟业。铁骑对阵巨象，似连今人尚有怀疑。但绝非杜撰，刘秉忠在《下南诏》中就曾壮怀激烈地以诗详述其事：

天王号令如迅雷，百里长城四合围；
龙首关前儿作戏，虎贲阵上象惊威。
开疆弧矢无人敌，空壁蛮酋何处归；
南诏江山尽我有，新民日月再光辉。

“象惊威”三字，即指此而言！总之，远征大理的成功，又使忽必烈成了东方征服者中之大赢家。不仅初步改写了13世纪的蒙古战争史，而且向整个黄金家族乃至整个“也客蒙古兀鲁思”展现了他的“另类”军事征服才能。不仅完成了对南宋战略性的迂回包抄，同时也打开了向南亚、东南亚扩展的通道。而更重要的还在于，从此使云南“衣被皇朝，同于方夏”，进而纳入蒙元王朝的直接统治之下。加速了云南“新民”与蒙汉等民族间之融合，促进了多民族统一国家之发展壮大。

1254年初春，忽必烈奉旨班师北返……

这也可看作蒙哥大汗对自己皇太弟之一种“防范之举”，唯恐其“功高震主，自行其事”不利于自己的“通盘部署”。早有阿里不哥率阿兰答儿等悍臣暗中挑唆在前，绝不能再看其在云南真的“坐成气候”了。须知，忽必烈在善待抚慰国主段兴智之后，利用其影响，早已尽取大理国下属王城之八郡四府。现目标已直指赤秃哥（今贵州西部）、罗罗斯（今四川凉山地区）以及乌、白蛮等三十七部，乃至占有整个南中国。如任其如此经略下去，那继圣祖成吉思汗之后，黄金家族最伟大的征服者将会是他而不是自己了。见好就收，以免“尾大不掉”。仅留下与自己自幼相伴的亲信老将兀良合台继续经略，以看他日“谁主沉浮”！

忽必烈是“壮志未酬”凯旋而归的……

但据史载，这位皇太弟果不愧为“思大有为于天下”者，而老帅兀良合台也早成为他的心腹知己。虽就此分离，但内心早有默契。忽必烈遂留下了幕府能臣刘时中任宣抚使，以继续抚治和经略云南。并遣使专程前往乌思藏，以进一步宣抚吐蕃僧众。并命文臣张文谦、武将也右专门负责抚慰和保护大理国主段兴智，一起北上去觐见蒙哥大汗以示臣服。同时，又进而与老帅兀良合台继续研究如何攻占上述战略目标，据史载，老帅后来也果然一一完成了。总之，以现代的目光来看，忽必烈虽人必须要走，但他却通过“软实力”仍在牢牢遥控着大西南之“硬实力”。

但付出的代价也不容忽视……

据拉施德在《史集》中说：“当蒙哥大汗派遣自己的兄弟忽必烈合罕率领十万大军到哈剌章国（大理国别称）之时……那十万军队回来的还不到二万人……”而且还“亡失马，凡四十万匹”。但有的学者也称之“似显夸大”，并指出“死者多为汉人与色目人之‘探马赤军’打前锋者”，多卒于“雪山险径冻馁伤病”之中，而且兀良合台尚有大军留驻于云南……但不论孰是孰非，这次成功的远征付出的代价确是沉重的。

但也不必为古人大惊小怪，历史向来就是“一将功成万骨枯”的……

蒙古式摔跤

而在蒙哥大汗一道道下达的诏旨中，这一切就更显得无所谓了。除了对皇太弟的高度肯定、丰厚的嘉奖、急切的盼归，便是早已准备好的万众欢呼为他“庆功祝捷”了。但不知为什么？越是这样忽必烈便越找不到那种胜利者的感觉。似乎等那激越的战争喧嚣突然沉寂下来后，剩下的也只有清醒后的孤独和彷徨。明明是大汗道道诏旨均下令其“速归汗廷、共商大计”，他却带着这些疲惫之师在归途中越走越显消沉。

由温暖的云南出发，向北似又跨入了寒冷……

有史可考，果然越往北走便越显不祥之兆。首先便是王府尚书姚枢积劳成疾倒下了，似也只能把他留在京兆一带以“重农桑”为名加以疗养。随后便是杨惟中的因病请辞，又似乎只能派首席儒将廉希宪去接任宣抚史。主要的文臣武将都离自己而去了，这更使得统率疲惫之师北上的忽必烈更感孤寂。多亏重返途经忒拉时，那少年圣僧八思巴竟果不食言早等候于此。是有缘！经与刘秉忠多方考查其学识人品后，从此便和他探索起如何以佛法解悟人生。

离草原母地越来越近，兄弟俩即将于汗廷相逢……

忽必烈依祖制于盐、夏二州即扎驻军马，只有等待汗廷调走所有部众方可前去觐见大汗。这时他才彻底解悟到：不论自己在远征大理中是一位如何轰轰烈烈的“统帅”，其实在蒙哥大汗眼中却依然只不过是个“马前卒”。

近代法国史学家格鲁塞早说过：“当权力彻底归于一个家族后，也就意味着这个家族分裂的开始。”

手足深情变得并不重要，主宰一切才是当务之急！

蒙哥大汗将决定忽必烈的命运！

他似也只能等待着……

第六辑

【本辑提要】首先必须说明，此时的蒙哥大汗正“如日中天”。无论忽必烈再突显“文治”与“武功”之雄才大略，但总归仍笼罩在“蒙哥大汗时代”的光环下。其至高无上的地位，其超越前人的追求，尤其是那“唯崇祖制，绝不蹈袭他国所为”的高傲自尊心，势必和忽必烈产生矛盾和权力的纷争。再加上传统守旧的宗亲贵胄因中原利益受损的纷纷上告，致使蒙哥大汗终于感到时机业已成熟了。随之，忽必烈便再次从人生的高峰急骤地跌入谷底，由贤王转化为闲王甚至成为一个废王。前途暗淡，一蹶不振。而此时的蒙哥大汗却“坐收渔利”，一跃而达人生最辉煌的巅峰时刻：至高无上，唯我独尊，万方臣服，众将归心，最终亲率铁骑展开了马踏华夏的全面征服战争——

【蒙哥大汗的“再造辉煌”】

必须指出：蒙哥大汗是游牧帝国又一代杰出的君主，史称其“刚明雄毅”绝对当之无愧！

自1251年初登上大位，到1254年忽必烈的应诏归来，短短还不到四年时间，他便将一个由于“两后乱政”濒临崩溃的庞大汗国，从危险的边缘上力挽狂澜般地重振起来。这除了他“唯崇祖制，严遵札撒”，“严厉驭下，强化汗权”，“事必亲躬，不喜宽纵”，以至“不乐燕饮，不好侈靡”，“以身作则，严控后宫”等等“严整内政”外，那就是他充分汲取了圣祖成吉思汗立国初期的经验：“以战治乱”！当然，他更深知，马背民族历来最崇拜的就是“战争英雄”，但这种荣誉必须首先用来“重塑皇族”。随之，为了实现他那心中宿命似的宏誓大愿，登基不久他便按自己的战略部署，分别打发两位皇弟去当“英雄”了——

西指波斯、南征大理，顿时激起草原上一阵阵野性的狂热欢呼……

史称，蒙哥大汗在此期间作为长兄，对旭烈兀和忽必烈真可谓“殚精竭虑，朝干夕惕”（白天努力工作，夜晚认真反思）。而两位皇弟也果不负他的期望，为拖雷家族在金戈铁马间赢回了更大的荣誉：旭烈兀“独自统兵第三次西征，开局便灭掉了盘踞波斯北部山寨的‘木剌夷国’，随之又攻克报达（今伊拉克巴格达），征服黑认大食（古阿拉伯帝国阿拔思王朝），更分兵三路攻入叙利亚……”战果赫赫，早震惊朝野突显了大汗的“用兵如神”；而忽必烈则“过雪山，涉草地；强渡金沙江，智破大象阵；收大理、平云南、抚西藏、经略中原……”又再现征服者之辉煌，似更突显了他这位大汗决战万里之外之“文韬武略”。总之，近四年的心血绝没白费，西征南伐之成功不仅早已使拖雷家族的汗位“固若金汤”，而且也使他“威名远扬，威震四方”，成为了“再造汗国辉煌”的一代英主。

唯我独尊，又为他提供了“防患于未然”的可能……

皆因在蒙哥大汗驾前，早就形成了一个“唯崇祖法”的“智囊团”。其中多以悍臣悍将为主，阿兰答儿便是最具代表性的人物。《元史》之《阿兰答儿传》只说他“性情苛刻，乘势横暴”，并未点明他为何“终身与忽必烈为仇”之原因。唯有野史中隐隐有所流露，据说是因为多年前“也曾求娶按陈王小女被婉拒”所致。野史传闻是虚，但死盯忽必烈不放却是实。随之，在他力陈忽必烈种种“假公济私，暗行汉法”的提醒下，蒙哥大汗似乎也将“防患于未然”的焦点渐渐聚焦于自己的皇太弟身上了。这次乘胜急召忽必烈的归来也似乎是阿兰答儿所献之策，为此这位悍臣还曾一针见血地向圣上指出：“旭烈兀西征波斯自辟封国，乃圣祖子孙英雄所为也！而皇太弟灭大理欲不归，则久蓄异志必有他图！闻其现已东进云贵、西抚川藏，若养痈成患，必拥兵北灭南宋自行王事，毁大汗征服天下大业于一旦……”史称蒙哥大汗“威严寡语”，这回听后竟出人意料地突开金口斥其曰：“汝知‘构乱皇室’，依札撒该当何罪乎？”但事后却又连连下诏命忽必烈速归。

一代雄主果然有一代雄主的展示……

1254年秋，忽必烈应诏历经数月跋涉心怀忐忑地北返汗廷，却谁料蒙哥大汗竟然格外大度，不仅亲自来到城外给予远征英雄以高规格的倾城欢迎，而且大摆御宴为其庆功并大肆进行封赏。据史载，多亏忽必烈尚牢记姚枢临别所嘱，也当着文武百官与宗亲贵胄之面，尽将灭大理之功归究于大汗跨越万里的“运筹帏幄”与“用兵如神”。并当众呈现一道道诏旨，以证实“几日不见圣旨诏示，则惶惶然六神无主矣”！一唱一和，效果奇佳！既彰显了皇室坚如磐石的团结，又无形中将蒙哥大汗进一步推上了神坛。

最终，忽必烈得以安然回到金莲川与妻儿相聚……

难道说蒙哥大汗就这样只顾“手足深情”甘愿平庸吗？这显然是低估了历史对他那“刚明雄毅”的评价了。究其原因，历代史家竟有多种推测：一说“圣上事母至孝，唯劝诫其‘严遵祖制’，皇弟叩诺”；一说“西征南伐，国库已亏。欲成大业，必先借其手充盈粮秣军备”。但不管怎样，忽必烈又总算能暂不受干扰而专心于经略中原了。难怪后代又有史者称：“一个思大有为于蒙古，一个思大有为于天下，二者能有一段相对平静期，这实属不易而更显难能可贵。”

机不可失！忽必烈也果然坐镇漠南又大显身手了……

1255年春，据史载，忽必烈的经略中原已“大见奇效”了。由赵璧与史天泽掌管河南、廉希宪与商挺掌管京兆、赵良弼与刘肃等掌管邢州，再加上孟速思与赡思丁已操控了燕京，大力推行“汉法治汉”以至“汉人治汉”，忽必烈贤王之誉“已在中原之地日隆”。正如赛典赤·赡思丁在向蒙哥大汗密奏中所言：“皇太弟凯旋归来，言必称大汗，行必尊大汗？尚未显异心，唯王妃已皈依藏佛教只知颂佛也。然今年税赋又可大增，大汗宏愿指日可待。”

是指日可待？但似仍需耐心与时间……

而忽必烈此时虽和八思巴交往日深，察必王妃也对藏传佛教开始崇奉，但坐镇漠南仍不改其政治信仰，似对以孔孟之道治国的理念反而是更加坚定了。不但为战乱时期身陷绝境之儒生“尽解奴籍”，而且还为大多孔门弟子“尽免税役”。故元代著作《秋涧集》即有诗赞曰：“圣代崇儒意非轻，征车相望半儒生。”并在任命大儒许衡为“京兆教授”初步取得成功后，他更在中原地区广设学堂与修复孔庙。《元史》卷一百二十五《赛典赤·赡思丁传》中即称，在其主管燕京行省财赋曾受忽必烈令旨“负责增修文庙与兴办学校”。故元代又有诗人张昱赞其：“要将儒释同尊奉，宣谕黄金塑圣人。”更值得一提的是，为奖励身旁儒臣谋士之功，1254年南征归来后当即下令“复立抚州”（今河北张北），以改变众幕僚终难适应“居穹庐，无墙壁栋宇，迁就水草无常”之现状，好让儒臣文侍早“终有定居之所”。随之便依照“群儒之议”，开始放手任刘秉忠占卜测量主持筹建“开平王城”。此举对“天下归心”影响极大，遂汉地汉人中有了蒙古宗王“向龙借地”之离奇传闻。虽表面看似荒诞，但内在含意极深，龙文化又一次出现在民族交融之中。

但蒙哥大汗却遥在汗廷仍然置若罔闻……

除此之外，史称忽必烈似对其他方面也“涉猎颇广”。以“遵照汗廷之命尽早筹措调集粮秣布帛器械，以备如期供给大汗南征军需”为名，触角已广伸于京兆之外的川、陕、甘、康等地区。如再次启用病愈的杨惟中出任“陕右四川宣抚使”就是一例。总之，忽必烈除派出姚枢等重要谋臣四处“劝农桑”

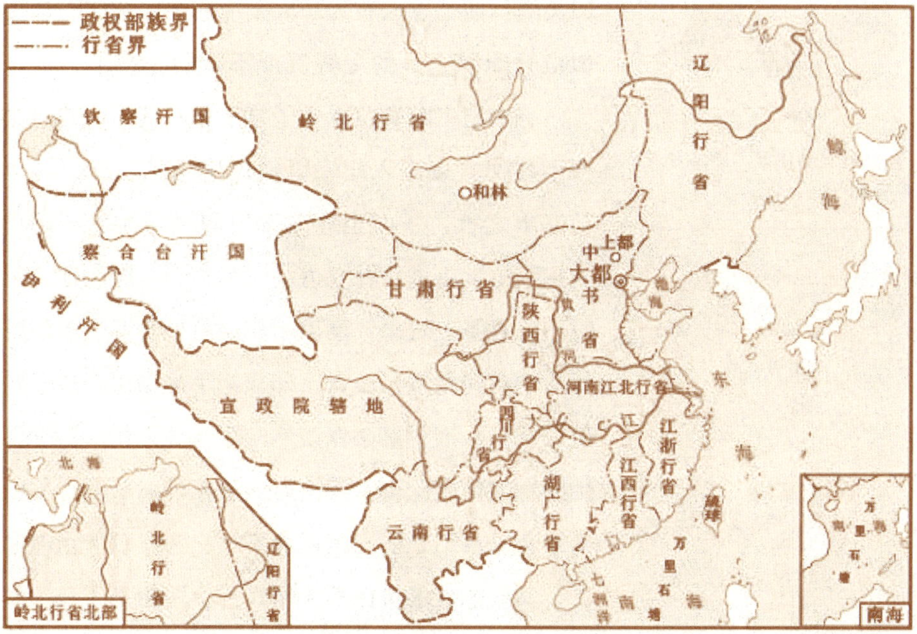

元朝行省图

以示其“以仁治世”之志外，进而与史天泽及张柔之外之众多的汉世侯也有了很深的交往。据史载，就连“唯我独尊”，“不可一世”的汉世侯李璮也曾遣使前来“以求庇荫”。为此，仅仅才一年多时间，忽必烈这位异族宗王便越加受到了汉地士大夫的广泛赞誉。中土有识之士均称其为“贤王”，又广为重提他“能用士而能行中国之道，则中国之主！”之议（见元·《陵川集》卷三十七）。

汗廷早为此议论纷纷，而蒙哥大汗却仍然稳如泰山……

这实在不符合这位大汗“唯崇祖制”的一贯作风，致使忽必烈的成就越大，整个金莲川幕府就越感到惴惴不安。但忽必烈却如蒙古谚语所说的那样：看准方向撒缰的骏马，是九十九头牤牛也拉不回头的！而“思大有为于天下”又绝非一句空话，似也只能置个人的荣辱沉浮不顾而一搏了！这一天，王鹗与窦默两位老夫子终于忍不住了，趁忽必烈不在便直接进入妃帐慨然进谏。王鹗曰：“今乃多事之秋，王妃当应时刻提醒大汗注意汗廷动向！”窦默更进而补充道：“大王当多赴汗廷，时时不忘对圣上效忠，事事不忘向圣上奏明！谨防奸佞从中离间皇室，而自己却只记手足情深疏忽于君臣大礼！”谁料察必竟淡然应之：“无用。”王鹗忙问：“何出此言？”王妃遥望帐外对曰：“黎庶尚知：是福不是祸，是祸躲不过！为实现圣祖遗愿计，又焉能唯求自保而无所作为？”拒不干政，两位老夫子似也只能“无功而返”了。

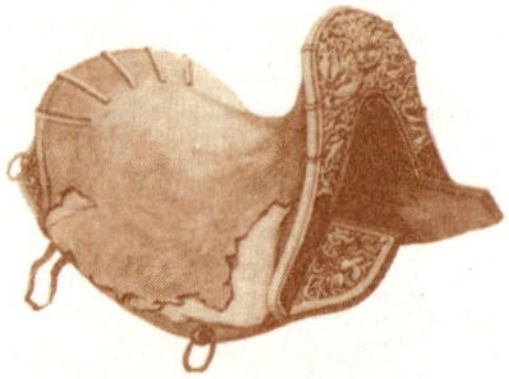

驮载官方印章、寺庙神祇用马鞍

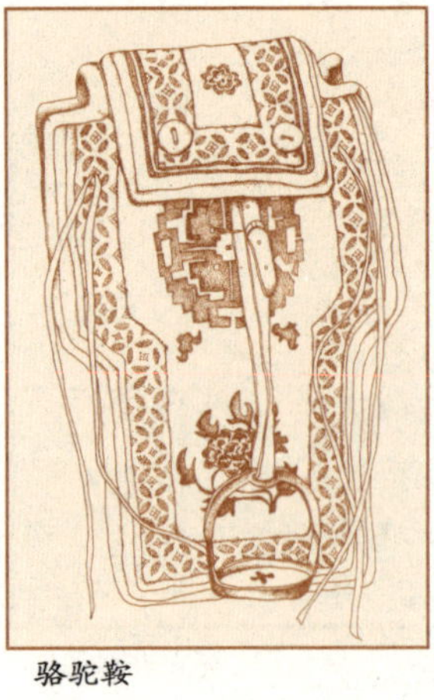

骆驼鞍

但蒙哥大汗却对皇太弟似越来越“恩宠有加”……

有史可考，1256年初似又达到了一个新的高峰。正当群儒遥望汗廷“察颜观色”之际，蒙哥大汗却又“将怀孟之地（今河南沁阳一带）补赐予皇太弟”。这样，忽必烈之京兆封户三万三千余，加上怀孟封户一万一千余，共计四万五千余户。虽比幼弟阿里不哥仍少得多，却远远高于旭烈兀等其他诸皇弟。忽必烈似也“受之无愧”，当即令商挺兼治怀孟“打击豪强，重农劝耕”。这显然使群儒们松了一口气，而忽必烈麾下的一些蒙将竟更放心地开始了在京兆城内“大兴土木，兴造府第”，而且均以“豪华奢侈相尚”。王鹗等老夫子这时才看到，察必王妃终于不顾身怀六甲挺身而出进谏了。似乎也是忽必烈有意利用她的影响，察必又罕见地现身王帐当着文臣武将直谏曰：“现乃多事之秋，大王当不应如此放纵麾下！现今诸将所作所为，似已超越大王总领漠南之权限，更不符合大汗来日征服‘南家思’之用兵之道！”言词犀利，但宗王竟也能“从谏如流”。遂在“诸将猛醒”之余，当日即下令“分遣诸将于兴元等各州戍守。”

而汗廷方面却似“意犹未尽，欲罢不休”……

1256年春，又蒙“皇恩浩荡”，金莲川下的“开平王城”终于破土动工了。刘秉忠深为理解宗王“会朝展亲，奉贡述职”之需要，遂在原毡帐王城之附近选定龙岗为建城中心（又是龙）。并推荐丰州丰县人谢仲温为“工部提领”，藁城人董文炳、获鹿人贾居贞为副共同监筑之。忽必烈亲自前往视察，见“龙岗蟠其阴，滦江经其阳，四山拱卫，佳气葱郁”，遂授权予谢仲温曰：“汝但执梃（权杖），虽百千人，宁不惧汝耶！”随之，“向龙借地”以汉法筑汉制王城之传说，很快地便传向了漠北的汗廷。

似乎就是这“龙”惹的祸，蒙哥大汗突然态度骤变……

有人说，这是因为“桥已铺好，跳板已搭成”，故姚枢多年前之“撒网说”今日终于被验证了！也有人称，“非圣上不知皇弟之功，乃忽必烈得罪宗亲贵胄日众矣！”为汗国计，似也只能舍弃亲情！

总之，该发生的必然要发生，忽必烈又面临着另一次命运的转折——

跌至人生的谷底……

【蒙哥大汗的“肃腐反贪”】

哈尔和林，万安宫内一时风向顿转，阿兰答儿等守旧的悍臣悍将又频频出没于御书房之中。

且别先怪蒙哥大汗的“出而反而”，首先当应指出的是：忽必烈的所作所为,确实早已激起一批传统的“草原中心主义”者的愤慨和不满了。尤其是那些在中原汉地拥有食邑和封地的宗亲贵胄们，更深感推行“汉法治汉”以至“汉人治汉”早触动他们的特权并要断他们的财路。在这些宗亲看来：征服者还要纳税？不交就不发给“廪粮”？简直违背祖制！征服者还必须遵守被征服者之法？不能纵马享乐反倒要去河南屯田戍边？简直是对胜利者的羞辱！现在更要筑什么“汉制龙城”去当什么“中国之主”，今后自己还能再从汉地源源不断地获得金银珠宝和美女健奴吗？简直是“也客蒙古兀鲁思”国之叛逆！而蒙哥大汗明明知道，忽必烈所作这一切是完全必要的甚至还是自己授权或默许的，其顶着挨骂和诽谤，仅仅才两年就为自己征服“南家思”奠定了物力和人力之基础。但他还是采取了“攘外必先安内”之策，准备充分利用这股反忽必烈势力以剪除自己兄弟在中原“尾大不掉”的影响。当然也不排除另一种可能：征服南宋战争启动在即，一统华夏指日可待，在名垂青史的巅峰光环中岂容再现他人身影？只能暂舍手足之情，要怪也只能怪忽必烈自己的“不知深浅，好高骛远”了。

也难怪！历朝历代最忌讳的就是“功高震主”……

而在此时，幼弟阿里不哥为了“幼子守灶”权，也日渐成为了这批反忽必烈势力的“领军人物”。竟动员出往日与拖雷家族结怨甚深的窝阔台家系与察合台家系的西道诸王或其代表，纷纷向大汗反常地“尽表忠心，轮番进谏”。史称，他们攻击忽必烈的主要有两点：其一“中土诸侯民庶翕然归心”，其二“王府诸臣多擅权为奸利事”。前一条显然是指忽必烈“心怀异志，图谋不轨”，后一条则专指忽必烈“多用汉法，不遵祖制”。最后，有一位坚守游牧祖制的年迈老王竟挺身而出愤然曰："修筑汉式龙城，欲称中国之主！其心中还有草原祖地乎？眼中还有当今大汗乎？其已成背叛圣祖之叛臣逆子，吾等均愿听命于少汗阿里不哥统帅，齐率重兵以迅雷不及掩耳之势攻占漠南！以将此背主叛蒙之贼火速擒获，早日除灭大汗之心腹大患！"蒙哥大汗闻之一怔。按现代话来说，他这才蓦地意识到：他在想利用舆论，舆论也在想利用他！

蒙哥大汗果不愧"刚明雄毅"……

史称，"闻众议未见喜形于色，却又突现威严寡语"。他不仅一眼便看出阿里不哥之幼稚的"暗怀鬼胎"，同时也看出了窝阔台与察合台家系的险恶用心。若从此议，势必引起同室操戈天下大乱！不仅会授人以"皇室相煎"之柄，而且将会耗尽粮草辎重自毁征服天下之大业！但他内心却犹有不甘，又绝不甘愿就此把烧向忽必烈这把火灭了。先王们即使烧杀抢掠也是坦坦荡荡的，为此他终于选定在为蒙古人所不齿的"王府诸臣多擅权为奸利事"上大做文章了。这样既可"釜底抽薪"先行剪除忽必烈"羽翼"，又可使其尽早成为"孤

猎鹰

家寡人”做个尽失颜面的“闲王”。毕竟母亲尚有遗嘱，似也只能毁其誉而不能伤其身。

为了皇室这尊严，为了手足之情深……

随之，蒙哥大汗再会见群臣之时，又再现“唯我独尊”的王者风范。似只顾谈及尽快征服“南家思”的诸多部署，而仅在最后才涉及到忽必烈之事。但仍突显对皇太弟之“信任”，竟下了一道诏旨曰：“皇太弟天性仁厚,而王府诸臣多背主擅权谋奸利事。今为解众惑,并为皇太弟正名,将遣阿兰答儿、刘太平等诸臣前往中原‘钩考’。清查积账，严惩恶吏。朕于此重申：今后将‘唯崇祖制，绝不蹈袭他国所为’。钦此！”最后之重申，效果尤佳，顿使宗亲贵胄无不心领神会地跪伏于朝堂齐声赞曰：“大汗圣明！臣等愿舍生忘死追随圣驾早日灭掉‘南家思’！”一箭双雕！既是消除隐患（虽然是兄弟）之檄文，又是调动宗亲贵胄积极性的动员令！

忽必烈狩猎图

元杂剧

钩考者，若用今日话语即：审计！但受命执法此使命者，却皆是对此道一窍不通的横暴悍臣。阿兰答儿前面已提到过了，现在就略说一下刘太平。据史载，自幼即入质于汗廷，是一位典型的彻底蒙古化的汉将。汉话早已生疏汉字更不识一个，全凭着跟随蒙哥大汗西征之勇猛战功逐渐成为驾前的亲信重臣。而在此尚需再插叙一事——即早期的游牧帝国并没一定的文官体制，后来随着汗国的迅猛扩张已不适应形势发展。实在不行了，便依前朝辽金体例临时抓几个官衔以应急。比如这次“钩考”，阿兰答儿便被委任以“陕西行省左丞相”之官衔，刘太平也被委任以“参知政事”之官名，其他随员也莫不如此。二人临行前均曾受大汗密令。“不事声张，悄然而至，全面钩考，见机行事！”当然，两人受此“殊荣”也绝不会辜负大汗的器重和宠信，随之忙又精选了一批酷吏与悍将为部从，当即便神不知鬼不觉地日夜兼程跨漠南下了。

如此之“肃腐反贪”，真可谓“大家手笔”……

果然，正当中原仍在试行汉法为大汗“扩军备战”时，阿兰答儿与刘太平却率众突然问罪而至。并以“不便惊扰皇太弟”为名，在不告知忽必烈的前提下，刹那间便“奉旨”突然出现在邢州、汴梁、京兆、怀孟等地的宣抚司内。阿兰答儿更是“擅作威福”，将其“性情苛刻”、“乘势横暴”之特质发挥到了极至。首先在关中（今陕西西安）设立了“钩考局”，随后，更“坐镇指挥”对其他各地也“以各路酷吏分领其事”。招集忽必烈请命于各地所设置的宣抚司、经略司、都转运司、从宜府等众多官员，开始了“惨绝人寰”，“不择手段”之所谓“钩考”。阿兰答儿并曾当众扬言：“俟终局日，入此罪者，唯刘、史二万户以闻，余悉不请以诛！”就是说，等到审完，凡他认为有罪者，除刘黑马与史天泽两位汉世侯尚需请示大汗外，其余的他想杀谁就杀谁！

而当忽必烈尽知此事后，已绝对无能为力了……

史称他“度量弘广”，但面对如此严酷的现实还是深感意外。他从未曾忘却过姚枢“撒网”之告诫，只不过绝没想到“收网”之时竟先被浇灌上一头粪水。自己的“思大有为于天下”即将被搞得臭不可闻，还将祸及群僚众儒个个身遭不测！这？这……这时多亏相对年轻的儒僚郝经挺身进谏了。他不像姚枢那样“言必引经据典”，而是一针见血直言道：“大汗并未指名道姓问罪于宗王，若此时即一怒而发，不是等于自报‘此地无银三百两’乎？如若再因宗王失控，而影响王府诸臣与骠骑宿卫出现过激之举，则更是等于授人以柄自投罗网！既然大汗尚且称‘皇太弟仁厚’，倒不如先稳如泰山‘仁厚’下去，纵观事态发展静思对策！”忽必烈从之，似也只能静观事态的发展。

但事态的发展竟是更加横暴施虐惨不忍睹……

据史载，阿兰答儿坐镇关中，不指名地将罪状“列一百四十二条，大开告讦，互相揭发、锻炼罗织、无所不至”，包括“征商细务，皆被摭拾无遗”致使绝大多数官吏“难以逃祸”。仅在京兆一地，阿兰答儿即在盛夏酷暑之际，竟将所谓被钩考的官吏“尽皆械系于烈日之下”，“顷刻之间，人即毙命”。仅一天之内“被威逼折磨至死者，即多达二十余人”！而这些被械死之人，大多均为金莲川幕府派出的儒家有识之士。遭此不测，当然是对“汉法汉治”致命的打击。致使贵戚豪强重又横行不法，而百姓黎庶则又重陷水深火热之中。而阿兰答儿却仍然“决不手软”，意有他图！随之他竟不管是不是大汗亲自任命，只要是忽必烈的左膀右臂便对之一一动手了。京兆宣抚使廉希宪、副使商挺、从宜使李德辉等，邢州宣抚使赵良弼、副使张耕及刘肃等，河南经略使史天泽、赵璧、牤戈等，有的受他“长期关押”；有的受他“穷治百端”；有的受他逼使属吏“当面点污”。更有甚者，他竟公然派出使者前去金莲川，当着忽必烈之面将京兆榷课使马亭（主管税赋）逮捕而归。种种迹象表明，阿兰答儿是在将忽必烈一步步逼向“势在必反”的道路。（这显然并非蒙哥大汗之本意）

所幸这些文臣儒僚尚不忘孔孟之“舍生取义”……

有史可考，在此期间竟没有一位身负重任的文臣儒将“变节叛主”。如史天泽为了保护同僚牤戈、赵璧及下属官吏，竟敢公然挺身而出慷慨应对曰：“经略使司我实主治，是非功罪，皆当问我！”而众下属也皆能“舍生取义”，在被胁迫“当面点污”上司赵璧时，竟面对酷刑而使之最终“未果”（详见史天泽与赵璧之神道碑文）。更何况，此时忽必烈在纳郝经“静观”之谏后，又进而更得了姚枢的真传。其实，这位首席谋臣只讲了一个孔子问道于老子的故事：老子不答仅张嘴示之，孔子却曰，牙全没了舌头还在，我明白了：硬者亡，软者存！忽必烈听后顿时大悟，故他那“大忠大义”也发挥到了极至，任阿兰答儿再“百般凌辱”仍对汗廷“恭顺有加”。不但毫无一点反意，反倒是好像更遵从“君君、臣臣、父父、子子”那套老规矩了。

蒙哥大汗的“重拳出击”似打在了羊毛堆上……

随之，便有燕京行台等诸多衙门之“人心大乱、税赋锐减，流民日众，赤野复现”等类似奏章纷纷驰报于汗都哈尔和林。蒙哥大汗阅后这才得知，这一“网”拉得好不上算啊！是把忽必烈的羽翼“一网打尽”了，但同时也把为征服南宋搭建的“桥”和“跳板”差点连带给毁了……而蒙哥大汗果不愧“刚明雄毅”，刹那间便把这一切归究于阿兰答儿和刘太平等的“愚蠢施虐”，忙收回那桶“粪水”改泼于二人头上。故才有了后来那“钩考”的“日渐手软”：如对赵璧仅判“偿还奸利财物”，而忽必烈也恭顺地甘愿代为偿还，此案遂就此了结。而另一蒙臣河南经略使忙戈，也以“国人”之名得以赦免。就连从王帐逮捕走的马亨，当时忽必烈曾担心地问其曰：“汝往，得无摭汝罪耶？”（原文）生怕他在严刑之下被定成死罪。而此次仅“长期关押、穷治百端”保住了一命。尤其对待汉世侯史天泽，因明知此次南征必将启用，故以“勋旧”之身给予了特别的“宽容”……但这并不等于对忽必烈的重新恢复信任，蒙哥大汗似乎反而对这位皇太弟更加“猜忌日重”。威严寡语，虎视眈眈！甚至在南征灭宋前夕，野史称：还曾经想到过“不择手段”。

眼见就要“自身难保”，就看忽必烈如何应对了……

明摆着，再只靠“静观”或“柔性表态”已经不合时宜了。须知，原先静候是为了表达忠顺，而现在仅靠忠顺已远远不够了。显然令大汗不安的是

押送战俘图

那身在中原的影响和手中的权，那倒不如回到草原交他个干干净净。大汗之网就是要网这一切，交个干净也就等于自我先行解脱了。交换！以此交换停止钩考，从而可保中原实力。随之，王府首席尚书姚枢几经思考终于又及时地进言道：“帝，君也，兄也！吾，弟且臣！事难与较，远将受祸！未若尽是邸妃主以行之，为久居谋，疑将自释！”（原文照录）意思是说，他是大汗，你是藩王，绝对无法与执掌全部权力的汗兄硬抗，还不如带着所有的老婆孩子回去，作出久居草原的打算，以化解大汗之猜忌与怀疑！姚枢此谏的背后明显包含着另一层意思：“留得青山在，岂怕没柴烧？”却谁料这回年轻的郝经竟不嫌其先行用孔孟之道“包装”，慨然愿化身奴仆“以伴宗王赴汤蹈火”。也难怪！其他儒僚或名声太大或已为汗廷所熟知，似仍可引起怀疑。唯他因来之较晚，故尚不为汗廷所知……但还有一位自愿前往者，此人便是日后被称为“雪域圣僧”的八思巴。绝不涉政，似只想远赴漠北草原“弘扬佛法”。至于说到“邸妃”察必，似乎日益显现蒙古族女政治家的才智，也“早有此议”。遂于1256年夏初，几经议决，忽必烈与察必最终还是带着眷从前往觐见长兄蒙哥大汗了。

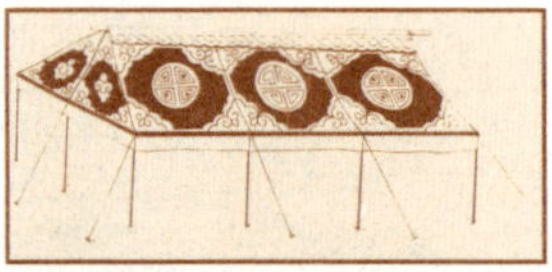

帐篷

元朝攻宋遐想图

却谁料，热脸竟碰上了个冷屁股……

据史载，1256年夏，蒙哥大汗“征服南宋”的计划已进入全面启动的阶段。为此，他便“渡漠南来”亲自于河西走廊一带开始进行“战略部署”。虽中原尚存问题，但这次“肃腐反贪”还是凝聚了草原上“唯崇祖制”之诸王贵胄的民族自豪感。此时不战更待何时？再说了忽必烈大多数的谋臣儒将尚在拘禁之中，他只要稍敢异动就别怪“手下无情”！却不料正当蒙哥大汗“胸有成竹”时，忽必烈竟突然一连两次派使者前来禀告曰：“恳求恩准，皇太弟欲来河西觐见大汗！”这本来是忽必烈为防止大汗多疑事必请示之举，谁料竟被蒙哥大汗视之为公然跳出“图谋不轨”之先声。情绪极为紧张，当即下令安营扎寨以防“居心叵测”。后来虽经探明皇太弟“随行护卫仅数十骑”，但还是传旨命忽必烈一行“就地待命，不得擅自继续前行”！这时，又多亏有一位忠勇的“怯薛”将领进谏道：“大汗用兵在即，万不可皇室再生纷争！皇太弟是‘天性仁厚’还是‘居心叵测’？正可借此以严苛条件考验之！”蒙哥大汗从其言，又立即下诏忽必烈：“许其留下辎重随从，乘驿传觐见，日行二百里。”（详见《元史》）这就是说，命令忽必烈必须解除随从宿卫武装并先将老婆孩子留下，自己退回去改乘汗廷专设驿站之驿马或驿车，方可获准觐见，而且日行最快不能超过二百里！

条件苛刻，顿似解除了忽必烈皇族的一切特权……

真乃是对人格的莫大污辱，对尊严的莫大伤害，对手足之情的莫大亵渎！致使忽必烈闻之“痛不欲生”，精神几乎近于崩溃。而察必王妃却有不同看法，进而从容相劝曰：“条件越不近人情，越有‘尽释前嫌’之可能。此乃大汗之最后一试，但愿宗王胸中能容万马奔腾！”不久，她便携儿带女随大汗派来的使者远赴哈尔和林甘当“人质”去了。随从者除了几位侍女外，再有的便是那位专为王妃颂经的藏地小僧人。郝经遥望那远去的身影，竟不由得为自己的宗王“痛彻心腑”……而蒙哥大汗显然是知道的：带走察必王妃犹如断了忽必烈之左膀右臂，但他还是坚持命令忽必烈必须回到原地再乘驿车或驿马而来。

皇太弟身价暴跌，尚不如诸王家臣小吏之待遇……

谁料忽必烈经“别离之痛”后，竟很快便能“安之若素”听任驿使摆布，给人以一种“没了老婆就若丢了魂”的深刻印象。好一位没出息的宗王！当然相关种种讯息也早就通过驿站传到了大汗耳边了。岂不知！私下里忽必烈仍在与郝经“纵论天下”，常思如何“有‘闲’方可静观其变，有‘闲’方可以图未来”。更何况郝经还多次提示宗王曰：“燕京总管已直言相谏：中原大乱，税赋顿减，流民日众，赤野复现！上却置之不理仍只顾同室相煎！今又闻上即将空国而南伐，为突显‘唯我独尊’实乃自断其臂！猜忌日重，自伏隐患。大王此次见上，当更彻底‘尽脱其网’！臣以为，不出一年之内必可见圣上反将启用大王！”

早有“成竹在胸”，自然会身姿更加柔韧……

1256年岁末，忽必烈历经夏、秋、冬，眼看就要到汗都哈尔和林了。谁料蒙哥大汗却又突然改变了觐见的地点，下令忽必烈改到一位宗室亲王的草原封地前来相会。身为一国之君自有他的考虑：一方面是唯恐忽必烈与察必相会陡然变生叵测；另一方面是生怕忽必烈在汗廷当着群臣情绪突然失控！为了维护皇室的尊严，为了避开朝野的众目睽睽，更为了及时地应对和处置，蒙哥大汗遂在这冬季的荒野上特架起豪华富丽之高大宫帐，仅率十数名亲信大臣与众多的护卫骁勇等候于此。

这是汗兄对王弟“有无异心”的最后考验……

是日，寒风凛冽，断根的沙蓬被吹得漫旷野乱跑。很快便传来了皇太弟即将奉命前来的消息，蒙哥大汗竟“为之动容”亲自迎接于恢宏而温暖的宫帐之外。而此刻相随围扎起的座座毡包之前，所有的随从大臣、骁骑宿卫，以及本地的那位封王等，也纷纷相继涌出“严阵以待”。果然，不久便见得一片沙尘中隐隐闪现了忽必烈的身影，由驿站驿使及驿卫簇拥着飞马而来。蒙哥大汗心态复杂难免不安，却谁料皇太弟在五十步外即下马仅率一文侍仆从徒步蹒跚而来。蒙哥大汗放眼望去，只见得这漫长的一路风尘竟使得忽必烈脱了形。往日之魁梧从容不再，眼前似只剩下一副皮包之骨架。颧骨突出，两目深陷，丛生的胡子间好像多了几根白须。但那恭顺有加的眼神却一直未变。虽深陷眼穴，却仍溢满了“诚心诚意”、“尊兄敬长”、“忠贞不贰”、“无怨无悔”之手足深情。蒙哥大汗似乎再看不下去了，毕竟是一母同胞便难免产生了恻隐之心。

相见场面相当尴尬，却又十分感人……

据史载，蒙哥大汗“见皇弟遵旨而来，渐转怒为喜”，视其“并无异志，遂相拥落泪”。是夜，便放心地于豪华宫帐内为忽必烈设盛宴接风洗尘。蒙哥大汗竟罕见地“两次亲为皇弟斟酒”，而忽必烈也诚惶诚恐“进退如仪”。史称，又再次激起“兄弟之情油然而生”，竟“相对泫然而涕下”。而最令在场者所感动的还在于，蒙哥大汗竟在“不让皇弟有所禀白”的情况下当即“下令停止钩考”。而忽必烈也“心领神会”及时地“回报圣恩”：彻底交出了河南、陕西、怀孟、邢州等地的全部权力；尽快撤回已外派的全部藩邸人员以严加管教，完全同意立即撤消自己原先设立的河南经略司、都转运司、京兆宣抚司、从宜府、行部以及邢州与怀孟等地所设立的种种机构。而且是在严遵“不让所白”之圣谕下进行的，仅呈上一道事前写好的奏折便完全做到了“体察圣意”。（详见《元史》之《世祖本纪》）

蒙哥大汗终于大笑了，从而，夜宴尽欢而散……

又一日，忽必烈经过梳洗打扮和精心的“包装”，终于又和蒙哥大汗出现在汗都街头了。虽然经历这通另类的“肃腐反贪”差点成了个“大贪污犯”，但他的出场还是绝对有助于展现蒙哥大汗的“宽厚仁慈”、“尊母爱

美岱召壁画

弟”、“委曲求全”、“重振家风”等种种为草原牧众所敬仰的崇高美德。致使马背健儿莫不被感动得落泪，均纷纷摩拳擦掌表态愿为皇室荣誉马踏江南！忽必烈心里明白：大战即将开始了！但绝没料想到，好不容易盼得在臣民连呼万岁中的“游街示众”结束之后，在一次皇族欢聚的夜宴上就有一位宗亲别勒古台说：“忽必烈已经出征过一次并且完成了任务，如今他正患脚疾，若蒙降旨，他就可以回家去了！”而蒙哥大汗竟然当即“同意”了。这说明倾刻间他所掌兵权也被彻底解除，大战在即他却将从此变成一个“闲王”甚至“废王”。以上史实详见于拉施德《史集》之中，而汉文史书中也有记载可以印证。即元·《牧庵集》卷二十四中所云：“岁丁巳，宗亲间之，遂解兵柄他王……”意思就是说有宗亲挑拨离间，便解除了忽必烈的军权而交于其他宗王了。

至此，忽必烈就成了一个既无兵权、又无民权，甚至连封地权、食邑权也通通丧失殆尽之皇室中独一无二的“无产阶级”。真像是被大网打捞上来的大鱼，被晾晒到“皇恩浩荡”的沙滩上了。

而这时却只闻鼓角声声、战马嘶鸣，蒙哥大汗高扬着圣祖成吉思汗征服

大汗亲征

之大旗，唯我独尊地统帅着千军万马已向江南挺进！

权力面前无亲情！一个正向人生的顶峰踏去，一个却又重新跌入人生的谷底！

当“仰天长啸”，尽吐“壮怀激烈”！但没有——

忽必烈仍在等待着……

【蒙哥大汗跨越前人的征服梦（上）】

1257年冬，浩浩荡荡的蒙古铁骑已冲出了草原母地！

蒙哥大汗“唯崇祖制”，一丝不苟地依照圣祖成吉思汗亲征的规模，将自己的汗帐扎立在上百畜力拉动的巨大战车之上，史称“汗舆”。在成千上万的“怯薛”骁勇护卫下，正势不可挡如铁流般的向南滚滚而来。

史无前例，声势浩大的征服南宋之战争终于启动了！

蒙哥大汗高站战车之上，心事浩茫，意气风发，威然屹立，恰好似一尊铜铸的战神。随即便激起无数铁骑一阵阵野性的欢呼，似刚刚出师便早已奠定了胜局。好不快哉！“蓄谋已久”的雄心壮志眼看就要实现了，不远便是那唾手可得的前无古人之辉煌！

重操战争旧业，自有独到的战略安排……

蒙哥大汗是高傲的，自信的，睥睨一切的！时年尚只不过四十八岁，正当是突显“用兵如神”之盛年。遥想当初，在拔都统帅的第二次西征中，他也曾独领一支大军“败钦察，破斡罗思，攻克乌拉基米尔城，大败萨儿客速人和阿速人”，百战百胜，被草原母地公认为“后起之战神”。而现在他更坚信自己的“用兵如神”，必将“旗开得胜，马到成功”！为此，他宁舍忽必烈为其铺就的坦途，也要以“独到之目光”重新进行全盘战略部署。绝不授之以柄给后人，而以此来证明确是他一人运筹帷幄直达胜利顶峰的！

军兵分三路，特作如下安排——

东路军，由东道诸王中最有实力的塔察儿大王统领，从征者除诸多蒙古封王及宗亲贵胄外，尚有老谋深算的张柔及其他汉世侯。穿越忽必烈所经略过的中原汉地，跨长江攻战荆襄之地，然后直指潭州（今湖南长沙）。

南路军，由身在云南的元勋老帅兀良合台统领，率领征服大理之蒙古驻军及“蛮僰军”（收编的各少数民族部队），北上进攻路线是越贵州、经广西、目的地也是潭州。

西路军，由蒙哥大汗自己亲自统帅，乃重中之重，故从征者皆为东西道最有实力的诸王以至附马等善战之宗亲贵胄（因其名太多且又难记，故不一一列举）。除此之外，尚有能征惯战的著名汉世侯史天泽、刘黑马、汪德臣等。真可谓：猛将如云，精兵如雨！其路线为直插川蜀攻城掠地，在东路军配合下以使“南家思”首尾难顾腹背受敌。然后再顺嘉陵江而下，也直指潭州。确实如此！据史载，早在征途之中，蒙哥大汗已遣使下旨与其他两路统帅约定：必须于后年（1260年）正月会师于潭州，然后沿长江东下直取南宋京都临安，彻底征服“南家思”以实现一统天下之霸业！

似无懈可击！正在充分展示着“硬实力”……

此时的蒙哥大汗是踌躇满志的，更坚信自己的蒙古铁骑是所向披靡战无不胜的！因为即使在后方的部署他也自认为是别具“雄才大略”的：阿里不哥虽无能且又骄横，但他那“幼子”的特殊身份却仍可大加利用。故在把留守的“怯薛”军权暗中交于自己的次子玉龙答失后，仍将幼弟阿里不哥任命为“监国”。至于说到忽必烈，等大功告成后再进行抚慰也不晚。而时下也只能让他亲眼看看，没有他自己也能在汉人汉地“降龙伏虎”“通行无阻”！总之，蒙哥大汗将此次征服当作“也不过一两年”的事情。故早在走出草原母地之前已下令：塔察儿所率的东路军和兀良合台所率的南路军分头立即行动。并下令自己所统帅的纽鳞及史天泽部，也先行杀往四川夺取成都。

南宋王朝虽已呈败亡之相，但仍具有一定的软硬实力……

据史载，1258年初，蒙哥大汗已率大军“渡漠南来”，过黄河、经秦陇、越盐夏，直抵了六盘山。而此时已是凯歌高奏，捷报频传：东路军正在向前，已直逼荆襄；南路军也走出云南，正向贵州推进；而自己所统帅的纽鳞和史天泽部，已成功地攻占了成都！蒙哥大汗一时间声威大振，似真能和圣祖并列堪称“用兵如神”！但其间也发生过一件颇令人扫兴之事，即忽必烈竟然还“有脸”上书奏请大汗允准他参加南征以“将功补过”。原来，在备受蒙哥大汗冷落之后，色目家臣康里人燕真曾提醒忽必烈曰：“主上素有疑志，今乘舆远涉危难之地，殿下以皇弟独处安全，可乎？”忽必烈猛悟，但上书也只不过是一种表态，以免将来怪罪而已。果然，蒙哥大汗阅后哈哈大笑，随之便顺手掷之于地。多亏随军“必阇赤”耶律铸过后收起，足可见蒙哥大汗当时是多么地笑傲一切！

遂更置生灵涂炭于不顾，只欲求尽早成为前无古人的伟大征服者。

随之，蒙哥大汗即留辎重于六盘山，命亲信大将浑都海驻守。自己则亲率大军又分三路南进，尽显自己与生俱来之超凡的统帅才能。果然，又是过关斩将，又是节节胜利。不仅蒙哥大汗亲率之大军不久便由陇州攻入大散关，而且指挥皇庶弟末哥所率另一军，也很快由泽州攻陷米仓关；同时还协同万户孛里叉所率的又一军，也火速由渔关攻入沔州。三路大军合一，在蒙哥大汗统帅下更是攻无不克，战无不胜！虽血流成河，尸骨遍野，但蒙哥大汗的卓越战功已被草原母地传颂得神乎其神！

但私下里也有截然相反的看法……

捷报频传，在茫茫的草原母地更激起一阵又一阵的战争狂热，唯有圣上御赐给皇太弟的疗足牧场是宁静的。这一天，忽必烈就与王妃察必在王帐里，正看着这样一份名为《东师议》的呈文。进言

大汗军队出发

大汗军队中的长矛手

者还是那位化身为奴的郝经，忽必烈因对汉古文已不如妻子精通，正在听她解释。郝经的呈文就是持这种截然相反的观点的，大意为：“夫取天下者，有可以力并，有可以术图。力并者应该出奇制胜，术图者则不可急。蒙古大军早期之所以能够所向披靡，主要是因为善用骑兵以奇取胜。出其不意，攻其不备。而今大汗亲征川蜀，则六师雷动，实乃舍奇而用正。再看川蜀，限以大山深谷，扼以重险荐阻，迂以危途缭经。我之乘险以用奇则难，彼之因险以制奇则易”，“竟且被就地迎战，我远征而来，日久必被供给所困。若被坚壁清野以待之，我则无掳掠以为资，无俘获以备役。”这就形成了“以有限之力，冒无限之险，虽有奇谋秘略，无所用之”。最后必然形成“进退两难，主动性尽失”，以致“兵势滞遏难前”。此即“所谓强弩之末，不能射鲁缟都也！”（原文）忽必烈听察必解读后，不由得暗暗赞叹起这确系高人之见。仅凭饱读孔孟之书，已预测出战争未来之风云变幻。但毕竟同为圣祖嫡孙，毕竟是一母同胞兄弟，忽必烈竟不由得为蒙哥大汗担忧起来。

蒙古官员玩双陆图

谁料川蜀倒很顺利，反而是地势开阔的东线首先出了问题……

1258年初夏，在蒙哥大汗钦命下，虽大将纽鳞以刘黑马等留守成都，沿沱江南下又取得了攻取叙州生擒宋将张实的重大胜利。但对于他所率的“喜寒恶暑”之蒙古铁骑来说，已开始经受南方酷热的考验了。但好在有节节胜利之鼓舞人心，有无数的战利品之激励士气，故斗志尚且昂扬。只不该地势相对开阔的江淮地区，却传来了东路大军受挫的消息。原来，按蒙哥大汗的战略部署，塔察儿所统帅的东路大军初战还算顺利，很快就推进至郢州沿长江之地。但等十万铁骑奔袭到荆襄战略目的地时，却遭遇到宋军早有准备的顽强抵抗。围攻襄阳与樊城两座城池不仅久久难下，而且损兵折将只能撤回自己的营地驻屯下来。这对一直沉浸于胜利喜悦中的蒙哥大汗来说，显然是个出乎意料的重大打击。壮志未酬先折一翼主大不祥，遂大发雷霆，遣使申斥东路统帅塔察儿道：“尔等回来之时，朕要下令狠狠惩罚你们！”而另一位曾随忽必烈远征云南的宗王也派人来说：“皇太弟曾夺取了许多城堡，而汝等却带着烂屁股归来，也就是说你们只忙于吃喝了！”（引语均见拉施德《史集》）

一翼先折，绝非小事，将影响灭宋大计……

蒙哥大汗暴怒之余，终于暂停自己胜利的步伐以应对眼前之不测了。此时，皇庶弟末哥才敢于战战兢兢加以提示说：“不是尚有二皇兄请求从征之奏报吗？”蒙哥大汗这才蓦地想起，自己阅后曾一笑而掷之！而御用“必阇赤”耶律铸也见机行事曰：“臣已代大汗收之归档，以备圣上或急需所用！依微臣所见，塔察儿此次失利非同小可，足已使‘南家思’可再遣兵力堵截我西路大军！而皇太弟自请从征，大汗也正好借此‘恩准’以彻底扭转战局。一来可突显一统天下非神圣的拖雷家系不可，二来可使皇太弟感恩图报永效犬马之劳！而大汗早节节胜利已经功可盖世，若从皇太弟所愿那必将更彰显圣上之‘知人善任，用兵如神’！”蒙哥大汗闻后几经反复考虑，终于罕见地“从谏如流”了。当即下诏曰：“皇太弟奏告朕‘足疾已愈，怎能再坐视大汗出征而自己家居休息？’朕恩准其奏，特命其率领塔察儿麾下之军队向‘南家思’边境推进！”（见拉施德《史集》）

是出于万般无奈，也是出于形势近迫……

经过快马驿使的层层传递，蒙哥大汗重新启用忽必烈的圣旨终于送达了汗都。忽必烈跪接后，顿即想起郝经之语：“不出一年之内必可见圣上反将启用大王！”从此竟视其为“患难之交”，对其之远见卓识更加敬重。而身为“监国”的幼弟阿里不哥似对此诏颇“不以为然”，但已无济于事。史称，忽必烈当日即命郝经写好一封“谢恩效忠”奏章，并已托下诏钦差十万火急地转呈圣上了。

历经万水千山，终于送到焦躁不安的蒙哥大汗手中……

此时，这位马背上的君王仍转战于川蜀的崇山峻岭中，目标是嘉陵江畔当时大西南之政治、经济、军事中心重庆。展忽必烈的感恩效忠奏章之后，见字字似均显感恩之泪痕，行行似皆有效忠之血斑，全篇都是“唯大汗之命是从，唯大汗之威严为重”之誓言，除此之外便是“愿供大汗驱使，虽肝脑涂地马革裹尸而还绝不悔矣”之决心。且有消息说自己这位皇太弟接旨便已经雷厉风行出发了。

唯我独尊！随之蒙哥大汗还是勉为其难地大笑了……

再无侧翼之忧，全军上下似注入了一针兴奋剂。而蒙哥大汗虽仍感有伤自尊，但一想到“成功登顶”后再加“弥补”便也就释怀了。顿时似从战争困顿忧烦中解脱出来，又勃发活力开始“用兵如神”了。据史载，1258年十月，即亲率主力过关斩将直达利州与汉世侯汪德臣之汉军会合。接着移师西南，渡白水江与嘉陵江之会合处，直取剑门、攻陷苦竹隘，然后沿嘉陵江上游南下直指战略要冲重庆。

真可谓：势如破竹，锐不可挡！再看——

1258年十一月，即攻占长宁（今四川广元西南），又攻克鹅顶堡，进军大获山（今四川苍溪东），迫使宋将杨大渊率部投降。

1258年十二月，又占领军事重地大良坪，南宋大将宋元圭率部出降。

1259年初，蒙哥大汗又率全军渡过鸡爪滩，转战石子山，包围了四川合州的钓鱼山城（今四川合川东）。

重庆已遥遥在望，大获全胜似乎就在弹指之间！

蒙哥大汗果不愧为第二次西征时名噪一时的“年轻统帅”，这一路的所向无敌好像已印证了他是个“天才的征服者”。

郝经之《东师议》似也只能被看成腐儒之见。他好像错了，事态正向他判断的相反方向发展。

蒙哥大汗已有足够的资本，正盼望东线也能旗开得胜！

竟期待于远方的忽必烈……

【蒙哥大汗跨越前人的征服梦（中）】

1258年初冬，忽必烈终于得以重返金莲川……

而此时龙岗之上的开平王城在刘秉忠的规划设计下，历经将近三年已初具规模。为何没有作为“罪证”被毁弃？据史载，皆因蒙哥大汗也觉得在大一统之后，自己似乎在汉地也需要这样一处君临天下的冬宫。而此次忽必烈率众渡漠南来因毡帐王城早已拆除，为此也正好暂时驻跸于城内。皇太弟之到来，顿使东线大军人心大振！几乎与此同时，原有“金莲川幕府”之文臣武将，如

蒙古军攻城图

姚枢、刘秉忠、赵璧、商挺、郑鼎、赵良弼、张文谦、董家兄弟、阿里海牙等等，均闻讯或奉命纷纷赶了回来。一时间相见甚欢，感慨颇多，均愿舍身助贤王“重塑辉煌”。

但留给忽必烈的时间不多了，必须尽快赶赴前沿……

为此，这位东路统帅当即召集重要幕僚于王廷，在稍作总结后即果断地进行人事安排曰：“东线战事之失利绝非仅是塔察儿大王之无能！钩考所造成的权贵之重新横征暴敛、黎庶之再陷水深火热，乃此次败于荆襄之最根本之原因！本王思之多日深知，欲不辜负圣意则必须重头收拾旧河山！当以仁施政、以仁治军，以仁惠民，以仁取天下！故首先宣布：在本王南征之后，当由察必王妃坐镇开平直接处理后方一切政务。并重新任命姚枢为王府尚书，刘秉忠与李儿述为副，协同王鹗与窦默诸公一起辅佐王妃见机行事！而廉希宪、郝经、商挺、赵璧、阔阔、郑鼎、张文谦、阿里海牙等，则即日起随本王南下相会从征诸王！并由赵璧重领数十驿使轻骑，专门往来于开平王府与前线之间！”

雷厉风行，众人莫不敬服，又重现昔日王者风范……

1258年十一月，忽必烈率藩邸人员从开平出发，一路上仍频频传来蒙哥大汗西路大军大捷的消息。压力颇大，致使“急切求功”之心也曾随之欲起。

举行庄严的庆典

好在相伴多时的郝经已猜出他的心思，当即策马随护而及时进言曰："万万不可随风起舞！眼下是捷报频传，乃尚未至强弩之末也！战线越拉越长，时日越拖越久，此已埋下骄兵必败之大患也！退一万步而言之，即使侥幸而得手，也必当焦头烂额大伤元气，内忧外患首尾难顾！而大王却早如雄鹰展翅冲出牢笼，凌空俯视半壁江山又有谁奈何得了？已无网矣！宗王切勿再有后顾之忧！"忽必烈闻之笑而不答。

1259年二月，忽必烈"会诸王于邢州"……

在这里的诸王，系指随塔察儿从征的东道诸王。他们的封国大多在东北部辽金两朝的发祥地。因辽之契丹人、金之女真人，后来已渐渐由游牧生活转向了农耕生活，故他们比起西道封国和草原母地诸王更容易接受汉地的中原文明。原东路统帅塔察儿即是他们颇具代表性的人物。按说，是蒙哥大汗为其祖父——成吉思汗之幼弟斡赤斤·铁木哥——洗刷一切罪名平了反，并且又扶助他这个孙子重返封国再掌王权。真可谓"恩重如山，终生难报"，但他却在感情上更加靠近"汉法治汉"的忽必烈。更有甚者，塔察儿还是第一位敢于和汉世侯公开联姻的蒙古宗王，竟将其妹下嫁于称霸一方的山东汉世侯李璮。并由此进而广交汉儒谋士，后成为元初建国重臣的王文统便是他向忽必烈首先引荐的。而王文统的女儿也是李璮的妻子之一，这足可见塔察儿在汉地的关系颇为复杂。欲学忽必烈又无其见识和才干，故也只能为自谋其乱伏下隐患。姑且按下不表，只先记住两个名字即可：李璮、王文统！

而忽必烈此次"会诸王于邢州"乃为重振士气……

果然，东道诸王是颇为不服气的，竟纷纷埋怨西路大军"集精兵、聚名将、铁骑无数、给养充丰"，言下之意乃沾了"御驾亲征"之光。但又不敢直指大汗之名，随之便大骂主管粮草的燕京总管赛典赤·赡思丁。指责其"见风使舵、办事不公"，并将东线失利的原因通通归究于他。忽必烈一到邢州，曾对诸王进行过百般抚慰允准"既往不咎"。今日见众竟变本加厉又想各推其责，遂击桌尽显皇太弟之威曰："皇恩浩荡，本王得以来此统帅东路大军，本来已对诸王尚寄于再战必胜之期望，谁料今日仍不知反思唯知口吐怨言。名为咒骂燕京总管，实为句句暗指大汗。怪不得有人称汝等带着烂屁股回来，真乃是可忍孰不可忍！”诸王本以为忽必烈为“仁义之王”，根本没想到也会有此“雷霆之怒”。塔察儿首先吓得拜倒哀告曰：“吾等之失！吾等之过！从今后愿唯皇太弟之命是从，必将以再战必胜赎已之过失！”忽必烈也“见好就收”曰应道：“那就看在塔察儿大王面上，权且将‘首战失利’与‘亵渎大汗’之罪暂寄于本王这里！如今后能尽听帅令奋勇征战则一概‘既往不咎’，否则二罪并罚莫怪大汗手下无情！”诸王诺诺，均连拜称是。这是忽必烈有备而发的。虽说这些牢骚也不无道理，但他也深知对待这等脑满肠肥的诸王光靠“仁”也是不行的。

是得给个下马威，但关键却在于找出问题的症结……

而此时开平王城的姚枢与刘秉忠，前沿阵地的郝经与赵璧，也均对此有相关奏章。虽分属前沿和后方，但看法却相当一致。原来，塔察儿所率东道诸王，皆只重“攻城”而根本无视“攻心”。甚至还继续施行原始的攻掠方式，纵兵到处烧杀掳掠。故南宋政权虽已腐朽不堪，但百姓“畏虎狼之师”反而拼命力挺。为此，1259年五月忽必烈率东道诸王抵濮州（今河南濮阳东），似并不急于调兵遣将攻城破阵以“回报大汗”，而是与当地的一些儒家名士首先打起了交道。史称，当时东平名士宋子贞与汴梁大儒李昶具在濮州，便当即决定召见与随征侍臣共议对南宋的用兵方略。谁料，宋子真一身傲骨竟很不客气地开口道：“本朝威武有余，仁德未洽！天下之民，饥寒失依（原文：嗸嗸失依）！”只因见这位蒙古宗王竟能含笑倾听，方口气稍稍缓和继续曰：“所以拒命者，此因畏死耳！若投降者不杀，胁从者勿治，则宋之百城，驰檄而下，太平之业，可指日而待也！”而忽必烈让人家骂了一通“崇武缺德”，却乃能采纳其“驰檄而下”（纵马于前沿宣示自己之政策）之言，故李昶也当即进言道：“论治国，则以用贤、立法、赏罚、务本、清源为对；论用兵，则以伐罪、救民、不嗜杀为对！”忽必烈闻后更深以为然，竟赞之为“治国用兵之要”！其度量弘广，由此可见并非妄言。致使在场的随从幕僚也纷纷重提南征大理之往事，再提“曹彬征南唐不妄杀一人”之典故。忽必烈显然明白群儒之心思，乃在于为此次南伐荆襄定调。听后竟哈哈大笑均欣然纳之，并当众为“不妄杀一人”而宣称：“保为卿等守此言！”（见《元朝名臣事略》卷十《左丞张忠宣公》）

不久，便有“仁义贤王”，“仁义之师”之名远扬……

1259年七月，忽必烈率帅抵达汝州（又作蔡州），与自己的相知至交霸突鲁所率大军会合。两人似都等这一天好久了，不用语言仅在举杯碰盏的欢笑声中便达到了高度的默契。而随着东道诸王贵戚的服服帖帖听从驾驭，以张柔为代表的诸多汉世侯也纷纷赶来矢志效忠。再加上总管灭宋后勤的正直之臣赡思丁也亲自押运粮秣也来了，对皇太弟（其实是察必王妃在开平所为）给予他的理解感激不尽。面对“仁义”二字，他第一次敢于“延误圣命”经多方筹措而亲临弥补。但更重要的还在于，忽必烈当即便令霸突鲁等先行率军前往汉水之畔，严整军纪，告诫南征兵将不得“妄自杀戮”。以飞马传示檄文，务使江南人尽皆知。

一句话，一切均为了“凝聚军心，统一意志”！

但忽必烈似乎觉得这还远远不够，遂依廉希宪之建言而进一步经略江北汉地前沿。特重新启用“三朝旧臣、一代名儒”杨惟中任“江淮荆湖”南北各路的宣抚正使，曾与自己“患难与共”的儒臣郝经为副使。率领归德一带的军队先行南下，至长江北岸先行设立行台衙署。主要任务便是：“宣布

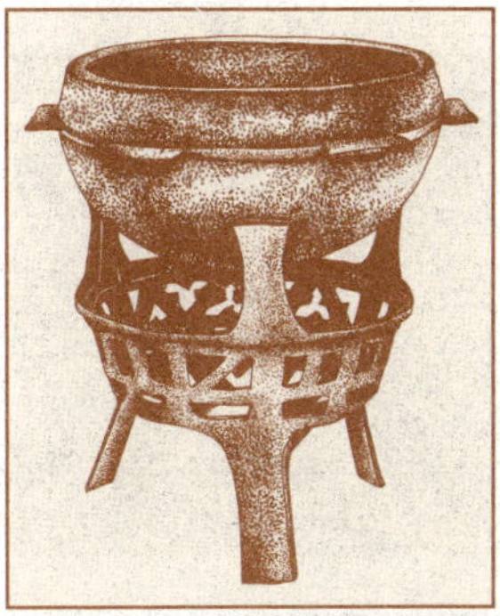

六耳铁锅、火撑

恩信、招降纳附、节制并约束蒙汉诸军将帅”（系原文）。可以看出，忽必烈此时在总结“南征大理”的经验基础上，正利用儒家“仁义”之说更为彻底地改变着前人原始的攻掠战争方式。但作为一个天才的战略家，他也绝不手软。当闻听有的军士竟敢从中截扣“换取粮秣之数百万斤调运食盐”，忽必烈当即下令“戮之以号市”。致使“诸军上下凛然有序”，再没有人敢违抗军纪帅令。（见《元史》卷四《世祖本纪》等）

尽显雄才大略，似不日便可大功告成……

但在私下，无论是在开平王城的察必王妃，还是在战事前沿的忽必烈宗王，似乎都在心头有一片挥之难去的阴影。即因为蒙哥大汗，即因为这场“空国而出”的战争……郝经就曾私下对忽必烈曰：“圣上此刻空国伐宋，时机极不成熟。应简选贤能将相，结盟保境，兴文习武，育才恤民，培植元气，等待时机成熟，方可以图取南宋！”而忽必烈也叹而答道：“卿言正合吾意！”（有史可考，多年后忽必烈灭南宋即严遵此策）再看，已被称之为具有“儒将之才”的商挺，竟然也与郝经“不谋而合”，忧心忡忡进言曰：“蜀道险远，瘴疠时作，必难有功，大汗乃万乘之尊，岂宜如此轻动？”（以上均见《元朝名臣事略》）而在开平王城的察必王妃，也正与姚枢等众幕僚在一起，更关切地注视起西线的军事进展。

总之，南宋是明摆着的提心吊胆，而这边却也是私下里的惴惴不安！

陶俑

目光都集中到了西线之川蜀，集中到了钓鱼城！

蒙哥大汗早尽率精锐兵临城下！

且看他如何“用兵如神”……

【蒙哥大汗跨越前人的征服梦（下）】

钓鱼城，原本无城只有钓鱼山。

钓鱼山巍然屹立于嘉陵江畔，山势险峻。江水汹涌澎湃，自北滔滔迎山而来，因势又蜒曲绕西折南奔腾而去。故形成了三面环水“一夫挡关、万夫莫过”的独特地貌。

好在南宋偏安初期，尚知“居安思危”……

早在南宋名将彭大雅任四川制置副使时，就因其易守难攻，已开始在山上垒石筑寨。到南宋名将余蚧继任四川制置使时，更因其为扼守川蜀的战略要冲，遂继而命冉进、冉璞两兄弟干脆将其筑为钓鱼城。并将合州治所迁到城内，驻以重兵以防外族入侵。到蒙哥大汗急欲一统天下时，虽南宋已日益沉沦腐败，但后任合州守将王坚却是一位少有的能与士卒同甘共苦之忠勇良将。据史称，其幼饱读经书子集，既长深谙文韬武略。自1254年到任以后，即闻风而大规模固城筑防。川陕一带民庶知其“忠勇”也纷纷投奔而来，致使钓鱼城很快便发展为十余万人的军事要塞。扼控嘉陵江要冲，成为大西南军政中枢重庆的天然屏障。

果然，蒙古铁骑所向披靡地杀过来了……

1258年十一月，蒙哥大汗统帅西路大军即占长宁，克鹅头堡，进军大获山，迫使杨大元率众投降。十二月，又攻占大良坪，迫使宋将蒲元圭率众出降。1259年初，更连战连捷，强渡鸡爪滩斩获无数。二月底，已遥逼重庆，将近在眼前的钓鱼山城围困得水泄不通。难怪蒙哥大汗骄横满志不可一世，距离夺取大西南的军政指挥中枢似也只不过一步之遥。为此，他曾直指钓鱼山城喝令全军：“乘摧枯拉朽之势，必为朕尽快拔除之！”虽此时的将士历经北人难以忍受的夏之酷热、冬之阴潮、山之险阻、道之崎岖等种种折磨，但仍为“百战百胜、斩获颇丰”所鼓舞而挥刀狂叫尽显凶悍。

看来，又要旗开得胜，马到成功……

1259年夏初，蒙古铁骑已将钓鱼城合围攻成一座孤立无援之城。水陆两路均被阻断，已渐渐陷入“弹尽粮绝”之困境。虽南宋朝廷也曾派大将吕文德率千艘战舰溯江驰援，但很快地被蒙哥大汗派史天泽部阻截而大败，又被迫退回重庆。而蒙哥大汗在扫清外围之后，也身被统帅盔甲坐跨烈马往来于万军之中亲自督战。先攻伸在江边的“一字城”，后又号令骁勇轮番进攻东、西、北三面城门。并为了速战速决以集中兵力拿下重庆，还曾派了个新降的汉奸晋国宝进城去劝降（史载：确有其人）。

钓鱼城岌岌可危，守将王坚似已“孤掌难鸣”了……

却不然，13世纪似绝不可能有软硬实力之说。但以现代眼光来看，王坚却在七百多前仿佛已懂得了软硬实力之可以转换。核心便是儒家学说之“孔曰成仁，孟曰取义”，在此基础上更进而形成的“众志成城”。而因避祸后迁至钓鱼城的数万庶众，他们大多都亲身目睹过原始攻掠战争的血腥和惨酷，现已绝无退路，一见主将“我自岿然不动”遂也自告奋勇成为他的坚强后盾。这样，钓鱼城就不仅有巨石筑就的坚实外城，也有了“众志成城”凝聚的精神内城。一时间“杀身成仁，舍生取义”，“生当作人杰，死亦为鬼雄”种种誓言响彻了山城，突显了军民生死与共之悲壮豪情。而身为主将的王坚更借降人晋国宝进城劝降之机，及时地率部于阅武场举行誓师大会。并当着同仇敌忾的众百姓愤而砍了降人晋国宝之头颅，率山城军民振臂高呼：誓死守城！决不投降！随之便尽散家资充公，自己甘愿与士卒一起吃草根啃树皮而奋勇守城。致使士气大振，民情激昂，竟纷纷写下血书：誓与山城共存亡！

久攻不下，蒙哥大汗深感屈辱，怒不可遏……

也难怪！钓鱼山城山势高耸险峻，易守难攻。据史称，“炮矢不可”、“梯部不可接”，纵有“如蝗精兵”却对小小山城奈何不得。然蒙哥大汗又焉是轻易服输之人？越遇硬钉子越誓必拔除，绝不能留一丝屈辱来玷污圣祖战无不胜之征服史！随之便展开了旷日持久的对峙战，攻守双方均损失惨重而陷入了胶着状态。蒙哥大汗凭借兵多将广粮草充足不断由下向上轮番进攻，而王坚却弹尽粮绝依靠“众志成城”居高临下据险力守。你有装备精良的千军万马，我有就地取材的滚木檑石。你来我往，战况空前惨烈。

时日既久，蒙哥大汗“用兵如神”之神话开始破灭……

远征大军历经一年多的奔袭苦战本已疲惫不堪，现又遇此“难啃之骨”竟渐渐开始军心涣散。蒙古铁骑那“出其不意，速战速决”之优势丧失殆尽，思念草原之情也悄然开始在军中蔓延开来。加之又进入了盛夏，不仅酷热难耐，且暴雨不断。晴时烈日如火，雨时身陷泥泞。这对于习惯于凉爽干燥的北人来说，失去了“斩获颇丰”的支撑便犹如坠入炼狱。更何况还有可怕的瘴疠之气，无名的疫疾……而对于坚守钓鱼山城的主将王坚来说，这一

急速递令牌

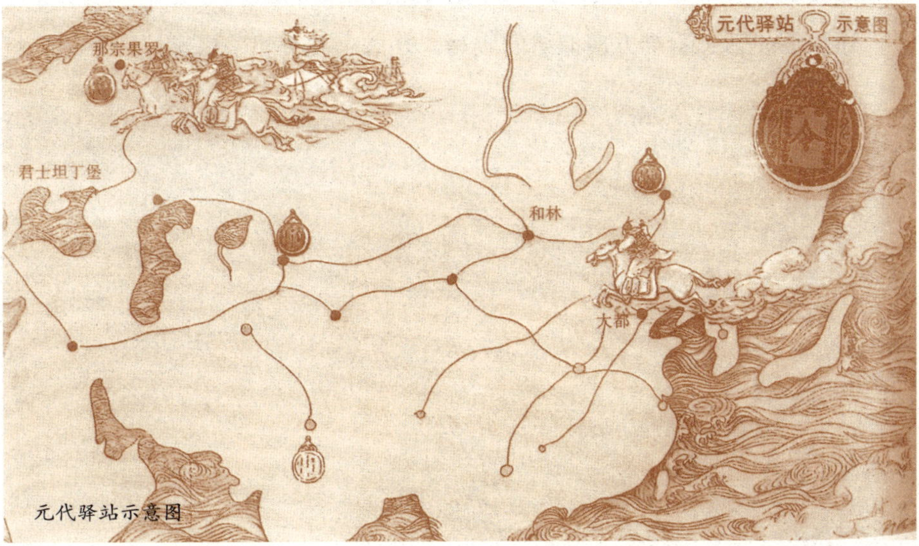

元代驿站示意图

切却早习已为常。甚至于趁暴雨之夜几次出城偷袭蒙军营寨，而且也“斩获颇丰”。

骄横一世的蒙哥大汗一时陷入了进退两难的困境……

据史载，终于有人敢于挺身而出向“神”提出建议了。如亲信宿卫速忽里就曾献策：放弃攻取钓鱼城，仅留五万精兵在此与重庆之间牵制。还应率大军沿江而下，尽快与其他两路大军会师于长沙。但均被蒙哥大汗以“业已至此”而拒绝。史称此乃继续“逞匹夫之勇”，其实也未必尽然。如若以现代目光看来，或许这正是蒙哥大汗高明之处。试想：历经数月尚拿不下个弹尽粮绝的小小钓鱼城，今后势必还会遇到更多更大的钓鱼城。而只要能击碎其高悬之仁义大旗而拔之，则必将引发连锁反应导致南宋之全线崩溃！随之，他竟不顾连绵大雨，派出了亲信汉世侯汪德臣架云梯再次强攻钓鱼山城。汪德臣首先单骑来到城下，声嘶力竭地喊话曰：“王坚！吾来活汝一城军民，宜早降！”史称“王坚冷笑以对，遂命士兵发炮石猛轰以作答”！汪德臣怒而率部架登云梯而攻城，谁料，此时突然雷电交加，暴雨倾盆而下。而王坚也不失时机地令士兵将弹石集中于此厮身上。又是一声惊雷，只见得云梯俱折，汪德臣为飞石所击中，也随断梯坠落城下。不久即死，时年仅三十六岁。

这对蒙哥大汗来说，绝对可称是一次致命的打击……

还是那句话：看准方向撒缰的骏马，是九十九头犍牛也难拉回头的！只

古马道

可悲蒙哥大汗与忽必烈在这一点上却大为不同：一个是唯我独尊过于偏执，一个是放眼天下顺应潮流！果然，蒙哥大汗为给斗志全无的诸王贵胄树个榜样，竟又愤然而起亲自出马前去督阵。却不料骄阳当空，瘴疠之气四起。刚一出动便倍受炙烤汗如雨下，而对方却习以为常越战越勇。更不幸的是，激烈攻防间，蒙哥大汗竟被“宋军炮石所伤”。万般无奈，似也只好鸣金收兵。关于这段令人沮丧痛苦的过程，波斯史学家拉施德在其所著《史集》中有过这样的叙述：“当蒙哥合罕正在围攻上述城堡时，随着夏天的到来和炎热的加剧……在蒙古军中也出现了霍乱，他们中间死了好多人。世界的君主（指蒙哥大汗）用酒来对付霍乱，并坚持饮酒。但突然（他的）健康状况恶化，病已到了危急之时。”拉施德曾服务于蒙古汗廷，故很可能多用曲隐之笔以掩蒙哥大汗之惨状。但从中仍可看出当时的场面，是多么的混乱不堪与惨不忍睹。

一代英雄正在悄然走向末路……

据史载，蒙哥大汗也果不愧一代雄主。阵前虽被炮石击中，但仍能强忍剧痛支撑下来。回到汗帐之后马上严令封锁受伤消息，并被迫传旨进行“战略转移，转而南攻重庆”。但为时已晚！天还是那么炎热，路还是那么崎岖，瘴疠还在那么蔓延。再多的酒也无济于事，最终蒙哥大汗竟在转移途中，抱恨终身地痛苦死于金剑山温汤峡（今重庆北温泉）。年仅五十岁。

又是严密地封锁消息，甚至不惜杀人灭口……

钓鱼山城转危为安了，甚至还在战争史上创造了个以弱胜强、以小胜大、以软实力转化战胜了当时世界上最强大硬实力之一大奇迹。但王坚后来却似乎并没有更大作为，好像越来越贪腐的南宋政权竟容不得他这样一位杰出的将领。而对蒙哥大汗的评价，仿佛也有失偏颇。只提他“心胸狭窄，刚愎自用，不改陈规，不思变通”，甚至还批他“逞匹夫之勇，舍万乘之尊”种种。但纵观他的一生，仍应算一位“励精图治，力挽狂澜”之杰出大汗。他“不乐燕饮，不好侈靡，事必亲躬，御臣甚严”，及时制止了前两代“女主”所造成的“宽纵滥赏，群臣擅权，诸王离心，政出多门”之种种弊端，为避免庞大草原汗国之过早的分裂或崩溃发挥过历史性的作用。故《世界征服者史》称他说："游牧君主和蒙古大汗的属性，始终在蒙哥身上得到了完美的体现和延续。"似并不过分。就连他那"唯崇祖制，绝不蹈袭他国所为！"好像也是因为亲眼目睹了北魏之鲜卑、辽之契丹、金之女真逐渐被消融以至消失之史实，而为本民族的未来忧患才采取的预防性措施。其可悲之处似在于，并不理解其祖成吉思汗"入继中华大统"的真正含义，仍延用原始的征战方式欲成为跨越前人的伟大征服者！

随之，便自觉或不自觉地渐渐走向了神坛……

神是至高无上的，故"刚愎自用，唯我独尊，不改陈规，不思变通"也是理所当然的。现在尚未踏上巅峰便突然夭折了，当然仍应严密封锁消息继续高扬胜利的旗号。这时，历经钓鱼城下鏖战五个多月，又经转向温汤峡近一个月，已近1259年的八月中旬了。

尚有东南两路大军，似再不能隐而不发了……

第一个把蒙哥大汗死讯传出去的是皇庶弟末哥。由于他的母亲也是忽必烈的乳母，故和耶律铸密商后即派亲信冒死将凶讯传进了东线的帅帐里。并深含寓意地建言：忽必烈当应"火速北归，以定国家大计"！

蒙哥大汗的猝死，已标志着为原始的征服战争划上了一个句号。要使庞大的游牧帝国有个"长治久安"的未来，那就必须适时地去实现"转型"！但同时这也预示着"也客蒙古兀鲁思"又一轮汗位争夺的开始，将由此而决定汗国的未来！

而忽必烈此时已突破宋军淮西防线，直逼长江沿岸。回首遥望漠北草原，似已可感阵阵阴风向背后袭来。北返南征，何去何从？这成了他必须首先面对的难题。

忽必烈立马江岸，久久凝望着滚滚东去的长江水，伟岸的身影一动不动！

他在思考，他在决断，他在关注着风云的变幻！

大元王朝正步步走来……